2021年
农业植物新品种保护

农业农村部植物新品种保护办公室
农业农村部科技发展中心 编

发展报告

中国农业出版社
北京

图书在版编目（CIP）数据

2021年农业植物新品种保护发展报告／农业农村部植物新品种保护办公室，农业农村部科技发展中心编． —北京：中国农业出版社，2023.2

ISBN 978-7-109-30733-9

Ⅰ.①2… Ⅱ.①农… ②农… Ⅲ.①作物－品种－知识产权保护－研究报告－中国－2021 Ⅳ.①D923.404

中国国家版本馆CIP数据核字（2023）第092504号

中国农业出版社出版

地址：北京市朝阳区麦子店街18号楼

邮编：100125

责任编辑：李昕昱

版式设计：王 怡　　责任校对：周丽芳　　责任印制：王 宏

印刷：中农印务有限公司

版次：2023年2月第1版

印次：2023年2月北京第1次印刷

发行：新华书店北京发行所

开本：889mm×1194mm 1/16

印张：12.75

字数：320千字

定价：98.00元

目 录

正文附表

第一章　进展成效

一、品种权受理审查

2021年共受理农业植物新品种权申请9 721件，同比增长22.85%，连续5年位居世界第一，申请总量达到51 437件。全年共授予农业植物新品种权3 218件，同比增长26.25%，授权总量达到19 726件。继续参与良种重大科研联合攻关项目实施，全年共410个攻关项目品种进入受理审查阶段。

全年共下达申请保护品种特异性、一致性、稳定性（DUS）集中测试任务9 300个品种；提取测试繁殖材料1.4万余份；完成24个植物属种239个品种的现场考察；审查测试报告4 217份，同比增长14.7%，其中，品种保护测试报告1 977份，委托测试报告2 240份，为品种授权、审定和登记提供有力的技术支撑（图1）。

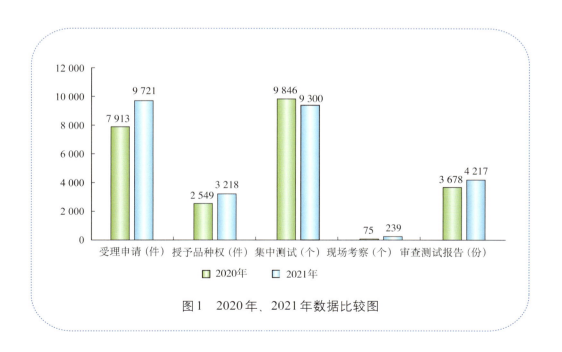

图1　2020年、2021年数据比较图

二、品种权复审和法律服务

2021年受理植物新品种保护复审案件29件，同比降低25.6%。全年受理植物新品种保护异议纠纷案件49件，同比增加23%；结案34件，结案率为31.8%，同比提高了30.8%。

三、体系建设

（一）法规制度建设

一是持续推进《中华人民共和国种子法》（简称《种子法》）等法律法规修订工作。深度参与《种子法》和《植物新品种保护条例》（简称《条例》）修改相关工作。2021年1月28日，全国人大常委会委员、农业与农村委员会副主任委员刘振伟赴农业农村部科技发展中心调研农业植物新品种保护工作时，对农业农村部门依法加强植物新品种保护工作给予充分肯定，建议统筹推进《条例》和相关法律法规修订工作，为打好种业翻身仗提供更坚实的制度保障。在此基础上，起草《种子法》修改汇报交流材料、撰写相关制度研究报告30余份，组织召开10余次工作会议、专题研讨会和专家论证会。多次参加全国人大法制工作委员会、全国人大农业与农村委员会、司法部、国家知识产权局等部门的相关研讨会，就《种子法》修改中的实质性派生品种、延长保护链条、扩大保护范围、加大赔偿力度等问题进行充分沟通并达成共识，由全国人大法制工作委员会向社会公开征求意见。2021年12月24日，第十三届全国人大常委会第三十二次会议审议通过《种子法》修正案（图2），自2022年3月1日起施行。二是持续跟进海南自由贸易港种业知识产权相关工作。编制《海南种业知识产权保护特区整体规划》；制订海南自由贸易港农业植物新品种保护审查协作中心实施方案，农业农村部科技发展中心、海南省农业农村厅、农业农村部种业管理司签订《联合开展海南自由贸易港农业植物新品种审查测试工作的合作备忘录》（图3）。三是开展《农业植物品种命名规定》修订工作。经多次征求各方意见，起草完成《农业植物品种命名规定》修订建议稿及修订说明。2021年9月27日，公开征求《农业植物品种命名规定（征求意见稿）》意见。四是起草与最高人民法院签署的种业知识产权保护合作备忘录。推进行政执法和司法紧密衔接，合力加强种业知识产权保护。五是配合最高人民法院多次修改《关于审理侵害植物新品种权纠纷案件具体应用法律问题的若干规定（二）》，该司法解释于2021年7月5日由最高人民法院发布，7月7日起施行。六是健全管理制度。不断优化受理审查流程，规范质押备案、冻结等事务审查，修订并印发《农业植物新品种权审查指南（2021）》（图4），发布《农业植物品种特异性、一致性和稳定性测试机构质量管理规定》（图5），制定《生物技术育成植物品种DUS测试管理办法》，起草《繁殖材料相关事务审查指南》。

图2 《中华人民共和国种子法》

图3 《联合开展海南自由贸易港农业植物新品种审查测试工作的合作备忘录》

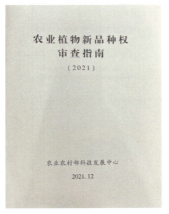

图4 《农业植物新品种权审查指南（2021）》

农业植物品种特异性、一致性和稳定性测试机构质量管理规定

第一章 总 则

第一条 为规范农业植物品种特异性、一致性和稳定性测试机构(以下简称测试机构)质量管理,保证品种特异性、一致性和稳定性(以下简称DUS)测试事业高质量发展,根据《农业部植物品种特异性、一致性和稳定性测试机构管理规定》(农办种[2016]9号,以下简称《管理规定》),制定本规定。

第二条 本规定适用于农业农村部植物新品种测试中心(以下简称测试中心)对农业农村部植物新品种测试分中心、测试站(以下统称分中心)进行质量评审和日常监督检查等质量管理活动。

第三条 对第三方DUS测试机构和农业农村部授权的其他测试单位的质量管理参照本规定执行。

第二章 组织架构

第四条 测试中心任命质量负责人,负责质量管理活动的组

— 2 —

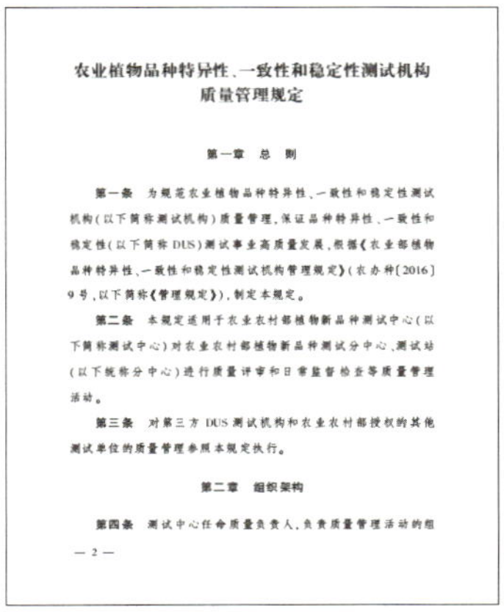

图5 《农业植物品种特异性、一致性和稳定性测试机构质量管理规定》

（二）测试体系建设

一是着力机制创新，健全品种测试体系（图6）。制定《“十四五”农业植物新品种测试体系发展规划》，起草《农业植物品种测试体系工作规范》。二是协调推动国家植物品种测试徐州中心建设项目列入“十四五”直属单位重大项目和现代种业提升工程建设规划。三是为推动食用菌等特色作物产业发展，系统谋划测试站布局、标准研制和标准样品保藏，形成专题报告，并同意测试中心布局测试体系，进一步拓展职能。四是创新部省“共建、共用、共管”新机制，支持福州、南京、公主岭等分中心与省级种业管理部门对接，在服务地方种业、促进产业发展的过程中壮大实力。五是加强品种测试标准管理。完成第二届全国植物新品种测试标准化技术委员会（简称标委会）考核评估和第三届标委会换届，起草标委会“十四五”规划，审定25项指南（标准）（表1），报批13项国家标准。六是改革品种测试审查方式。统筹委托测试和集中测试，审查关口前移，加大特异性审查力度。统一管理委托测试样品，统一开展近似品种筛选，采集了近6 000个品种的SSR[①]分子数据，累计为17家分中心的3 700个品种筛选近似品种。七是推动农业农村部科技发展中心与江汉大学、三亚崖州湾科技城管理局开展技术合作。制定农业农村部科技发展中心－江汉大学合作实施方案；农业农村部科技发展中心－江汉大学分子实验室首次以MNP[②]分子鉴定方法获得CASL[③]认证。农业农村部科技发展中心与三亚崖州湾科技城管理局签订战略合作协议，建立“农业农村部科技发展中心－崖州湾科技城分子检测实验室”（图7）。

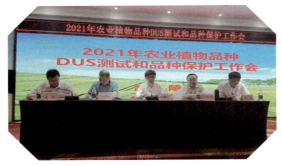

图6 2021年农业植物品种DUS测试和品种保护工作会在海南陵水召开

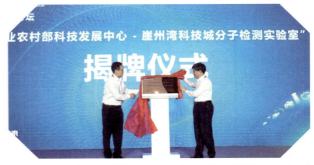

图7 农业农村部科技发展中心－崖州湾科技城分子检测实验室揭牌仪式

① SSR，Simple Sequence Repeats，简单重复序列。
② MNP，Multiple Nucleotide Polymorphism，多核苷酸多态性。
③ CASL，China Accredited Seed Laboratory，中华人民共和国农作物合格种子质量检验机构。

表1 2021年审定通过的DUS测试指南和农业行业标准

序号	指南/标准
1	植物品种特异性、一致性和稳定性测试指南　刀豆
2	植物品种特异性、一致性和稳定性测试指南　虾脊兰属
3	植物品种特异性、一致性和稳定性测试指南　兵豆
4	植物品种特异性、一致性和稳定性测试指南　姜荷花
5	植物品种特异性、一致性和稳定性测试指南　救荒野豌豆
6	植物品种特异性、一致性和稳定性测试指南　文心兰属
7	植物品种特异性、一致性和稳定性测试指南　甘草
8	植物品种特异性、一致性和稳定性测试指南　丽穗凤梨属
9	植物品种特异性、一致性和稳定性测试指南　蟹爪兰属
10	植物品种特异性、一致性和稳定性测试指南　罗勒
11	植物品种特异性、一致性和稳定性测试指南　麦冬
12	植物品种特异性、一致性和稳定性测试指南　紫云英
13	植物品种特异性、一致性和稳定性测试指南　金银花
14	植物品种特异性、一致性和稳定性测试指南　量天尺属
15	植物品种特异性、一致性和稳定性测试指南　梨砧木
16	植物品种特异性、一致性和稳定性测试指南　重齿当归
17	植物品种特异性、一致性和稳定性测试指南　黄花蒿
18	植物品种特异性、一致性和稳定性测试指南　拟石莲花属
19	植物品种特异性、一致性和稳定性测试指南　慈姑
20	植物品种特异性、一致性和稳定性测试指南　蝉花
21	植物品种特异性、一致性和稳定性测试指南　海雀稗
22	植物品种特异性、一致性和稳定性测试指南　粗肋草属（广东万年青属）
23	植物品种特异性、一致性和稳定性测试指南　广藿香
24	梨品种分子鉴定技术规程　SSR分子标记法
25	菜豆品种鉴定　SSR分子标记法

（三）信息化平台建设

一是完成品种权信息化项目验收。品种权申请审查系统、植物品种测试信息服务平台顺利通过专家验收，提升植物新品种保护信息化水平和能力。二是品种权信息化工作顺利通过考核。按照国家知识产权局在《2020—2021年贯彻落实〈关于强化知识产权保护的意见〉推进计划》中提出的要求，通过"完善植物新品种申请及管理系统，加强植物新品种测试能力建设"的考核。三是做好信息化日常工作。完成品种权相关系统对国产化软件的适应性测试，定期更新种业大数据平台的品种保护公告信息，实时做好品种权信息化系统日常安全运维工作，多次组织开展品种权信息化系统操作培训，保障品种权受理审查效能。

（四）行业协会建设

一是扎实开展中国种子协会植物新品种保护专业委员会有关工作。邀请国际植物新品种保护联盟（UPOV）副秘书长Peter Button先生在2021中国种子大会暨南繁硅谷论坛上，以视频方式作主旨报告并派员参会（图8）。与中国种子协会国际合作分会共同组织开展对荷兰和德国两国的种业发展情况研究，并成立研究工作组，开展相关研究（图9）。制订植物新品种保护专业委员会换届方案，并于2021年12月27日完成换届工作（图10）。二是积极推动中国农业科技管理研究会植物新品种保护工作委员会有关工作。于2021年3月召开植物新品种保护学术研讨会暨第十二届全国农业知识产权线上论坛，就植物新品种保护相关理论、新品种审查测试技术和农业知识产权有关问题进行研讨（图11）。

图8　UPOV副秘书长Peter Button先生在2021中国种子大会暨南繁硅谷论坛上以视频方式作主旨报告

图9　《荷兰种业政策研究》和《德国种业政策研究》

图10　植物新品种保护专业委员会换届

图11　第十二届全国农业知识产权线上论坛

四、宣传培训

（一）信息宣传

一是讲好中国故事，UPOV社交媒体账号、农业农村部官网头条先后发布我国谭琦等4位女性育种家事迹（图12）；国际无性繁殖园艺植物和果树育种者协会（CIOPORA）特邀我国专家撰写的《中国农业植物新品种保护现状与展望》刊登在该协会特刊上。二是在中国种子大会暨南繁硅谷论坛召开期间，组织种业知识产权保护论坛，重点宣介MNP技术，吸引了5个分论坛参会人数的2/3以上，逾千人参会，多家媒体报道后引起了强烈社会反响（图13）。三是编写出版《2019年农业植物新品种保护发展报告》《农业植物新品种保护典型案例解析》及6期《农业植物新品种保护公报》等（图14、图15）。四是撰写《中国知识产权年鉴2022》《中国农作物发展报告》《农业知识产权"十三五"总结报告》植物新品种保护部分。五是参加第十三届中国国际种业博览会暨第十八届全国种子信息交流与产品交易会，介绍植物新品种保护相关工作进展。六是规范"农业农村部植物新品种测试中心"微信公众号运维，推送图文242篇，关注人数达7 810人，阅读人次超12万。

图12　UPOV发布我国谭琦等4位女性育种家事迹

图13　种业知识产权保护论坛

图14　《2019年农业植物新品种保护发展报告》

图15　《农业植物新品种保护公报》6期

（二）人员培训

一是尽量降低新冠疫情影响，创新培训方式，通过线上、线下和线上线下相结合等方式，多次举办品种保护理论和测试技术类培训班，培训学员近千人次，学员覆盖全国种业管理体系人员、种子企业、高校、科研院所（图16）。二是探索测试人才联合培养机制，与华南农业大学共建研究生联合培养基地，双方制定了合作协议和联合培养方案。

（三）品种展示和能力提升

一是深入张家口市赤城县，联合县农牧局、龙头企业组织开展优秀蔬菜品种展示示范工作，帮助赤城县引进一批绿色、优质、综合性状良好的蔬菜品种，同时配套科学栽培管理技术，以良种更新、技术配套推进赤城县特色产业发展，助力乡村振兴战略实施。二是依托江苏徐淮地区徐州农业科学研究所开展甘薯、马铃薯、水稻、大豆、菊花、芍药组特色优良品种的集中展示示范活动，筛选适宜当地种植的品种，帮助农民选种用种，促进新品种推广与利用。三是委托天津市种业行业协会举办蔬菜新品种展示示范活动，展示天津和国内外蔬菜种业发展的最新成果，将优质种子推向全国乃至世界。四是甄选广西壮族自治区农业科学院为农业植物新品种保护能力提升试点单位，通过召开《种子法》修订案宣

贯座谈会、举办品种保护培训班、开展品种示范活动等，帮助广西壮族自治区农业科学院的育种者深入了解品种保护，品种权申请量和申请植物种类数量大幅提升（图17）。

图16　举办各类理论与技术培训班

图17　品种展示和能力提升

五、维权执法

一是在保护种业知识产权专项整治行动会议上，发布2021年农业植物新品种保护十大典型案例，引起强烈反响（图18、图19）。二是组织召开2021年植物新品种保护异议复审纠纷等案件研讨会，积极推进异议、复审案件处理（图20）。三是撰写"农大372"等39个案件处理建议，安排46个异议品种进行DNA鉴定、DUS测试及现场确认。四是积极开展复审委员会复审案件的审理工作，应对"哈育189"和"农麦168"的复审行政诉讼案件，起草答辩书、质证、出庭等，不断提高依法行政水平。五是提供法律咨询服务，接待异议人、法院、律师、社会公众来电来访500余次，不断增强群众的品种权法律意识。

图18　农业植物新品种保护十大典型案例

图19　发布农业植物新品种保护十大典型案例

图20　2021年植物新品种保护异议复审纠纷等案件研讨会

六、国际合作与交流

一是争取国家利益。对《国际植物新品种保护联盟（UPOV）使用中文可行性报告》研提意见，积极推动中文成为UPOV工作语言一事，2021年10月，UPOV系列会议UPOV理事会顺利通过此事，并将于2023年10月开展全面评估。二是推动双边合作。签订为期5年的第二期《中欧植物新品种保护合作协议》（图21）；在农业农村部国际合作司的指导下，磋商《中日农业植物新品种保护合作谅解备忘录》。三是开展交流研讨（图22）。成立实质性派生品种、收获物和繁殖材料两个中国农业小组，跟踪国际最新进展，开展专题研究；在河南郑州、原阳两地，以线上线下相结合的方式，承办UPOV第52届果树技术工作组（TWF）会议（图23）；组织参加多个UPOV工作组线上会议，

图21　农业农村部科技发展中心杨礼胜主任代表我国农业农村部科技发展中心与欧盟植物新品种保护办公室（CPVO）签订第二期《中欧植物新品种保护合作协议》

参加实质性派生品种工作组、政策研讨、电子申请系统、技术委员会、行政和立法委员会、咨询委员会和理事会等系列会议30余个（图24），参会百余人次，并甄选我国专家在相应技术工作组会议上就DUS测试大数据平台，DUS测试统计分析软件-DUSCEL 3.0，我国葡萄、桃和柑橘DUS测试工作等作数个专业报告，其中，DUS测试统计分析软件被UPOV/INF/16"可交换软件"接收，成为继英国、法国开发的软件之后，第3款专门用于DUS测试数据分析的共享软件。在中德种业交流研讨会上介绍我国农业植物新品种保护情况，为中德品种保护合作奠定基础。四是培养国际人才。组织参加UPOV植物新品种保护远程教育，30余人参加并取得合格证书。

图22　线上参加第14届东亚植物新品种保护论坛年会

图23　在河南郑州、原阳两地举办UPOV第52届果树技术工作组（TWF）会议

图24　农业农村部科技发展中心崔野韩处长
代表中国在UPOV系列会议中发言

第二章　申请授权情况

1999—2021年，农业植物新品种权申请量、授权量总体呈现增长趋势（图25）。2021年度申请量为9 721件，年度申请量连续5年居UPOV成员第一位，同比增加1 808件，增幅达22.85%，申请总量达51 437件；年度授权量为3 218件，年度授权量连续两年居UPOV成员第一位，同比增加669件，增幅达26.25%，授权总量达19 726件。

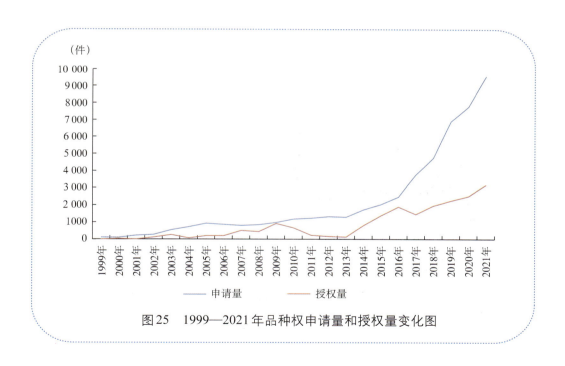

图25　1999—2021年品种权申请量和授权量变化图

一、作物种类申请授权情况

（一）累计申请授权情况

1999—2021年，各类作物的申请量总体保持逐年递增趋势（图26）。农业植物新品种权申请总量以大田作物为主，共39 646件，占比高达77.08%；其次为蔬菜5 687件，占比

11.06%；花卉3 612件，占比7.02%；果树1 996件，占比3.88%；药用植物223件，占比0.43%；菌类228件，占比0.44%；牧草45件，占比0.09%（图27）。

图26　1999—2021年不同作物种类年度申请量变化图

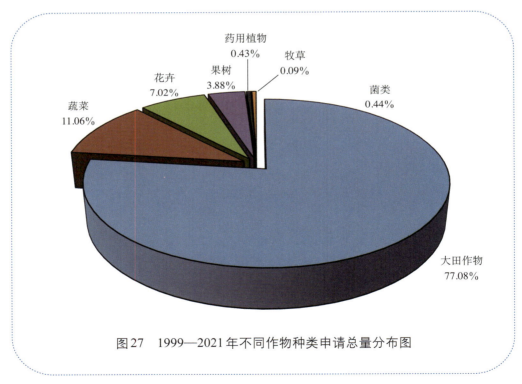

图27　1999—2021年不同作物种类申请总量分布图

1999—2021年，各类作物的授权量与授权总量趋势基本保持一致（图28）。农业植物新品种权授权总量以大田作物为主，共16 049件，占比高达81.36%；其次为蔬菜1 453件，占比7.37%；花卉1 426件，占比7.23%；果树719件，占比3.64%；药用植物35件，占比0.18%；牧草8件，占比0.04%；菌类36件，占比0.18%（图29）。

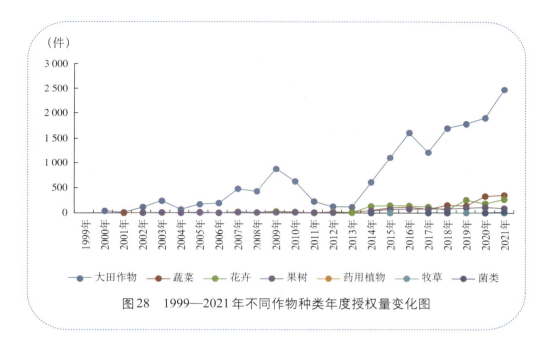

图28 1999—2021年不同作物种类年度授权量变化图

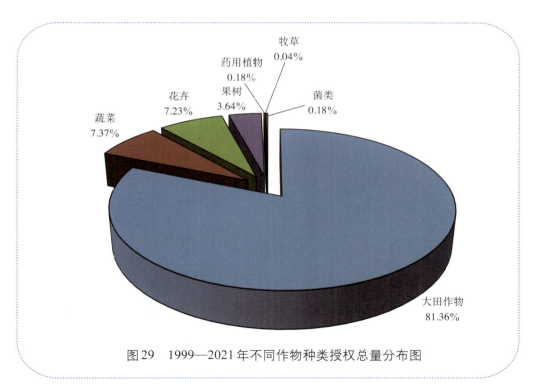

图29 1999—2021年不同作物种类授权总量分布图

（二）2021年申请授权情况

2021年，大田作物品种申请7 113件，在年度申请量中占比73.17%，同比降低1.62个百分点；蔬菜1 551件，占比15.96%，同比增加2.52个百分点；花卉573件，占比5.89%，同比降低1.62个百分点；果树392件，占比4.03%，同比增加0.20个百分点；药用植物、牧草和菌类分别申请32件、8件和52件，占比为0.33%、0.08%和0.53%（图30）。

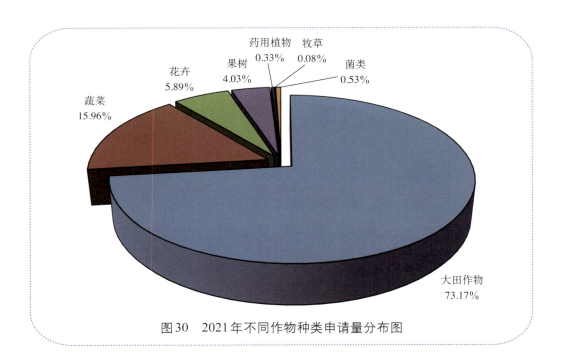

图30　2021年不同作物种类申请量分布图

2021年，大田作物品种获得授权2 462件，在年度授权量中占比76.51%，同比增加2.09个百分点；蔬菜354件，占比11.00%，同比降低2.06个百分点；花卉272件，占比8.45%，同比增加1.07个百分点；果树93件，占比2.89%，同比降低1.54个百分点；药用植物、牧草和菌类分别授权15件、2件和20件，占比为0.47%、0.06%和0.62%（图31）。

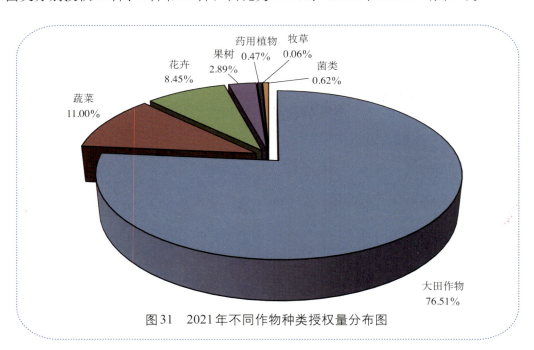

图31　2021年不同作物种类授权量分布图

二、国内申请主体和品种权主体情况

（一）地区分析

1999—2021年，来自国内主体的农业植物新品种权申请总量在地区间分布见图32。

其中，北京市以申请4 754件位居各省份之首，占国内申请总量的9.83%；其次为河南省，申请4 554件，占比9.42%。此外，山东省、黑龙江省、江苏省、安徽省、河北省、湖南省和广东省的申请量均在2 000件以上。

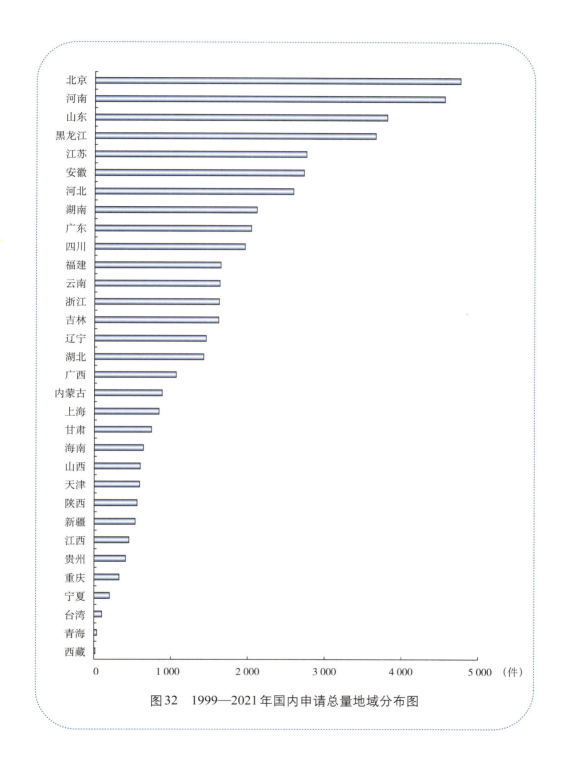

图32　1999—2021年国内申请总量地域分布图

1999—2021年，国内主体获得的农业植物新品种权授权总量中，北京市以2 013件位居各省份之首，占国内授权总量的10.90%，其次为河南省，获得授权1 632件，占比8.83%。此外，山东省、江苏省、黑龙江省和安徽省获得授权量均在1 000件以上（图33）。

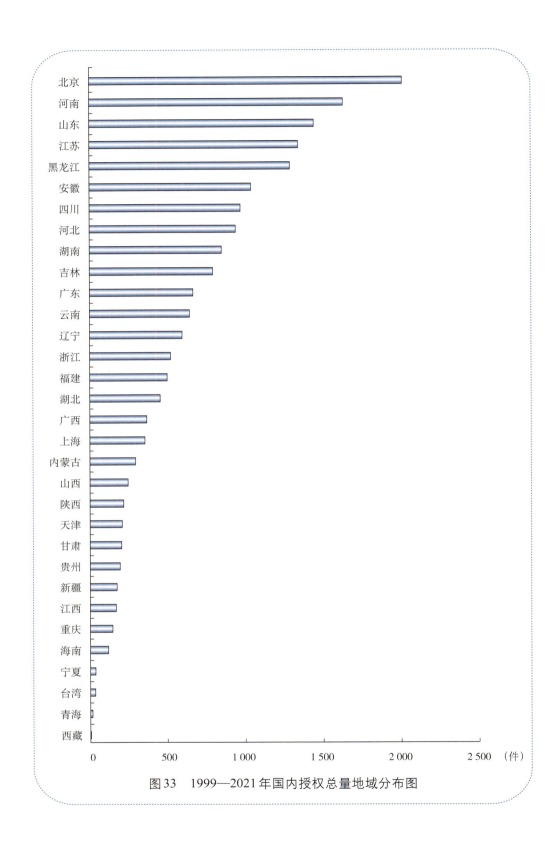

图33　1999—2021年国内授权总量地域分布图

　　2021年，来自国内主体的农业植物新品种权申请量以山东省最多，达856件，占国内申请量的9.17%，其次为河南省，申请780件，占比8.35%。此外，北京市、黑龙江省和河北省的申请量均在500件以上（图34）。

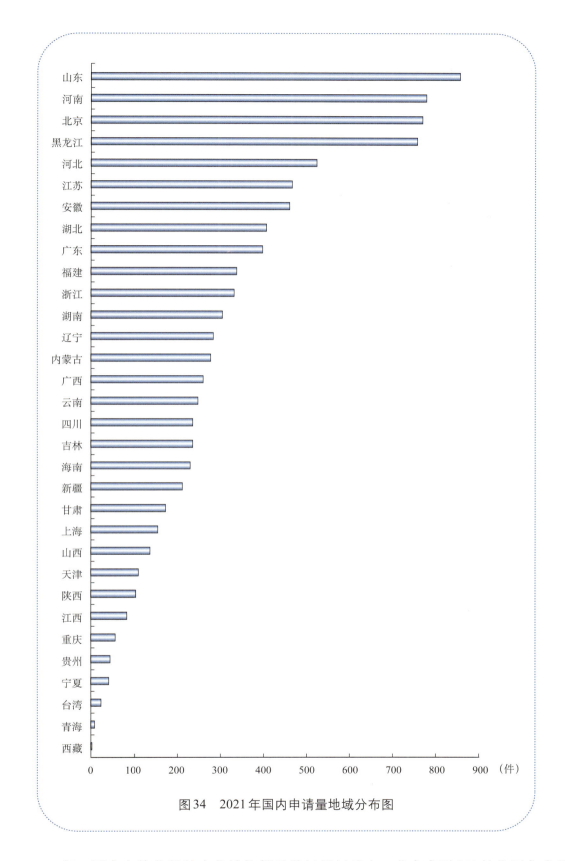

图34　2021年国内申请量地域分布图

　　2021年，国内主体获得的农业植物新品种权授权量中，北京市以352件位居各省份之首，占国内授权总量的12.02%；河南省以285件居第二位，占国内授权总量的9.73%。此外，山东省和黑龙江省获得的授权量均在200件以上（图35）。

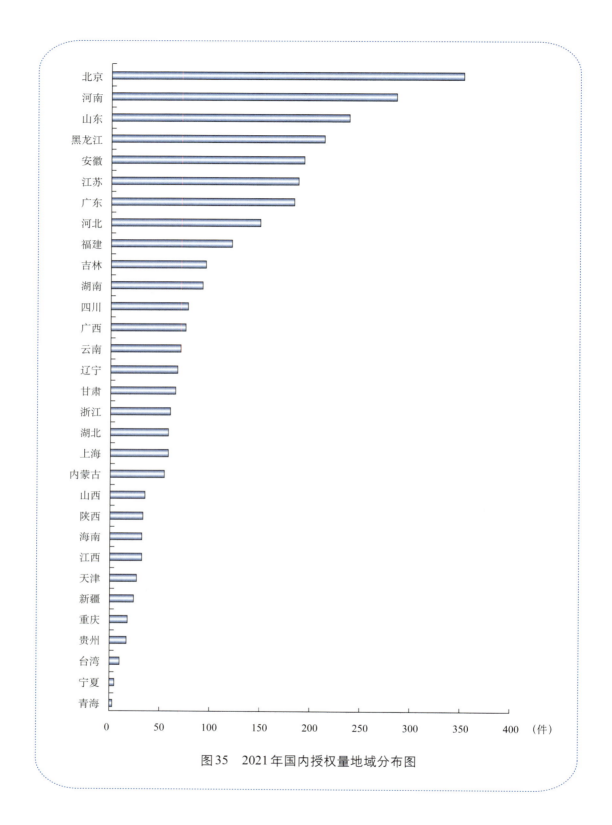

图35　2021年国内授权量地域分布图

（二）主体性质分析

1999—2021年，共有48 342件农业植物新品种权申请来自国内申请主体，其中以企业和科研单位为主，分别为24 677件和18 367件，占比为51.05%和37.99%。来自教学单位和个人的申请分别为3 379件和1 919件，占比为6.99%和3.97%（图36、图37）。

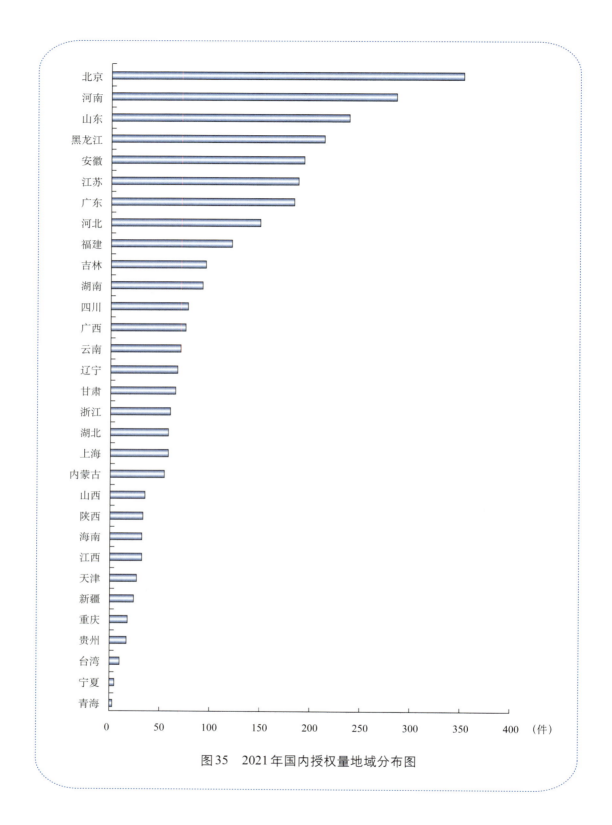

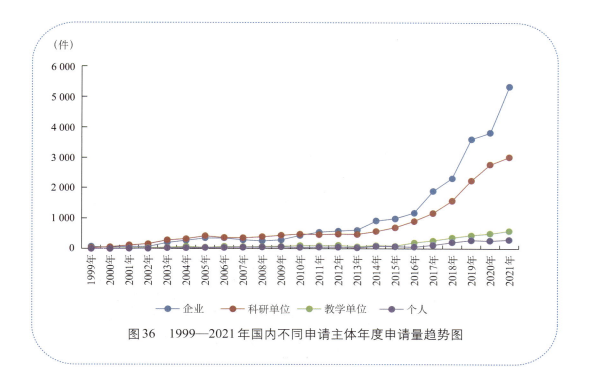

图36　1999—2021年国内不同申请主体年度申请量趋势图

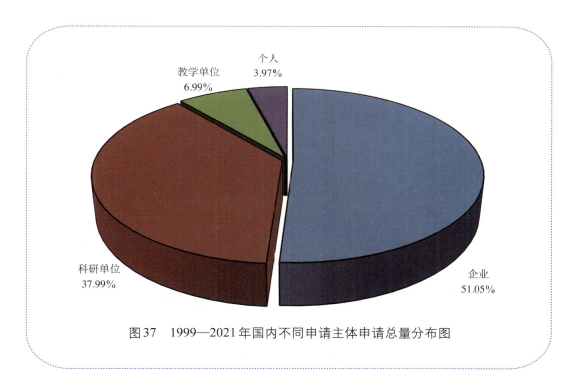

图37　1999—2021年国内不同申请主体申请总量分布图

　　1999—2021年，国内品种权主体共获得授权18 474件，其中，企业获得授权8 403件，占比45.49%；科研单位获得授权8 098件，占比43.83%；教学单位获得授权1 369件，占比7.41%；个人获得授权604件，占比3.27%（图38）。

　　2021年，共有9 336件农业植物新品种权申请来自国内申请主体，其中，企业申请达5 384件，占比57.67%；科研单位申请3 051件，占比32.68%；教学单位申请597件，占比

6.39%；个人申请304件，占比3.26%（图39）。自《关于加快推进现代农作物种业发展的意见》（国发〔2011〕8号）发布以来，企业年申请量已连续11年超过科研单位。

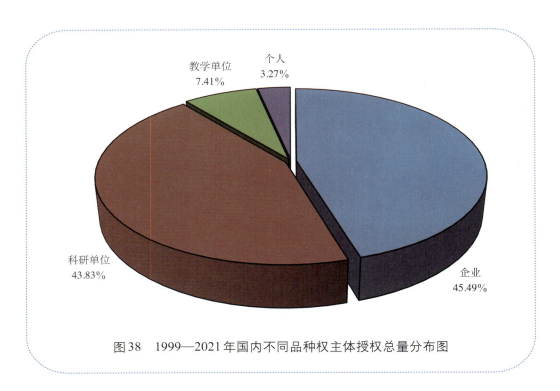

图38　1999—2021年国内不同品种权主体授权总量分布图

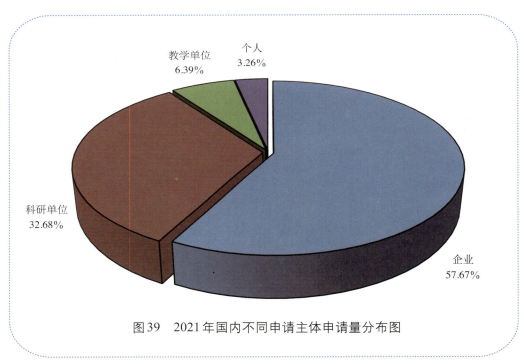

图39　2021年国内不同申请主体申请量分布图

　　2021年，国内品种权主体共获得授权2 928件，其中，企业获得授权1 569件，占比53.59%；科研单位获得授权1 079件，占比36.85%；教学单位获得授权185件，占比6.32%；个人获得授权95件，占比3.24%（图40）。

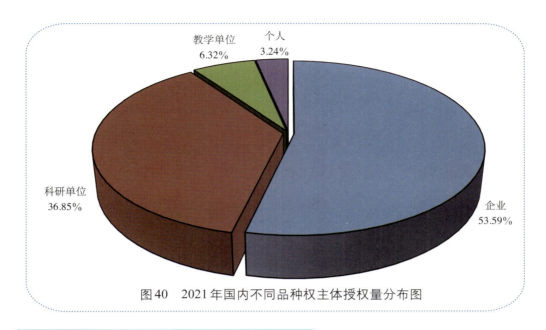

图40　2021年国内不同品种权主体授权量分布图

三、国外申请主体和品种权主体情况

（一）国别分析

1999—2021年，来自国外主体的品种权申请共计3 095件，占申请总量的6.02%（其他接受国外申请情况参见第四章），涉及21个国家。其中，荷兰申请962件，位居各国之首，占比31.08%；其次为美国，申请892件，占比28.82%（图41）。

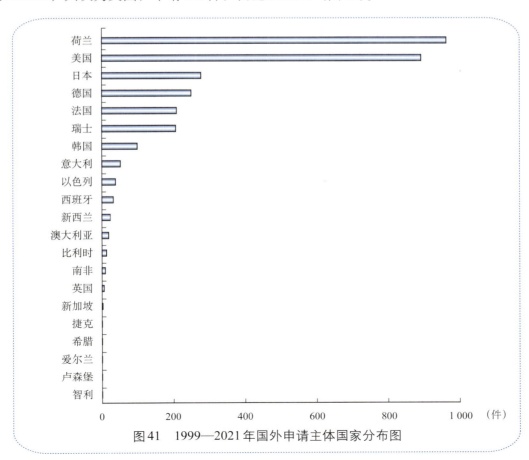

图41　1999—2021年国外申请主体国家分布图

1999—2021年，国外主体累计获得品种权授权1 252件，占授权总量的6.35%。其中，荷兰获得授权485件，位居各国之首，占比38.74%；其次为美国，获得授权398件，占比31.79%（图42）。

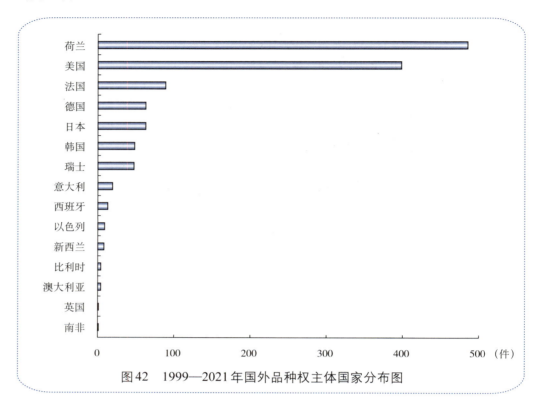

图42　1999—2021年国外品种权主体国家分布图

2021年，国外主体共申请品种权385件，占年度申请量的3.96%，涉及13个国家。其中，荷兰以131件申请位居各国之首，占比34.03%；其次为美国，申请92件，占比23.90%（图43）。

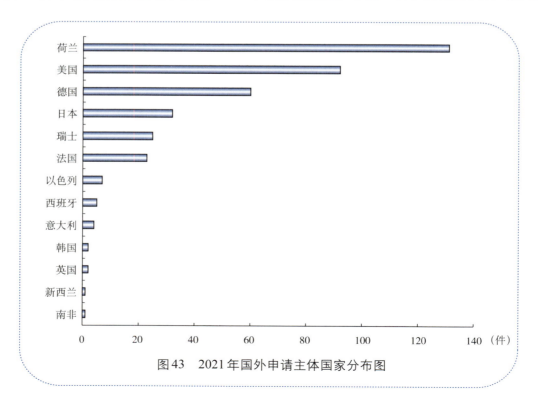

图43　2021年国外申请主体国家分布图

2021年，国外主体共获得品种权授权290件，占年度授权量的9.01%。其中，美国以100件位居各国之首，占比34.48%；荷兰99件，占比34.14%（图44）。

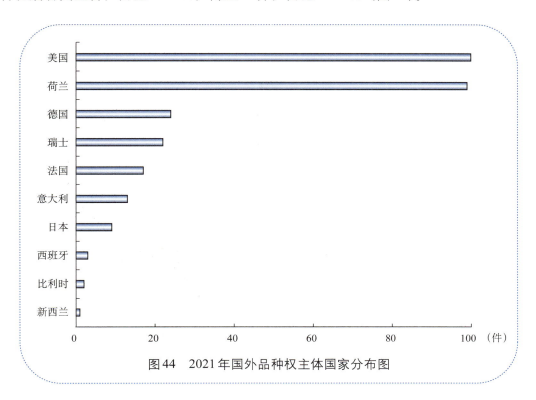

图44　2021年国外品种权主体国家分布图

（二）主体性质分析

1999—2021年，国外申请主体以企业为主，共申请2 885件，占比高达93.21%；科研单位申请137件，占比4.43%；教学单位申请42件，占比1.36%；个人申请31件，占比1.00%（图45）。

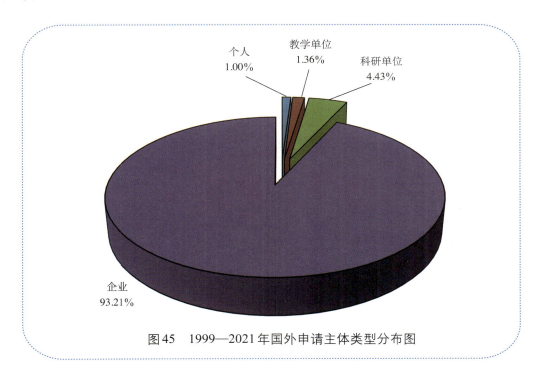

图45　1999—2021年国外申请主体类型分布图

2021年，国外申请主体仍然以企业为主，共申请371件，占比96.36%；科研单位申请13件，占比3.38%；教学单位申请1件，占比0.26%；个人无申请记录（图46）。

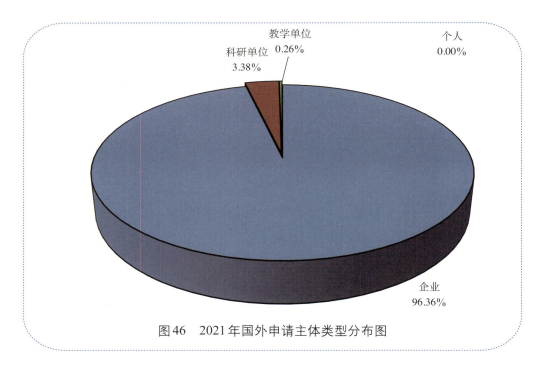

图46　2021年国外申请主体类型分布图

（三）作物种类分析

1999—2021年，来自国外申请主体的品种权申请总量以大田作物和花卉为主，其中，大田作物1 284件，占比41.48%；花卉1 116件，占比36.06%；果树401件，占比12.96%；蔬菜251件，占比8.11%；菌类、药用植物和牧草分别为24件、16件和3件，占比分别为0.77%、0.52%和0.10%（图47）。

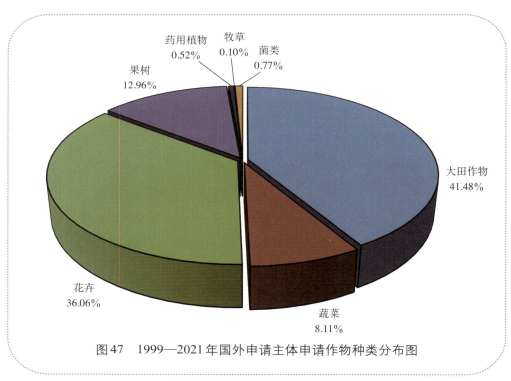

图47　1999—2021年国外申请主体申请作物种类分布图

2021年，国外主体申请的作物种类以花卉为主，其中，花卉162件，占比42.08%；大田作物146件，占比37.92%；蔬菜40件，占比10.39%；果树32件，占比8.31%；菌类5件，占比1.30%；药用植物和牧草无申请记录（图48）。

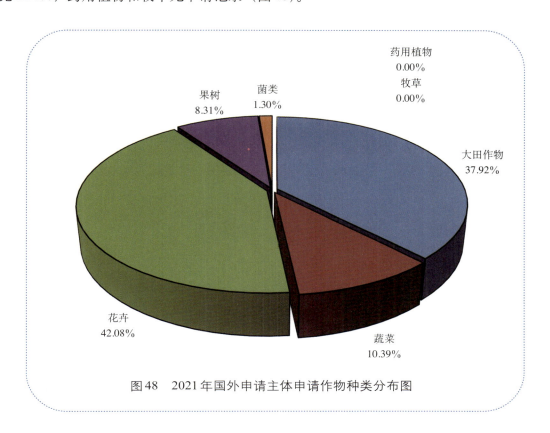

图48 2021年国外申请主体申请作物种类分布图

四、国内向国外品种权申请授权情况

2000—2021年，我国共向欧盟、越南、美国等26个国家和组织申请品种权357件，其中获得授权146件，授权比率为40.90%（表2）。

表2 2000—2021年中国在国外申请授权品种权情况

UPOV成员	在国外申请（件）	在国外授权（件）	在国外获得授权比率（%）
欧盟	72	26	36.11
越南	54	27	50.00
美国	58	33	56.90
日本	47	3	6.38
荷兰	14	4	28.57
澳大利亚	13	8	61.54
智利	10	10	100.00
阿根廷	12	4	33.33

UPOV成员	在国外申请（件）	在国外授权（件）	在国外获得授权比率（%）
新西兰	5	2	40.00
南非	20	8	40.00
乌拉圭	3	3	100.00
韩国	8	2	25.00
乌克兰	2	0	0.00
以色列	5	3	60.00
加拿大	2	0	0.00
巴西	6	3	50.00
巴拉圭	3	2	66.67
肯尼亚	3	0	0.00
瑞士	1	1	100.00
巴拿马	0	1	—
摩洛哥	2	2	100.00
秘鲁	2	1	50.00
墨西哥	3	2	66.67
俄罗斯	6	0	0.00
英国	2	0	0.00
土耳其	4	1	25.00
合计	357	146	40.90

注：数据整理自UPOV官网。其中，UPOV数据显示我国在巴拿马获得授权1件，但统计时未发现我国在巴拿马的申请记录，所以词条数据有争议。

五、申请量/授权量排行情况

（一）作物种类

1999—2021年，大田作物总申请量中居前5位的是玉米、水稻、普通小麦、大豆和棉属，共占大田作物总申请量的90.00%，占所有作物总申请量的69.71%。玉米和水稻占据绝对优势，分别占大田作物总申请量的41.79%和32.38%。在蔬菜、花卉、果树类作物总申请量中居首位的分别是辣椒属、菊属、苹果属，占比为16.49%、26.19%、14.43%（表3）。

表3　四大类作物1999—2021年申请总量居前10位的植物属种分布

作物种类	属种	申请量（件）	占总申请量比例（%）	作物种类	属种	申请量（件）	占总申请量比例（%）
大田作物	玉米	16 568	32.21	蔬菜	辣椒属	938	1.82
	水稻	12 838	24.96		普通番茄	803	1.56
	普通小麦	3 499	6.80		普通西瓜	608	1.18
	大豆	2 017	3.92		黄瓜	414	0.80
	棉属	938	1.82		甜瓜	369	0.72
	花生	666	1.29		不结球白菜	358	0.70
	甘蓝型油菜	637	1.24		大白菜	319	0.62
	马铃薯	395	0.77		普通结球甘蓝	216	0.42
	茶组	338	0.66		茄子	162	0.31
	甘薯	309	0.60		食用萝卜	147	0.29
花卉	菊属	946	1.84	果树	苹果属	288	0.56
	蝴蝶兰属	906	1.76		猕猴桃属	254	0.49
	花烛属	332	0.65		葡萄属	248	0.48
	石竹属	257	0.50		草莓	227	0.44
	非洲菊	233	0.45		梨属	213	0.41
	百合属	153	0.30		桃	204	0.40
	兰属	142	0.28		柑橘属	175	0.34
	莲	104	0.20		香蕉	73	0.14
	果子蔓属	73	0.14		李	47	0.09
	矮牵牛（碧冬茄）	56	0.11		芒果	39	0.08

同比2020年，2021年大田作物申请量前10位中，除5～10位的顺序有变动外，其他无变化。前5位主要农作物占比89.33%，占比略有下降；占年度所有作物申请量的65.36%，占比有所下降（表4）。其中：玉米3 206件，含自交系1 779件，占比55.49%；单交种1 406件，占比43.86%；三交种14件，占比0.44%；不育系7件，占比0.22%（图49）。水稻2 150件，含常规种1 076件，占比50.05%；杂交种485件，占比22.56%；恢复系357件，占比16.60%；两系不育系124件，占比5.77%；三系不育系83件，占比3.86%；保持系25件，占比1.16%（图50）。普通小麦560件，含常规种559件，占比99.82%；不育系1件，占比0.18%（图51）。大豆288件，含常规种286件，占比99.31%；杂交种2件，占比0.69%（图52）。棉属150件，含常规种135件，占比90.00%；杂交种15件，占比10.00%。150件棉属品种中，转基因品种48件，占比32.00%；非转基因品种102件，占比68.00%（图53）。

表4　四大类作物2021年申请量居前10位的植物属种分布

作物种类	属种	申请量（件）	占总申请量比例（％）	作物种类	属种	申请量（件）	占总申请量比例（％）
大田作物	玉米	3 206	32.98	蔬菜	辣椒属	255	2.62
	水稻	2 150	22.12		普通番茄	223	2.29
	普通小麦	560	5.76		不结球白菜	124	1.28
	大豆	288	2.96		黄瓜	120	1.23
	棉属	150	1.54		普通西瓜	100	1.03
	马铃薯	128	1.32		甜瓜	85	0.87
	花生	127	1.31		大白菜	79	0.81
	甘蓝型油菜	79	0.81		食用萝卜	60	0.62
	茶组	77	0.79		青花菜	57	0.59
	甘薯	59	0.61		普通结球甘蓝	51	0.52
花卉	蝴蝶兰属	171	1.76	果树	桃	55	0.57
	菊属	150	1.54		苹果属	54	0.56
	石竹属	40	0.41		梨属	47	0.48
	花烛属	37	0.38		葡萄属	45	0.46
	非洲菊	26	0.27		猕猴桃属	44	0.45
	朱顶红属	22	0.23		草莓	32	0.33
	莲	16	0.16		柑橘属	19	0.20
	兰属	15	0.15		李	15	0.15
	鸢尾属	13	0.13		香蕉	14	0.14
	矮牵牛（碧冬茄）	11	0.11		凤梨属	11	0.11

　　2021年，蔬菜申请量中居首位的是辣椒属255件，占比16.44%。同比2020年，食用萝卜和青花菜跃进前10，花椰菜和茄子跌出前10。花卉申请量中居首位的是蝴蝶兰属171件，占比29.84%。同比2020年，朱顶红属跃进前10，百合属跌出前10。果树申请量中居首位的是桃55件，占比14.03%。同比2020年，李和凤梨属跃进前10，西番莲属和枇杷跌出前10。

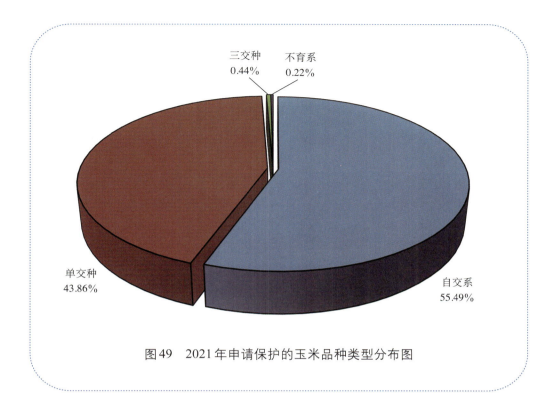

图49　2021年申请保护的玉米品种类型分布图

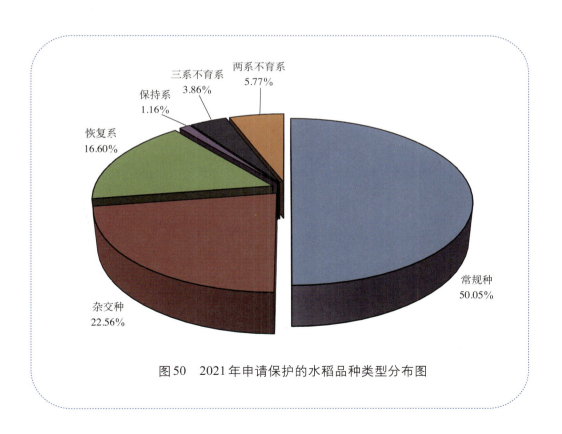

图50　2021年申请保护的水稻品种类型分布图

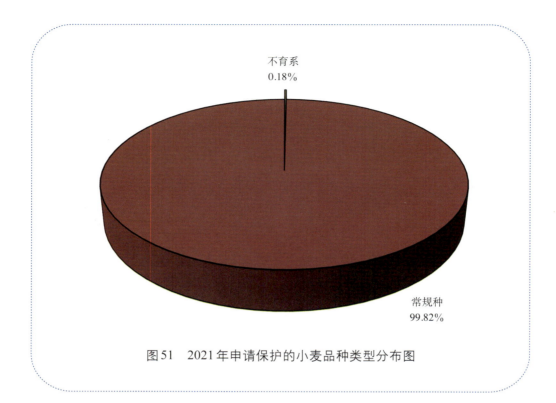

图51 2021年申请保护的小麦品种类型分布图

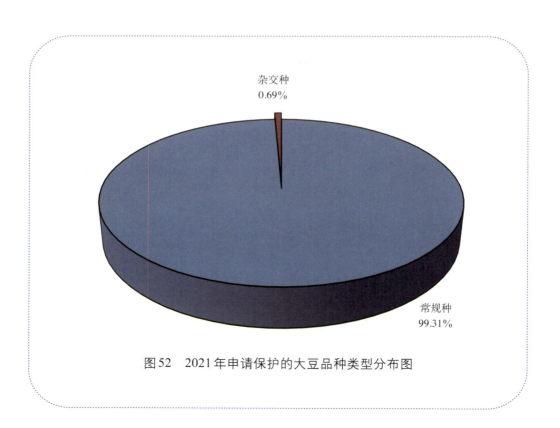

图52 2021年申请保护的大豆品种类型分布图

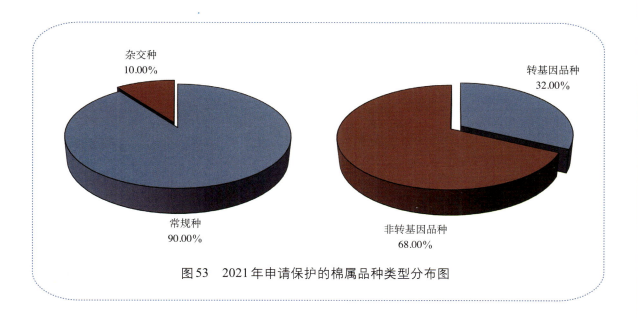

图53 2021年申请保护的棉属品种类型分布图

（二）申请主体

1999—2021年，申请总量居前50位的国内企业见表5，居前50位的国内教学科研单位见表6，居前30位的国外单位见表7（实际32家单位）。2021年，申请量居前20位的国内企业见表8，居前20位的国内教学科研单位见表9（实际21家单位），居前10位的国外单位见表10[①]。

表5　1999—2021年申请总量居前50位的国内企业

排序	申请主体	申请总量（件）
1	北京金色农华种业科技股份有限公司	527
2	三北种业有限公司	503
3	中国种子集团有限公司	380
4	袁隆平农业高科技股份有限公司	304
5	北大荒垦丰种业股份有限公司	297
6	山东登海种业股份有限公司	296
7	河南金苑种业股份有限公司	277
8	合肥丰乐种业股份有限公司	243
9	安徽荃银高科种业股份有限公司	236
10	石家庄蠡玉科技开发有限公司	228
11	福建金品农业科技股份有限公司	209
12	安徽隆平高科种业有限公司	203
13	漳州钜宝生物科技有限公司	181

[①] 排名以第一申请主体统计；排名所用数据截至2021年12月31日。

31

排序	申请主体	申请总量（件）
14	北京金色丰度种业科技有限公司	179
15	湖南隆平种业有限公司	158
16	中种国际种子有限公司	149
17	河南金博士种业股份有限公司	134
18	宁波微萌种业有限公司	133
19	山东寿光蔬菜种业集团有限公司	132
20	天津科润农业科技股份有限公司	131
21	天津天隆科技股份有限公司	130
21	河南省豫玉种业股份有限公司	130
23	新疆金丰源种业股份有限公司	114
23	山东圣丰种业科技有限公司	114
25	湖南袁创超级稻技术有限公司	110
26	山西强盛种业有限公司	112
26	北京联创种业有限公司	112
28	北京华农伟业种子科技有限公司	94
28	北京奥瑞金种业股份有限公司	94
30	内蒙古蓝海新农农业发展有限公司	93
31	齐齐哈尔市富尔农艺有限公司	91
32	北京新锐恒丰种子科技有限公司	90
33	吉林吉农高新技术发展股份有限公司	88
34	德农种业股份公司	87
35	中山缤纷园艺有限公司	86
35	青岛金妈妈农业科技有限公司	86
35	辽宁东亚种业有限公司	86
38	中地种业（集团）有限公司	85
39	襄阳正大农业开发有限公司	83
40	上海乾德种业有限公司	79
41	湖北荃银高科种业有限公司	78
42	山西大丰种业有限公司	76
42	北京华耐农业发展有限公司	76
44	云南大天种业有限公司	74
44	广东粤良种业有限公司	74

排序	申请主体	申请总量（件）
44	厦门华泰五谷种苗有限公司	74
44	南通新禾生物技术有限公司	74
48	河南隆平联创农业科技有限公司	73
49	天津德瑞特种业有限公司	72
50	山东省寿光市三木种苗有限公司	70

表6　1999—2021年申请总量居前50位的国内教学科研单位

排序	申请主体	申请总量（件）
1	北京市农林科学院	598
2	江苏省农业科学院	496
3	中国农业科学院作物科学研究所	485
4	广东省农业科学院水稻研究所	359
5	中国农业科学院郑州果树研究所	338
6	上海市农业科学院	331
7	中国水稻研究所	329
8	安徽省农业科学院水稻研究所	277
9	浙江省农业科学院	273
10	南京农业大学	265
11	华南农业大学	250
12	黑龙江省农业科学院水稻研究所	233
13	四川农业大学	231
13	吉林省农业科学院	231
15	河南省农业科学院	230
16	河南省新乡市农业科学院	225
17	四川省农业科学院作物研究所	222
18	福建农林大学	202
19	黑龙江省农业科学院绥化分院	192
20	河北省农林科学院粮油作物研究所	183
21	中国农业科学院蔬菜花卉研究所	181
22	广西壮族自治区农业科学院	176
23	山东省农业科学院玉米研究所	167

排序	申请主体	申请总量（件）
24	北京林业大学	165
25	西北农林科技大学	160
26	河南农业大学	156
27	三明市农业科学研究院	155
28	湖南农业大学	154
28	中国农业大学	154
30	绵阳市农业科学研究院	153
31	中国热带农业科学院热带作物品种资源研究所	150
32	河北省农林科学院旱作农业研究所	147
32	黑龙江省农业科学院佳木斯分院	147
34	山东农业大学	145
35	山东省水稻研究所	143
35	中国农业科学院棉花研究所	143
37	云南省农业科学院花卉研究所	139
37	东北农业大学	139
39	中国科学院遗传与发育生物学研究所	136
39	湖南杂交水稻研究中心	136
41	江苏里下河地区农业科学研究所	133
42	福建省农业科学院水稻研究所	131
43	湖北省农业科学院粮食作物研究所	117
44	重庆市农业科学院	116
45	山东省农业科学院作物研究所	114
46	黑龙江省农业科学院耕作栽培研究所	113
47	云南省农业科学院甘蔗研究所	109
47	浙江大学	109
49	广东省农业科学院作物研究所	108
49	华中农业大学	108

表7　1999—2021年申请总量居前30位的国外单位

排序	申请主体	申请总量（件）
1	先锋国际良种公司	440

排序	申请主体	申请总量（件）
2	荷兰安祖公司	313
3	孟山都科技有限责任公司	246
4	科沃施种子欧洲股份两合公司	161
5	荷兰德丽品种权公司	153
6	利马格兰欧洲	134
7	先正达参股股份有限公司	114
8	先正达农作物保护股份公司	91
9	大韩民国农村振兴厅	72
10	瑞克斯旺种子种苗集团公司	64
11	克莱姆＋索恩股份有限公司	52
12	坂田种苗株式会社	50
13	法国RAGT 2n SAS公司	40
13	荷兰德克育种公司	40
15	德瑞斯克公司	38
16	国立研究开发法人农业·食品产业技术综合研究机构	37
17	荷兰多盟集团公司	35
18	圣尼斯蔬菜种子有限公司	32
19	荷兰科贝克公司	26
20	荷兰瑞恩育种公司	25
21	荷兰希维达科易记花卉公司	23
22	加利福尼亚大学董事会	21
23	以色列丹姿格"丹"花卉农场	18
23	荷兰佛劳瑞泰克育种公司	18
23	忠清南道厅	18
26	优利斯种业	17
27	斯泰种业公司	16
27	荷兰HZPC公司	16
29	国际水果遗传育种有限责任公司	15
30	荷兰科比品种权公司	14
30	意大利比安切瑞阿尔贝托公司	14
30	美国太阳世界国际有限公司	14

表8　2021年申请量居前20位的国内企业

排序	申请主体	申请量（件）
1	三北种业有限公司	178
2	新疆金丰源种业股份有限公司	107
3	山东寿光蔬菜种业集团有限公司	106
4	福建金品农业科技股份有限公司	67
5	中国种子集团有限公司	65
6	内蒙古兴丰种业有限公司	63
7	南通新禾生物技术有限公司	62
8	北京金色丰度种业科技有限公司	61
9	安徽荃银高科种业股份有限公司	60
10	合肥丰乐种业股份有限公司	58
11	齐齐哈尔市富尔农艺有限公司	55
11	内蒙古蓝海新农农业发展有限公司	55
13	袁隆平农业高科技股份有限公司	52
14	内蒙古华颂农业科技有限公司	49
15	三亚华玉创新种业有限责任公司	46
16	襄阳正大农业开发有限公司	44
17	天津天隆科技股份有限公司	43
18	华盛农业集团股份有限公司	42
19	北大荒垦丰种业股份有限公司	40
20	甘肃金源种业股份有限公司	38

表9　2021年申请量居前20位的国内教学科研单位

排序	申请主体	申请量（件）
1	广西壮族自治区农业科学院	126
2	北京市农林科学院	109
3	中国农业科学院作物科学研究所	92
4	广东省农业科学院水稻研究所	87
5	中国水稻研究所	79
6	江苏省农业科学院	61
7	黑龙江省农业科学院水稻研究所	60
8	河南农业大学	56
9	中国农业科学院郑州果树研究所	55

排序	申请主体	申请量（件）
9	黑龙江省农业科学院佳木斯分院	55
11	上海市农业科学院	54
12	黑龙江省农业科学院齐齐哈尔分院	46
13	浙江省农业科学院	44
13	山东省农业科学院	44
15	安徽省农业科学院水稻研究所	43
16	河北省农林科学院粮油作物研究所	42
17	河北省农林科学院旱作农业研究所	41
18	黑龙江省农业科学院绥化分院	36
19	黑龙江省农业科学院作物资源研究所	35
20	云南省农业科学院花卉研究所	34
20	中国农业科学院蔬菜花卉研究所	34

表10　2021年申请量居前10位的国外单位

排序	申请主体	申请量（件）
1	荷兰安祖公司	66
2	先锋国际良种公司	62
3	科沃施种子欧洲股份两合公司	43
4	先正达农作物保护股份公司	25
5	荷兰德克育种公司	20
6	利马格兰欧洲	18
7	克莱姆+索恩股份有限公司	16
8	荷兰德丽品种权公司	15
8	坂田种苗株式会社	15
10	瑞克斯旺种子种苗集团公司	13

（三）品种权主体

1999—2021年，获得授权总量居前50位的国内企业见表11（实际52家企业），居前50位的国内教学科研单位见表12，居前20位的国外单位见表13（实际21家单位）。2021年，获得授权量居前20位的国内企业见表14（实际21家企业），居前20位的国内教学科研单位见表15（实际22家单位），居前10位的国外单位见表16[①]。

---

① 排名以第一品种权主体统计；排名所用数据截至2021年12月31日。

表 11　1999—2021 年授权总量居前 50 位的国内企业

排序	品种权主体	授权总量（件）
1	北京金色农华种业科技股份有限公司	282
2	山东登海种业股份有限公司	188
3	中国种子集团有限公司	158
4	袁隆平农业高科技股份有限公司	145
5	北大荒垦丰种业股份有限公司	122
6	三北种业有限公司	113
7	湖南隆平种业有限公司	109
8	安徽荃银高科种业股份有限公司	87
9	中种国际种子有限公司	84
10	安徽隆平高科种业有限公司	79
11	吉林吉农高新技术发展股份有限公司	78
12	北京奥瑞金种业股份有限公司	70
12	北京联创种业有限公司	70
14	河南金博士种业股份有限公司	67
15	河南金苑种业股份有限公司	61
16	合肥丰乐种业股份有限公司	59
17	山西强盛种业有限公司	53
18	辽宁东亚种业有限公司	52
19	北京华农伟业种子科技有限公司	51
19	德农种业股份公司	51
21	山东省寿光市三木种苗有限公司	49
22	天津科润农业科技股份有限公司	47
23	山西大丰种业有限公司	46
24	中山缤纷园艺有限公司	44
25	福建金品农业科技股份有限公司	43
26	漳州钜宝生物科技有限公司	42
27	昆明虹之华园艺有限公司	40
27	河南省豫玉种业股份有限公司	40
29	莱州市金海作物研究所有限公司	38
29	北京华耐农业发展有限公司	38
31	天津天隆科技股份有限公司	37
31	石家庄蠡玉科技开发有限公司	37
33	山东圣丰种业科技有限公司	35
33	湖南袁创超级稻技术有限公司	35

排序	品种权主体	授权总量（件）
35	广东粤良种业有限公司	34
35	昆明缤纷园艺有限公司	34
37	浙江森禾集团股份有限公司	32
37	承德裕丰种业有限公司	32
39	宁波微萌种业有限公司	31
40	甘肃五谷种业股份有限公司	30
41	北京天葵立德种子科技有限公司	29
41	江苏省大华种业集团有限公司	29
41	北京中农斯达农业科技开发有限公司	29
44	创世纪种业有限公司	28
44	辽宁丹玉种业科技股份有限公司	28
46	昆明煜辉花卉园艺有限公司	27
46	湖北荃银高科种业有限公司	27
48	襄阳正大农业开发有限公司	26
49	海南九圣禾农业科学研究院有限公司	25
49	天津德瑞特种业有限公司	25
49	湖南隆平高科种业科学研究院有限公司	25
49	西科农业集团股份有限公司	25

表12　1999—2021年授权总量居前50位的国内教学科研单位

排序	品种权主体	授权总量（件）
1	江苏省农业科学院	319
2	中国农业科学院作物科学研究所	244
3	北京市农林科学院	232
4	南京农业大学	167
5	河南省农业科学院	151
6	上海市农业科学院	148
7	安徽省农业科学院水稻研究所	133
8	中国水稻研究所	126
9	吉林省农业科学院	122
10	广东省农业科学院水稻研究所	121
11	四川省农业科学院作物研究所	111
12	四川农业大学	108
13	浙江省农业科学院	104

排序	品种权主体	授权总量（件）
14	江苏徐淮地区淮阴农业科学研究所	102
15	华南农业大学	101
16	福建农林大学	100
17	山东省农业科学院玉米研究所	95
18	中国农业科学院郑州果树研究所	93
19	黑龙江省农业科学院绥化分院	89
19	中国农业科学院蔬菜花卉研究所	89
21	西北农林科技大学	83
22	河北省农林科学院粮油作物研究所	81
23	中国农业大学	78
24	湖南杂交水稻研究中心	77
25	广西壮族自治区农业科学院水稻研究所	74
26	湖南农业大学	69
27	三明市农业科学研究院	68
28	通化市农业科学研究院	66
29	黑龙江省农业科学院佳木斯水稻研究所	65
29	黑龙江省农业科学院佳木斯分院	65
31	江苏里下河地区农业科学研究所	64
32	山东农业大学	63
32	河南农业大学	63
34	福建省农业科学院水稻研究所	62
34	河南省新乡市农业科学院	62
34	北京林业大学	62
37	绵阳市农业科学研究院	61
38	中国科学院遗传与发育生物学研究所	59
39	云南省农业科学院	58
39	云南省农业科学院花卉研究所	58
39	山东省农业科学院作物研究所	58
42	中国农业科学院棉花研究所	57
42	东北农业大学	57
44	江苏徐淮地区徐州农业科学研究所	55

排序	品种权主体	授权总量（件）
44	铁岭市农业科学院	55
44	安徽省农业科学院作物研究所	55
47	江苏丘陵地区镇江农业科学研究所	54
48	湖北省农业科学院粮食作物研究所	51
49	黑龙江省农业科学院水稻研究所	50
49	丹东农业科学院	50

表13　1999—2021年授权总量居前20位的国外单位

排序	品种权主体	授权总量（件）
1	先锋国际良种公司	220
2	荷兰安祖公司	168
3	孟山都科技有限责任公司	107
4	荷兰德丽品种权公司	85
5	利马格兰欧洲	66
6	科沃施种子欧洲股份两合公司	55
7	先正达参股股份有限公司	46
8	大韩民国农村振兴厅	44
9	荷兰多盟集团公司	30
10	瑞克斯旺种子种苗集团公司	26
11	圣尼斯蔬菜种子有限公司	23
12	荷兰科贝克公司	18
13	荷兰希维达科易记花卉公司	17
14	荷兰佛劳瑞泰克育种公司	15
14	法国RAGT 2n SAS公司	15
16	荷兰HZPC公司	14
17	荷兰科比品种权公司	13
18	加利福尼亚大学董事会	12
18	意大利比安切瑞阿尔贝托公司	12
20	斯泰种业公司	10
20	坂田种苗株式会社	10

表14　2021年授权量居前20位的国内企业

排序	品种权主体	授权量（件）
1	中国种子集团有限公司	37
2	袁隆平农业高科技股份有限公司	25
3	安徽隆平高科种业有限公司	24
4	安徽荃银高科种业股份有限公司	23
5	山东登海种业股份有限公司	22
6	北京奥瑞金种业股份有限公司	21
7	北大荒垦丰种业股份有限公司	19
8	湖南隆平高科种业科学研究院有限公司	18
8	广东粤良种业有限公司	18
10	漳州钜宝生物科技有限公司	16
11	中种国际种子有限公司	15
11	福建金品农业科技股份有限公司	15
13	青岛金妈妈农业科技有限公司	14
14	三北种业有限公司	13
14	广西兆和种业有限公司	13
14	云南大天种业有限公司	13
17	北京中农斯达农业科技开发有限公司	12
17	北京华农伟业种子科技有限公司	12
17	北京联创种业有限公司	12
17	安徽丰大种业股份有限公司	12
17	江西天涯种业有限公司	12

表15　2021年授权量居前20位的国内教学科研单位

排序	品种权主体	授权量（件）
1	中国农业科学院作物科学研究所	44
2	北京市农林科学院	40
2	江苏省农业科学院	40
4	南京农业大学	36
5	吉林省农业科学院	30
6	中国科学院遗传与发育生物学研究所	29
7	福建农林大学	28
8	上海市农业科学院	27

排序	品种权主体	授权量（件）
9	广东省农业科学院水稻研究所	26
10	广东省农业科学院环境园艺研究所	21
10	中国农业科学院蔬菜花卉研究所	21
12	广东省农业科学院作物研究所	19
12	华南农业大学	19
14	三明市农业科学研究院	18
14	浙江省农业科学院	18
16	黑龙江省农业科学院绥化分院	14
17	黑龙江省农业科学院齐齐哈尔分院	13
17	广西壮族自治区农业科学院经济作物研究所	13
17	中国水稻研究所	13
17	中国热带农业科学院热带作物品种资源研究所	13
17	四川农业大学	13
17	四川省农业科学院作物研究所	13

表16　2021年授权量居前10位的国外单位

排序	品种权主体	授权量（件）
1	孟山都科技有限责任公司	52
2	荷兰德丽品种权公司	50
3	先锋国际良种公司	38
4	荷兰安祖公司	28
5	科沃施种子欧洲股份两合公司	24
6	先正达参股股份有限公司	21
7	意大利比安切瑞阿尔贝托公司	12
7	利马格兰欧洲	12
9	荷兰佛劳瑞泰克育种公司	7
10	瑞克斯旺种子种苗集团公司	6

第三章　授权品种转化运用和保护概况

一、授权品种推广面积排行榜

根据全国农业技术推广服务中心统计，2021年，87种作物共计推广16余万亩*。其中，面积在1 000万亩以上的品种8个，分别为水稻品种龙粳31，小麦品种济麦22 、郑麦379，玉米品种郑单958 、裕丰303、中科玉505、京科968、登海605（表17）。

表17　2021年主要大田作物授权品种推广面积排行榜

作物种类	常规稻	常规棉	大豆	冬小麦	玉米	杂交稻	杂交棉
品种	龙粳31	新陆中54号	黑农84	济麦22	郑单958	晶两优华占	华杂棉H318
	绥粳27	新陆中62号	合农95	郑麦379	裕丰303	晶两优534	中棉所63
	黄华占	新陆中84号	绥农52	济麦44	中科玉505	隆两优华占	创075
	南粳9108	新陆中80号	中黄13	百农4199	京科968	荃优丝苗	瑞杂816
	中嘉早17	鲁棉研37号	齐黄34	百农207	登海605	荃优822	鲁H424
	绥粳28	新陆中78号	合农69	山农28号	先玉335	C两优华占	中棉所99
	中早39	新陆早70号	蒙豆1137	西农511	联创808	泰优390	创072
	淮稻5号	新陆早66号	合农85	新麦26	伟科702	徽两优898	湘杂棉8号
	美香占2号	新陆早57号	中黄901	中麦578	东单1331	荃两优丝苗	瑞杂818
	五优稻4	Z1112	东农63	郑麦1860	农大372	甬优1540	鲁棉研34号
占各作物推广面积比例（%）	32.03	22.69	20.32	28.79	22.52	18.55	10.21

注：根据全国农业技术推广服务中心2021年推广面积数据统计。

* 亩为非法定计量单位，1亩≈667平方米。——编者注

二、主要品种转化运用情况

品种申请权及品种权的合理转让流动可以实现品种资源的优化配置。截至2021年年底，按照官方备案数据统计，我国共有1 744个申请保护的品种转让。其中，玉米品种最多，达到770件，占比44.15%；其次为水稻品种，360件，占比20.64%。近几年，我国的品种转让呈现上升的趋势，2001年我国品种权转让数量仅为19个，2021年我国品种权转让数量达到214件，相比2020年的转让量有所下降（图54）。

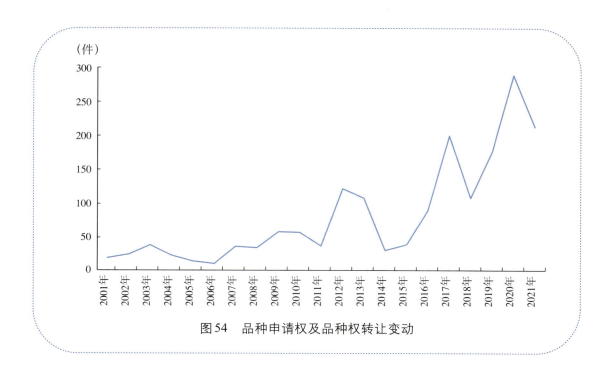

图54　品种申请权及品种权转让变动

第四章 植物新品种保护国际动态

UPOV是1961年在《国际植物新品种保护公约》基础上建立的一个独立的政府间国际组织，总部设在瑞士日内瓦，旨在提供和推动形成一个有效的植物品种保护体系，从而鼓励植物新品种的开发，造福社会。该组织通过协调各国在植物新品种保护制度上的差异，在世界范围内建立较为统一的制度体系，促进了植物新品种保护的国际化。

一、UPOV主要成员植物新品种保护动态

（一）UPOV成员动态

截至2021年年底，UPOV共有78个成员，包括76个国家和2个国际组织——欧盟（EU）、非洲知识产权组织（OAPI），共涵盖97个国家。78个成员中执行UPOV公约1978年文本的有17个，执行1991年文本的有61个（表18）。中国于1999年加入UPOV，目前执行的是UPOV公约1978年文本[①]。

表18　UPOV各成员执行的公约文本概况

序号	国家/组织	执行文本	序号	国家/组织	执行文本	序号	国家/组织	执行文本
1	非洲知识产权组织	1991年文本	11	巴西	1978年文本	21	多米尼加	1991年文本
2	阿尔巴尼亚	1991年文本	12	保加利亚	1991年文本	22	厄瓜多尔	1978年文本
3	阿根廷	1978年文本	13	加拿大	1991年文本	23	埃及	1991年文本
4	澳大利亚	1991年文本	14	智利	1978年文本	24	爱沙尼亚	1991年文本
5	奥地利	1991年文本	15	中国	1978年文本	25	欧盟	1991年文本
6	阿塞拜疆	1991年文本	16	哥伦比亚	1978年文本	26	芬兰	1991年文本
7	白俄罗斯	1991年文本	17	哥斯达黎加	1991年文本	27	法国	1991年文本
8	比利时	1991年文本	18	克罗地亚	1991年文本	28	格鲁吉亚	1991年文本
9	玻利维亚	1978年文本	19	捷克	1991年文本	29	德国	1991年文本
10	波黑	1991年文本	20	丹麦	1991年文本	30	匈牙利	1991年文本

---

① 本章数据由UPOV官网数据整理而成。

序号	国家/组织	执行文本	序号	国家/组织	执行文本	序号	国家/组织	执行文本
31	冰岛	1991年文本	47	北马其顿	1991年文本	63	南非	1978年文本
32	爱尔兰	1991年文本	48	挪威	1978年文本	64	西班牙	1991年文本
33	以色列	1991年文本	49	阿曼	1991年文本	65	瑞典	1991年文本
34	意大利	1978年文本	50	巴拿马	1991年文本	66	瑞士	1991年文本
35	日本	1991年文本	51	巴拉圭	1978年文本	67	特立尼达和多巴哥	1978年文本
36	约旦	1991年文本	52	秘鲁	1991年文本	68	突尼斯	1991年文本
37	肯尼亚	1991年文本	53	波兰	1991年文本	69	土耳其	1991年文本
38	吉尔吉斯斯坦	1991年文本	54	葡萄牙	1978年文本	70	乌克兰	1991年文本
39	拉脱维亚	1991年文本	55	韩国	1991年文本	71	英国	1991年文本
40	立陶宛	1991年文本	56	摩尔多瓦	1991年文本	72	坦桑尼亚	1991年文本
41	墨西哥	1978年文本	57	罗马尼亚	1991年文本	73	美国	1991年文本
42	黑山	1991年文本	58	俄罗斯	1991年文本	74	乌拉圭	1978年文本
43	摩洛哥	1991年文本	59	塞尔维亚	1991年文本	75	乌兹别克斯坦	1991年文本
44	荷兰	1991年文本	60	新加坡	1991年文本	76	越南	1991年文本
45	新西兰	1978年文本	61	斯洛伐克	1991年文本	77	加纳	1991年文本
46	尼加拉瓜	1978年文本	62	斯洛文尼亚	1991年文本	78	圣文森特和格林纳丁斯	1991年文本

（二）植物新品种保护范围

植物新品种保护范围，指纳入各成员植物新品种保护名录的植物属种。名录开放程度体现保护范围的大小，也体现育种公平性（表19）。

表19 UPOV成员植物新品种保护范围

成员	保护范围	成员	保护范围	成员	保护范围
爱尔兰	全部	肯尼亚	全部	越南	全部
爱沙尼亚	全部	拉脱维亚	全部	摩洛哥	全部
奥地利	全部	立陶宛	全部	埃及	52
澳大利亚	全部	罗马尼亚	全部	阿曼	44
巴拿马	全部	美国	全部	阿尔巴尼亚	21
白俄罗斯	全部	秘鲁	全部	阿塞拜疆	31
比利时	全部	摩尔多瓦	全部	北马其顿	23

成员	保护范围	成员	保护范围	成员	保护范围
保加利亚	全部	欧盟	全部	阿根廷*	全部
冰岛	全部	日本	全部	巴拉圭*	全部
波兰	全部	约旦	全部	玻利维亚*	全部
丹麦	全部	瑞典	全部	厄瓜多尔*	全部
德国	全部	瑞士	全部	哥伦比亚*	全部
多米尼加	全部	塞尔维亚	全部	墨西哥*	全部
俄罗斯	全部	斯洛伐克	全部	尼加拉瓜*	全部
法国	全部	斯洛文尼亚	全部	挪威*	全部
非洲知识产权组织	全部	坦桑尼亚	全部	葡萄牙*	全部
芬兰	全部	突尼斯	全部	乌拉圭*	全部
哥斯达黎加	全部	土耳其	全部	新西兰*	全部
格鲁吉亚	全部	乌克兰	全部	意大利*	全部
韩国	全部	西班牙	全部	智利*	全部
荷兰	全部	新加坡	全部	中国*	439
黑山	全部	匈牙利	全部	南非*	415
吉尔吉斯斯坦	全部	以色列	全部	巴西*	218
加拿大	全部	英国	全部	特立尼达和多巴哥*	32
捷克	全部	波黑	全部	加纳	—
克罗地亚	全部	乌兹别克斯坦	全部	圣文森特和格林纳丁斯	全部

注：*代表此成员是UPOV公约1978年文本成员，未带*代表该成员是UPOV公约1991年文本成员；"全部"代表保护全部植物属种，属种数量按照UPOV代码计算。

（三）国际植物新品种保护申请情况

据UPOV官方数据统计，1984—2021年UPOV品种权累计申请量为44.73万件，排名前5的联盟成员分别是：欧盟（75 272件）、中国（58 220件）、美国（45 682件）、日本（34 872件）和荷兰（33 359件）。俄罗斯和法国同2020年相比，排位进行了调换（图55）。

2021年，全球共受理品种权申请25 135件。其中，年度申请量超过500件的联盟成员有：中国（11 195件）、欧盟（3 480件）、美国（1 902件）[①]、乌克兰（944件）、荷兰（836件）、日本（776件）、俄罗斯（672件）、韩国（625件）。

---

① 美国数据包括植物新品种保护和植物专利申请。

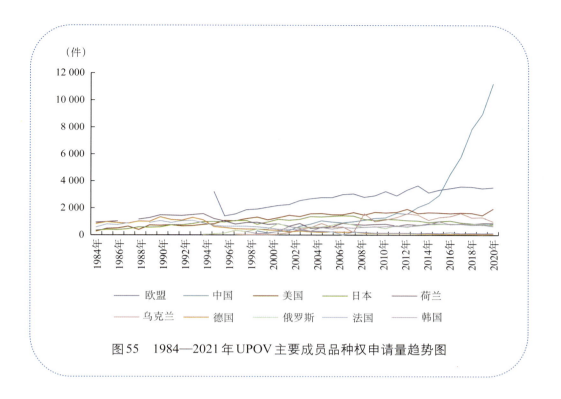

图55　1984—2021年UPOV主要成员品种权申请量趋势图

（四）国际植物新品种保护授权情况

据UPOV官方数据统计，1984—2021年全球品种权累计授权量31.63万件，有效品种权共计15.51万件。累计授权量排名前5的联盟成员分别是：欧盟（59 411件）、美国（40 533件）[①]、日本（29 002件）、荷兰（24 557件）和中国（23 115件）（图56）。

图56　1984—2021年UPOV主要成员品种权授权量趋势图

---

① 美国数据包括植物新品种保护和植物专利授权。

2021年全球共授予品种权15 081件。其中，年度授权量超过500件的联盟成员有：中国（3 979件）、欧盟（2 853件）、美国（1 609件）、乌克兰（1 161件）、荷兰（624件）、俄罗斯（606件）、日本（590件）。

1984—2021年，全球有效品种权总量为155 122件，国际占有率排名前5的联盟成员分别是：欧盟、美国、中国、乌克兰和荷兰（表20）。

表20　1984—2021年UPOV主要成员有效种权国际占有率

排序	UPOV成员	执行文本	有效品种权总量（件）	占比（%）
1	欧盟	1991年文本	29 578	19.07
2	美国	1991年文本	28 210	18.19
3	中国	1978年文本	19 696	12.70
4	乌克兰	1991年文本	12 100	7.80
5	荷兰	1991年文本	9 460	6.10
6	日本	1991年文本	8 090	5.22
7	俄罗斯	1991年文本	6 418	4.14
8	韩国	1991年文本	5 999	3.87
9	南非	1978年文本	3 482	2.24
10	澳大利亚	1991年文本	2 694	1.74

2021年，全球新增有效品种权13 234件，国际占有率排名前5的联盟成员分别是：中国、乌克兰、欧盟、南非和墨西哥（表21）。

表21　2021年UPOV主要成员有效品种权国际占有率

排序	UPOV成员	执行文本	有效品种权量（件）	占比（%）
1	中国	1978年文本	3 873	29.27
2	乌克兰	1991年文本	1 129	8.53
3	欧盟	1991年文本	568	4.29
4	南非	1978年文本	246	1.86
5	墨西哥	1991年文本	239	1.81
6	美国	1991年文本	202	1.53
7	荷兰	1991年文本	200	1.51
8	韩国	1991年文本	166	1.25
9	土耳其	1991年文本	129	0.97
10	摩洛哥	1991年文本	102	0.77

二、UPOV主要成员新品种保护国际化水平

从总体来看，1984—2021年，国民申请量与非国民申请量均呈稳步上升趋势（图57、图58）。

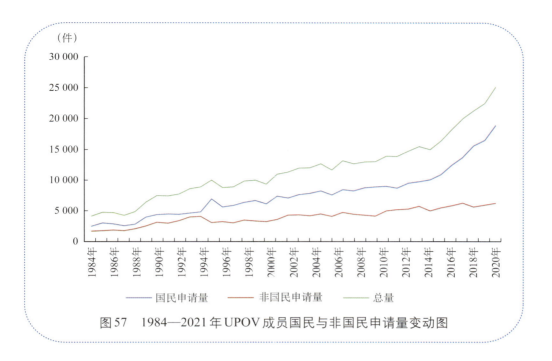

图57　1984—2021年UPOV成员国民与非国民申请量变动图

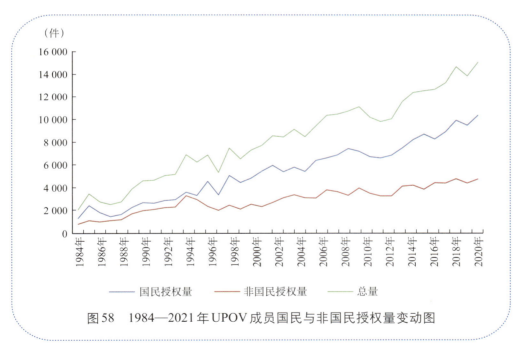

图58　1984—2021年UPOV成员国民与非国民授权量变动图

2021年申请量居前10位的国家品种权申请及授权情况见表22。

表22　2021年申请量居前10位的国家品种权申请及授权情况

序号	成员	申请量					授权量				
		国民		非国民		合计（件）	国民		非国民		合计（件）
		件数	占比（%）	件数	占比（%）		件数	占比（%）	件数	占比（%）	
1	中国	10 539	94.14	656	5.86	11 195	3 555	89.34	424	10.66	3 979
2	CPVO	2 609	74.97	871	25.03	3 480	2234	78.30	619	21.70	2 853

序号	成员	申请量					授权量				
		国民		非国民		合计（件）	国民		非国民		合计（件）
		件数	占比（%）	件数	占比（%）		件数	占比（%）	件数	占比（%）	
3	美国	1 250	65.72	652	34.28	1 902	855	53.14	754	46.86	1 609
4	乌克兰	322	34.11	622	65.89	944	500	43.07	661	56.93	1 161
5	荷兰	701	83.85	135	16.15	836	520	83.33	104	16.67	624
6	日本	474	61.08	302	38.92	776	393	66.61	197	33.39	590
7	俄罗斯	478	71.13	194	28.87	672	499	82.34	107	17.66	606
8	韩国	530	84.80	95	15.20	625	391	84.27	73	15.73	464
9	阿根廷	358	74.90	120	25.10	478	94	65.28	50	34.72	144
10	英国	169	41.32	240	58.68	409	27	47.37	30	52.63	57

随着农业全球化的快速发展，各成员向国外申请品种权量和获得授权量总体均呈上升趋势（图59）。

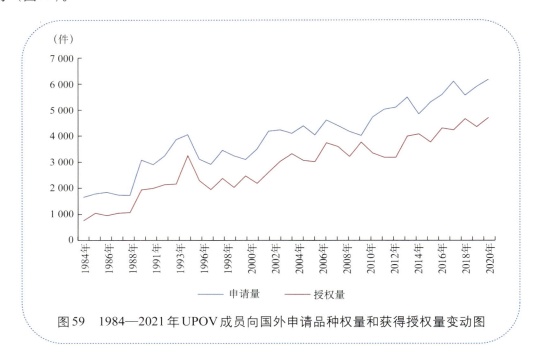

图 59　1984—2021年UPOV成员向国外申请品种权量和获得授权量变动图

2021年，UPOV成员共向国外申请品种权6 166件，获得授权4 687件。其中，美国以1 531件申请，荷兰以1 147件授权位居各成员之首（表23）。

表23　2021年向国外申请授权量居前10位的UPOV成员概况

序号	成员	向国外申请		在国外获得授权	
		件数	占比	件数	占比
1	美国	1 531	24.83	1 141	24.34

序号	成员	向国外申请		在国外获得授权	
		件数	占比	件数	占比
2	荷兰	1 325	21.49	1 147	24.47
3	德国	616	9.99	454	9.69
4	瑞士	531	8.61	344	7.34
5	法国	485	7.87	381	8.13
6	澳大利亚	226	3.67	131	2.79
7	日本	212	3.44	128	2.73
8	西班牙	188	3.05	121	2.58
9	英国	180	2.92	156	3.33
10	以色列	108	1.75	63	1.34

三、UPOV主要成员审查测试国际合作

截至2021年年底，UPOV中共有47个成员采取不同方式，在不同的植物属种范围内与其他成员签署了植物新品种审查测试国际合作协议。其中，参与审查测试合作的UPOV公约1978年文本成员有11位，UPOV公约1991年文本成员有36位（表24）。

表24　委托测试的UPOV成员和测试属种情况

成员	提供测试		委托测试		成员	提供测试		委托测试	
	测试属种	对象成员	测试属种	对象成员		测试属种	对象成员	测试属种	对象成员
荷兰	591	◇/20	16	3	玻利维亚*	4	—	/	/
英国	37	◇/13	7	3	以色列	4	4	/	/
德国	482	17	39	4	墨西哥*	6	2	/	/
法国	256	13	29	3	挪威*	4	1	6	2
波兰	317	24	14	2	克罗地亚	3	2	8	4
匈牙利	153	9	42	3	阿根廷*	3	1	3	1
西班牙	174	◇/2	4	4	爱尔兰	2	1	1	1
肯尼亚	66	◇/2	2	2	巴拿马	2	1	1	1
捷克	56	10	89	5	澳大利亚	1	1	/	/
斯洛伐克	35	9	8	3	哥伦比亚*	1	1	/	/
摩洛哥	25	◇	/	/	韩国	1	1	/	/
拉脱维亚	21	2	3	1	摩尔多瓦	1	1	7	2

成员	提供测试		委托测试		成员	提供测试		委托测试	
	测试属种	对象成员	测试属种	对象成员		测试属种	对象成员	测试属种	对象成员
葡萄牙*	20	1	/	/	新西兰*	1	1	/	/
丹麦	17	9	27	5	美国	1	1	/	/
瑞典	1	1	3	1	乌拉圭*	1	<>	/	/
吉尔吉斯斯坦	15	—	/	/	南非*	1	1	/	/
芬兰	13	<>/2	2	2	欧盟	/	/	1 411	30
意大利*	10	2	/	/	立陶宛	/	/	99	1
奥地利	13	2	69	8	斯洛文尼亚	/	/	5	3
罗马尼亚	11	1	8	2	巴西*	/	/	5	2
保加利亚	10	2	/	/	瑞士	/	/	3	2
比利时	7	6	137	7	新加坡	/	/	1	1
爱沙尼亚	6	3	13	2	坦桑尼亚	/	/	1	1
日本	1	1	1	1					

注：表中不包括涉及签订全部属种审查测试国际合作协议的数据。表中不包括正在磋商签订审查测试国际合作协议的数据。*表示UPOV公约 1978年文本成员；未带*表示UPOV公约 1991年文本成员；—表示该成员未签订此方面的合作协议；/表示无数据；<>表示对应国家指定的权威机构愿意为任何感兴趣的联盟成员进行测试；<>/数字表示部分作物种类可对任何联盟成员进行测试/部分作物种类可对部分联盟成员进行测试。

　　UPOV中共有51个成员在不同的植物属种范围内，通过购买其他成员的测试报告进行审查（表25）。在林业方面，我国可以向日本、德国、法国、欧盟和澳大利亚购买栗属、柿属、一品红、无花果、杜鹃花属、蔷薇属、悬钩子属和越橘属的DUS测试报告。大部分UPOV公约 1978年文本成员和UPOV公约 1991年文本成员参与了审查测试国际合作。

表25　购买其他成员测试报告的UPOV成员数和植物属种数

成员	属种数	成员数	成员	属种数	成员数
欧盟	908	22	瑞典	12	5
匈牙利	144	4	芬兰	11	7
俄罗斯	68	26	立陶宛	11	4
克罗地亚	65	17	摩尔多瓦	10	1
巴西*	62	19	西班牙	9	6
法国	56	11	以色列	8	2
土耳其	49	9	中国*	8	5
乌克兰	45	23	保加利亚	7	10
波兰	44	4	斯洛伐克	7	2

成员	属种数	成员数	成员	属种数	成员数
挪威*	39	14	拉脱维亚	6	4
捷克	36	3	瑞士	5	4
荷兰	33	7	爱尔兰	4	2
厄瓜多尔*	31	2	比利时	4	2
德国	29	8	乌拉圭*	4	1
秘鲁	28	10	南非*	4	7
斯洛文尼亚	28	10	澳大利亚	3	1
摩洛哥	26	9	哥伦比亚*	3	3
墨西哥*	25	6	坦桑尼亚	3	3
英国	23	7	日本	2	2
丹麦	22	9	玻利维亚*	2	2
奥地利	21	9	葡萄牙*	2	2
塞尔维亚	20	7	加拿大	1	1
罗马尼亚	20	6	新加坡	1	1
爱沙尼亚	18	7	阿根廷	1	1
白俄罗斯	16	9	智利*	1	1
肯尼亚	15	7			

注：表中不包括涉及签订全部属种审查测试国际合作协议的数据。表中不包括正在磋商签订审查测试国际合作协议的数据。*表示UPOV公约1978年文本成员；未带*表示UPOV公约1991年文本成员。

附　录

附录一　2021年农业植物新品种测试体系测试情况

　　2021年度，受新冠疫情和预算减少的影响，测试品种数量相比2020年有所下降，全年测试机构安排62个植物种类3 896个申请品种进行DUS测试，其中，测试量排在前3位的是哈尔滨分中心、乌鲁木齐分中心和济南分中心，测试品种数量分别为387个、356个和280个。详见图1。

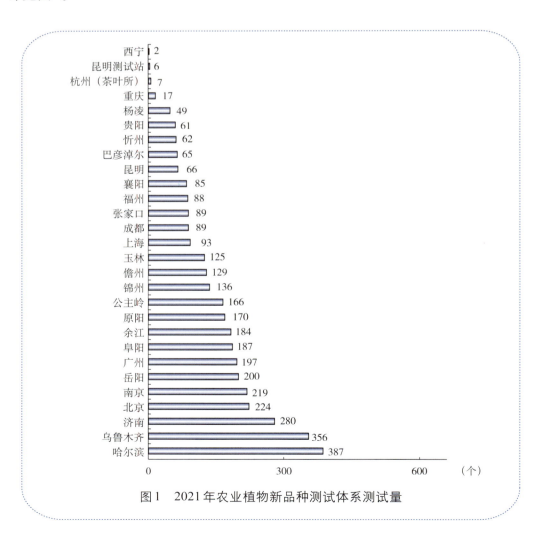

图1　2021年农业植物新品种测试体系测试量

附录二 2021年农业植物新品种保护大事记

1月

1日　　　出版《农业植物新品种保护公报》2021年第1期（总第129期）。

12日　　DUS测试技术委员会年会在线上举办。

28日　　全国人大常委会委员、农业与农村委员会副主任委员刘振伟到农业农村部科技发展中心调研农业植物新品种保护工作，考察了植物新品种测试实验室，重点了解了MNP标记法技术原理及检测流程，以及这一技术在新品种测试、实质性派生品种鉴定和品种维权中的应用情况。

2月

8日　　　农业农村部向全国人大农业与农村委员会建议修改《种子法》植物新品种保护相关内容。

3月

1日　　　出版《农业植物新品种保护公报》2021年第2期（总第130期）。

8日　　　农业农村部官网头条发布《国际植物新品种保护联盟发布我国谭琦等4位女性育种家事迹》。

10日　　农业农村部计划财务司司长陶怀颖一行赴农业农村部科技发展中心调研指导工作。

12日　　农业农村部植物新品种测试中心印发《关于对申请国家级审定的品种自主DUS测试进行2021年度监督检查的通知》。

12日　　农业农村部植物新品种测试中心印发《农业植物品种特异性、一致性和稳定性测试机构质量管理规定》。

19—22日　农业植物品种DUS测试和品种保护工作会在海南陵水召开。

22日　　农业农村部科技发展中心－崖州湾科技城分子检测实验室揭牌。

4月

9日　　　农业农村部召开加强种业知识产权保护座谈会。

23日　　UPOV社交媒体账号发布"中国加入UPOV 22周年"宣传内容。

23日　　最高人民法院知识产权法庭公开开庭审理一起侵害水稻植物新品种权案件。

28日　　农业农村部印发《2021年全国种业监管执法年活动方案》，要求加强种业知识产权保护，严格品种和市场监管，强化执法办案，全面净化种业市场。

5月

1日　　　出版《农业植物新品种保护公报》2021年第3期（总第131期）。

3—7日	派员参加UPOV第55届蔬菜技术工作组（TWV）视频会议。
7—9日	植物品种DUS测试技术研讨会在山东济南召开。
12日	农业农村部科技发展中心与国家林业和草原局科技发展中心召开植物新品种保护座谈会。
26日	农业农村部、最高人民法院在京举行工作会谈，中央农办主任，农业农村部党组书记、部长唐仁健，最高人民法院党组副书记、常务副院长贺荣出席并签署种业知识产权保护合作备忘录，推进行政执法和司法紧密衔接，合力加强种业知识产权保护。张桃林副部长、魏百刚总经济师出席，张兴旺司长参加。
26日	农业农村部科技发展中心、国家林业和草原局科技发展中心、欧盟植物新品种保护办公室签订为期5年的第二期《中欧植物新品种保护合作协议》。
28日	农业农村部种业管理司组织召开修改《种子法》座谈会。全国人大农业与农村委员会及农业农村部相关司局单位负责同志、科研单位相关专家和种业企业负责人参加座谈会。参会人员围绕《种子法》修改的重要性和紧迫性、建立实质性派生品种制度、提高植物新品种保护水平等进行深入研讨。

6月

7—11日	派员参加UPOV第53届观赏植物和林木技术工作组（TWO）视频会议。
15日	全国人大农业与农村委员会刘振伟副主任、张桃林副部长率队赴国家知识产权局，就农业知识产权保护和《种子法》修改进行专题调研，张兴旺司长、孙好勤副司长参加。
16日	农业农村部科技发展中心召开2021年农业植物新品种保护典型案例研讨会。
16日	农业农村部科技发展中心组织召开《种子法》修改座谈会。
18日	2021年第1批1 049个品种获得植物新品种权（中华人民共和国农业农村部公告第435号）。
21—25日	派员参加UPOV第50届大田技术工作组（TWA）视频会议。

7月

1日	出版《农业植物新品种保护公报》2021年第4期（总第132期）。
5日	最高人民法院发布《关于审理侵害植物新品种权纠纷案件具体应用法律问题的若干规定（二）》（法释〔2021〕14号）。
6日	农业农村部召开保护种业知识产权专项整治行动视频会议，中央农办主任，农业农村部党组书记、部长唐仁健，最高人民法院党组成员、副院长高憬宏出席会议并讲话。会上发布了2021年农业植物新品种保护十大典型案例。

9日	中央全面深化改革委员会第二十次会议审议通过《种业振兴行动方案》。
12—16日	在河南郑州、原阳采用线上线下相结合的方式召开UPOV第52届果树技术工作组（TWF）会议。
27日	第八届宁夏种业博览会开幕，农业农村部科技发展中心主任杨雄年出席，并派员在种业高峰论坛上作《加强种业知识产权保护为种业振兴保驾护航》报告。

8月

13日	国家植物品种测试徐州中心建设项目被列入"十四五"直属单位重大项目和现代种业提升工程建设规划。
17日	《中华人民共和国种子法（修正草案）》提请十三届全国人大常委会第三十次会议审议。
30日	国家粳稻工程技术研究中心一行3人到农业农村部植物新品种测试中心参观交流。
31日	"农业部植物新品种测试中心建设项目植物品种测试信息数据平台设备及定制软件购置项目"通过验收。

9月

1日	出版《农业植物新品种保护公报》2021年第5期（总第133期）。
6日	派员参加中国农业农村法治研究会组织召开的《中华人民共和国种子法（修正草案）》研讨会。
20—22日	派员参加UPOV第39届自动化与计算机程序技术工作组（TWC）视频会议。中方代表就DUS测试大数据平台、DUS测试统计分析软件作报告。

10月

15—18日	蔬菜品种DUS测试与植物新品种保护能力提升培训班在天津举办。
17—20日	在江苏南京召开信息技术在植物品种测试中的应用研讨会。
19—29日	派员参加UPOV系列会议。
29日	UPOV理事会通过UPOV使用中文的提议，标志着中文成为UPOV工作语言。

11月

1日	出版《农业植物新品种保护公报》2021年第6期（总第134期）。
2日	召开第三届全国植物新品种测试标准化技术委员会换届大会。
3—5日	农业农村部科技发展中心与欧盟植物新品种保护办公室、IP Key China联合主办的2021 IP Key植物新品种权技术培训班在线上举办。
8日	农业农村部科技发展中心、国家林业和草原局植物新品种保护办公室与欧盟植物新品种保护办公室、IP Key China联合主

办的IP Key提升植物品种权保护意识研讨会在线上举办。

26日　　　　　线上召开生物技术在品种权审查中的应用研讨会。

12月

3—4日　　　　线上举办植物品种特异性、一致性和稳定性测试指南（标准）研制培训班。

15日　　　　　线上召开第二届蔬菜品种DUS测试技术交流会。

16日　　　　　召开2021年植物新品种保护异议复审纠纷等案件研讨会。

21—29日　　　线上举办农业植物品种特异性、一致性和稳定性测试技术培训班。

24日　　　　　第十三届全国人大常委会第三十二次会议审议通过《种子法》修正案，自2022年3月1日起施行。

27日　　　　　中国种子协会植物新品种保护专业委员会召开第二次会员大会。会议选举产生了由63名理事组成的植物新品种保护专业委员会第二届理事会，农业农村部科技发展中心党委书记杨礼胜当选专业委员会主任委员，四川省种子站周会等12人当选副主任委员，农业农村部科技发展中心总农艺师崔野韩当选秘书长。

30日　　　　　2021年第2批2 169个品种获得植物新品种权（中华人民共和国农业农村部公告第503号）。

31日　　　　　农业农村部科技发展中心、海南省农业农村厅、农业农村部种业管理司签署《联合开展海南自由贸易港农业植物新品种审查测试工作的合作备忘录》。

附录三 2021年农业植物新品种保护重要文件

农业农村部植物新品种测试中心关于对申请国家级审定的品种自主DUS测试进行2021年度监督检查的通知

农科测试〔2021〕25号

各有关单位：

为加强对申请审定品种自主开展特异性、一致性、稳定性（以下称"DUS"）测试品种的监管，根据《农业部办公厅关于做好主要农作物品种审定特异性一致性稳定性测试工作的通知》（农办种〔2017〕4号）要求，我中心将对申请国家级审定的品种自主DUS测试进行监督检查。现将有关事项通知如下。

一、对测试过程的监督检查和对样品的抽查验证

（一）检查范围和时间安排

对2020年和2021年已自主DUS测试备案的国家级审定品种，根据作物种类和生态区域，在性状调查相对集中的时期成立检查组进行现场检查（拟5—6月普通小麦和水稻早稻，6—9月玉米、水稻中晚稻、棉花）。

检查组提前2～3天通知被检查单位，现场检查时间半天到1天。被检查单位负责该品种测试的测试员应在场，检查组检查并记录现场相关情况，填写"自主测试监管记录表"（见附件1）。

（二）样品的抽查验证

在现场检查过程中，随机抽取10%～20%的品种（至少1个），采集田间样品进行DNA指纹检测，与区试样品进行比对。

二、对测试报告的复核验证

（一）提交自主DUS测试报告和测试样品

对2019年备案并已完成自主DUS测试的品种，由自主测试备案单位（见附件2）按照报备的品种清单，分别于3月25日前（玉米、水稻、棉花品种）和9月10日前（小麦品种），通过邮寄或面交的方式向我中心提供每个品种的1份自主DUS测试报告和繁殖材料（数量和质量要求见附件3），以及品种清单（格式见附件4）。品种清单电子版同时发送到电子邮箱dusceshi@sina.com。每个品种的繁殖材料应独立妥善包装并附1～2个标签。对于测试单位已自行终止测试的品种，应出具终止测试的说明；对于未终止测试但尚未完成DUS测试，未出具自主DUS测试报告的品种，应向我中心说明，并在报告完成之后再行补交报告和繁殖材料。

（二）开展复核

我中心根据报备文件信息，安排适宜生态区的农业农村部植物新品种测试分中心按照相应植物DUS测试指南进行1个生长周期的田间种植试验。同时，我中心进行样品的DNA指纹检测。

三、技术指导服务和信息报送

（一）技术指导

我中心将抽调专职测试人员参与现场监督检查，对自主测试人员在DUS测试过程中性状代码判定、观测方法、观测时期、照片拍摄、数据分析等方面进行技术指导。

（二）信息报送

对于现场检查和抽样DNA验证，在检查后1个月内完成监督检查报告和DNA检测报告。对于表型性状的田间复核验证，在最后一个性状采集完成后2个月内出具复核报告。有关报告、材料报送农业农村部种业管理司、国家农作物品种审定委员会办公室并抄送被检查单位。已申请品种保护的品种，相关信息同时抄送农业农村部植物新品种保护办公室。

四、有关要求

（一）各单位对自主测试报告真实性负责，并保证所提交繁殖材料与自主DUS测试时所用繁殖材料相同。

（二）请各单位按时提交品种自主DUS测试报告和繁殖材料，逾期未提交者视为拒绝接受监管。

（三）现场检查中，应按照国家和各地疫情防控要求开展工作，做好相应防护措施。

联 系 人：王　雨

电　　话：010-59198024

电子邮箱：dusceshi@sina.com

地　　址：北京经济技术开发区荣华南路甲18号科技大厦

附件：1.自主测试监管记录表

2.2019年主要农作物品种自主DUS测试备案单位

3.繁殖材料的数量和质量要求

4.品种清单

（略）

农业农村部植物新品种测试中心

2021年3月12日

农业农村部植物新品种测试中心关于印发《农业植物品种特异性、一致性和稳定性测试机构质量管理规定》的通知

农科测试〔2021〕26 号

各农业植物品种特异性、一致性和稳定性测试机构，有关单位：

为进一步规范农业植物品种特异性、一致性和稳定性（以下简称 DUS）测试机构质量管理，保证 DUS 测试事业高质量发展，根据《农业部植物品种特异性、一致性和稳定性测试机构管理规定》（农办种〔2016〕9 号），我中心制定了《农业植物品种特异性、一致性和稳定性测试机构质量管理规定》，现予印发，请遵照执行。

农业农村部植物新品种测试中心

2021 年 3 月 12 日

农业植物品种特异性、一致性和稳定性测试机构质量管理规定

第一章 总 则

第一条 为规范农业植物品种特异性、一致性和稳定性测试机构（以下简称测试机构）质量管理，保证品种特异性、一致性和稳定性（以下简称 DUS）测试事业高质量发展，根据《农业部植物品种特异性、一致性和稳定性测试机构管理规定》（农办种〔2016〕9号，以下简称《管理规定》），制定本规定。

第二条 本规定适用于农业农村部植物新品种测试中心（以下简称测试中心）对农业农村部植物新品种测试分中心、测试站（以下统称分中心）进行质量评审和日常监督检查等质量管理活动。

第三条 对第三方 DUS 测试机构和农业农村部授权的其他测试单位的质量管理参照本规定执行。

第二章 组织架构

第四条 测试中心任命质量负责人，负责质量管理活动的组织与实施。

第五条 质量负责人组建质量管理团队，开展质量管理。质量管理团队成员包括DUS测试技术委员会委员，以及质量负责人认为有必要的相关专家（以下统称评审专家）。

第六条 质量负责人根据质量评审计划或监督检查需要，组建评审小组或检查小组，开展具体的质量管理活动。评审小组负责质量评审工作，由测试中心人员（一般为质量负责人）和评审专家组成，一般不超过3人。检查小组负责飞行检查，由评审专家和测试中心人员，以及国家或省级种业管理部门人员组成，至少3人。评审专家专业应与被评审（监督检查）分中心业务范围或被评审事项相符，并回避利益冲突。

第七条 质量负责人定期组织质量管理团队开展培训，熟悉质量管理程序，提高质量管理水平。

第三章 质量评审

第八条 质量评审工作包括能力评审、复评审、扩项评审和附加评审。

第九条 能力评审是分中心设立之前对其运行质量和能力的全面评审，拟设立分中心经能力评审合格方具备开展业务的资格。

能力评审的程序如下：

（一）拟设立分中心向测试中心提出书面申请，并提供所需书面材料。

（二）测试中心进行形式审查，5个工作日内作出是否受理的决定，书面通知申请人。不予受理的，函告申请人不受理原因并限期补正，申请人按期补正合格的，予以受理。予以受理的，由质量负责人组织评审小组进行书面审查。

（三）书面审查发现问题的，书面通知申请人补正。补正后仍不符合要求的，或审查发现重大缺陷的，终止评审。书面审查合格的，质量负责人组织评审小组开展现场评审。

（四）现场评审有不符合项的，限期整改，整改结果书面报告测试中心，必要时，质量负责人可组织现场复核。

（五）评审小组在现场评审完成或限期整改结束后1个月内，向测试中心提交评审报告，

并抄送被评审方。

第十条 复评审是对分中心的定期全面评审，每5年开展1次。复评审的程序如下：

（一）质量负责人制定5年复评审计划，并通知各分中心。

（二）质量负责人每年制定下一年度复评审计划，与被评审方初步商定现场评审时间，并初步确定各评审小组成员。

（三）被评审方应在现场评审3个月之前，按照复评审材料清单提交评审材料。质量负责人进行形式审查，形式审查不合格的，书面通知被评审方限期补正，补正后仍不合格的，终止评审。形式审查合格的，组织评审小组进行书面审查。

（四）书面审查发现问题的，书面通知被评审方补正。补正后仍不符合要求的，或审查发现重大缺陷的，终止评审。书面审查合格的，质量负责人组织评审小组开展现场评审。

（五）书面审查或现场评审有不符合项的，限期整改。整改一般采取书面形式完成，必要时，质量负责人可组织现场复核。

（六）评审小组在现场评审完成或限期整改结束后1个月内，向测试中心提交评审报告，并抄送被评审方。

第十一条 复评审终止评审后，或严重影响测试质量或分中心正常运行的不符合项整改期间，测试中心暂停安排测试，分中心不得接受委托测试。

第十二条 复评审终止评审2个月内，分中心重新提交了合格的评审材料的，可恢复评审程序。但重新提交材料时已超过预定现场评审时间的，不再恢复评审。

第十三条 复评审终止评审2个月以上，或整改后仍不合格的，测试中心提请农业农村部撤销机构资质并收回印章。

第十四条 扩项评审是分中心拟开展新植物种类DUS测试，或者开展新测试项目前进行的评审。扩项评审合格的分中心，方可开展所扩项目的测试工作。扩项评审的程序如下：

（一）分中心向测试中心提出扩项申请，或者测试中心根据需要指定分中心进行扩项。

（二）对于分中心提出扩项申请的，测试中心在5个工作日内作出是否受理的决定，书面通知分中心。决定不受理的，说明原因。

（三）决定受理的，分中心按照扩项评审材料清单提交评审材料。质量负责人对评审材料进行形式审查，形式审查不合格的，书面通知被评审方限期补正，补正后仍不合格的，终止评审。形式审查合格的，质量负责人组织评审小组进行书面审查。

（四）对于DUS测试植物种类的扩项，通过书面审查能作出结论的，不再组织现场评审。通过书面审查不能作出结论的，质量负责人组织评审小组开展现场评审。

（五）对于测试项目的扩项，书面审查发现重大缺陷的，或书面审查发现问题补正后仍不符合要求的，终止评审。书面审查合格的，质量负责人组织评审小组开展现场评审。

（六）现场评审有不符合项的，限期整改。整改一般采取书面形式完成，必要时，质量负责人可组织现场复核。

（七）评审小组在书面审查或现场评审完成，或者限期整改结束后1个月内，向测试中心提交评审报告，并抄送被评审方。

（八）扩项涉及测试植物种类或项目重大变化的，需组织附加评审。

第十五条 附加评审是当分中心发生重大质量变化，或者发生严重质量事故，或者连续遭到质量投诉情况下针对特定事项开展的评审。

前款所称重大质量变化包括但不限于分中心基地或重要试验设施发生变化、测试植物种类或项目发生重大调整、骨干测试人员严重流失等；严重质量事故包括但不限于测试数据弄虚作假、测试材料流失、发生商业贿赂、泄露商业秘密等。

附加评审程序如下：

（一）分中心向测试中心提出附加评审请求，或者测试中心根据情况决定开展附加评审。

（二）质量负责人根据附加评审事项，通知被评审方限期提交书面材料，进行形式审查。形式审查不合格的，通知被评审方限期补正，补正后仍不合格的，终止评审。形式审查合格的，质量负责人组织评审小组进行书面审查。

（三）通过书面审查能作出结论的，不再组织现场评审。通过书面审查不能作出结论的，质量负责人组织评审小组开展现场评审。

（四）书面审查或现场评审认为需整改的，限期整改。整改一般采取书面形式完成，必要时，质量负责人可组织现场复核。

（五）评审小组在书面审查或现场评审完成，或者限期整改结束后1个月内，向测试中心提交评审报告和有关建议，并抄送被评审方。

第十六条　能力评审、复评审中的现场评审一般在被评审方测试工作开展较集中的时期组织实施，时间一般不超过2天。

第十七条　各类评审中发现的改进项，由评审小组提出改进建议。

第四章　日常监督检查

第十八条　日常监督检查是指测试中心对分中心开展的不定期检查，形式包括飞行检查、专项检查、函询等。

第十九条　飞行检查由质量负责人统筹安排，组成检查小组在被检查方测试工作开展较集中的时期进行，每个分中心每2年至少进行1次。当年进行过现场评审的分中心，一般不再安排飞行检查。飞行检查程序如下：

（一）质量负责人制定年度飞行检查计划。

（二）质量负责人组建检查小组。

（三）检查小组提前2～3天通知被检查单位。

（四）检查小组开展飞行检查。

（五）检查小组在飞行检查结束1个月内，将飞行检查报告提交质量负责人，质量负责人向被检查分中心书面反馈检查结果。

第二十条　飞行检查的时间一般为1天，检查重点为分中心日常运行管理和质量控制情况，并听取分中心人员信息反馈。

飞行检查结果作为复评审的重要输入项，以及组织附加评审的重要参考。

第二十一条　专项检查由测试中心根据需要安排，质量负责人根据专项检查通知组织实施。

第二十二条　函询由测试中心针对特定分中心的特定事项开展，由质量负责人具体落实。

第五章　质量管理原则和异议处理

第二十三条　评审小组、检查小组成员在质量管理中应客观公正、实事求是，并严格遵守保密、廉洁等纪律，未经测试中心书面批准，不得将质量管理信息透露给任何单位或个人。

第二十四条　质量管理过程中应明确重点，以问题为导向，注重解决实际问题，平等、充分交流。

第二十五条　被评审、被检查方应积极配合质量管理工作，正确对待评审、检查结果，不断改进提高分中心质量控制。

第二十六条　被评审、被检查方对评审或监督检查结果有异议的，在收到相关结果后15天内以书面形式向测试中心或农业农村部种业管理司提出异议。

第六章　附　则

第二十七条　本规定下列用语的含义是：

（一）形式审查，指对材料的符合性、完整性、格式等进行的审查。

（二）重大缺陷，指通过书面审查即可判断其必然会造成测试机构的条件能力、运行管理、质量控制严重不符合《管理规定》项目和测试中心发布的其他质量管理规定要求。

（三）不符合项，指违反《管理规定》和测试中心发布的其他质量管理规定，或者违反分中心质量体系文件规定的项目。

（四）改进项，指虽不属于不符合项，但可能会对分中心测试质量造成不利影响的项目。

第二十八条　质量评审所需的材料清单，由测试中心发布。

第二十九条　本规定由测试中心负责解释和修订。

第三十条　本规定自2021年3月21日开始实施。

农业农村部办公厅关于印发
《2021年全国种业监管执法年活动方案》的通知

各省、自治区、直辖市农业农村（农牧）厅（局、委），新疆生产建设兵团农业农村局，各有关单位：

为全面贯彻党的十九届五中全会、中央经济工作会议、中央农村工作会议及今年中央1号文件精神，落实打好种业翻身仗部署要求，加强种业知识产权保护，严格品种和市场监管，强化执法办案，全面净化种业市场，我部决定自2021年起，开展为期3年的"全国种业监管执法年"活动。现将《2021年全国种业监管执法年活动方案》印发给你们，请结合本地实际抓好落实。在工作过程中，如有重要情况和问题，请及时向我部反映。

联系人：

农业农村部种业管理司　宋伟

电话：010-59193209，邮箱：zysscc@agri.gov.cn

农业农村部法规司　王娜

电话：010-59191429，邮箱：zfszfjdc@163.com

农业农村部办公厅

2021年4月25日

2021年全国种业监管执法年活动方案

为全面净化种业市场，落实打好种业翻身仗部署要求，加强农业农村法治建设，我部决定于2021—2023年开展为期3年的全国种业监管执法年活动。2021年活动方案如下。

一、基本思路

按照党中央关于打好种业翻身仗部署要求，以推动种业治理体系和治理能力现代化为目标，以强化种业知识产权保护为重点，以集中整治为抓手，坚持部级统筹、省负总责、市县抓落实原则，覆盖品种管理、市场监管、案件查处全链条，强化部门协同和上下联动，不断提高治理成效，营造创新主体有动力、市场主体有活力、市场运行有秩序的良好发展环境。

二、工作目标

（一）**总体目标**。通过加强种业知识产权保护，侵权套牌等违法行为得到有力打击，品种权保护意识明显增强；通过严格品种管理，逐步解决品种同质化问题；通过集中整治和监督检查，制售假劣、非法生产经营转基因种子等行为得到有效遏制，主要农作物种子质量抽查合格率稳定在98%以上；通过强化种业领域日常监管与执法办案的协调配合，种业治理成效更加明显。

（二）**细化目标**。2021年地方农业农村部门年度细化工作目标如下。

——**省级目标**：组织对辖区内市、县级农业农村部门种业监管执法工作进行现场指导检查，覆盖率分别不低于40%、20%；组织对部省发证种子、种畜禽企业等进行现场检查，覆盖率不低于50%，被检查企业问题整改合格率100%；组织开展省级种子质量监督抽查，抽取种子样品数量不少于上年；组织对52个国家级"两杂"制种大县和100个区域性良繁基地进行检查，覆盖率100%；对农业农村部转办督办的投诉举报线索依法及时处理，书面反馈率100%。

——**地市级目标**：组织对辖区内县级农业农村部门种业监管执法工作进行现场指导检查、交叉互查，覆盖率不低于50%；组织对地市级发证种业企业进行现场检查，覆盖率不低于50%，被检查企业问题整改合格率100%；对国家级制种大县和良繁基地监督检查覆盖率100%；开展市场检查和市级种子质量监督抽查，抽取种子样品数量不少于上年。

——**县级目标**：对县级发证的种业企业现场检查覆盖率不低于50%；对辖区内种子经营门店抽查检查覆盖率不低于50%，对被抽查门店备案经营品种抽样覆盖率不低于30%，被检查企业、经营门店问题整改合格率为100%；辖区内生产经营主体备案率及生产经营品种备案率为100%；达到移送条件的案件，向公安部门移送率为100%。

三、重点任务

坚持问题导向和目标导向，在春夏秋冬关键时间节点，对重点环节、重点品种、重点区域组织开展集中治理，加大违法案件查处，全面净化种业市场。

（一）**强化种业知识产权保护**

1.加强法律法规建设。推动修订《中华人民共和国种子法》《中华人民共和国植物新品种保护条例》，提高原始创新保护水平。配合最高人民法院研究出台关于审理侵害植物新品种权纠纷案件具体应用法律问题的司法解释，强化司法保护。研究修订植物新品种复审规

定。（农业农村部种业司、法规司，农业农村部科技发展中心）

2. **加大品种权保护力度**。优化植物新品种审查流程，压缩审查周期，提高审查质量和效率。鼓励申请者依规开展委托测试。制定发布维权指南。建立全国统一的侵权案件协查联办平台。各省份要组织开展植物新品种权保护培训及普法宣传。各级要强化行政执法、仲裁、调解等手段，建立侵权纠纷案件快速处理机制。（农业农村部种业司、法规司，农业农村部科技发展中心，各省级农业农村部门）

（二）**严格品种管理**

3. **狠抓品种审定监管**。提高主要农作物品种审定标准，健全同一适宜生态区引种备案制度，加大审定品种撤销力度，大幅减少同质化和重大风险隐患品种。强化主要农作物联合体、绿色通道试验监管，建立健全试验主体退出机制。（农业农村部种业司、全国农技中心，各省级农业农村部门）

4. **启动登记品种清理**。以向日葵为突破口，开展非主要农作物品种清理。以取得植物新品种权品种为重点，依法严格处理违法违规登记行为，公告退出一批违规品种。（农业农村部种业司、全国农技中心、农业农村部科技发展中心，各省级农业农村部门）

（三）**加强种子和种畜禽监管**

5. **严格制种基地监管**。以制种企业生产经营许可、生产备案、委托合同、品种权属和亲本来源等内容为重点，开展制种基地日常检查巡查，严厉打击盗取亲本、抢购套购等侵权行为。建立制种主体红黑名单制度。开展制种基地苗期转基因检测，强化种子收获前检查，严禁非法转基因种子流出基地。制种基地监管成效将作为制种大县奖励安排重要依据。（有关省级农业农村部门）

6. **加强种子企业检查**。重点检查生产经营档案、包装标签及种子质量、真实性、转基因成分等。落实分级分类监管要求，对检查中发现问题及投诉举报较多或有重大种子案件的企业，加大检查抽查频次，实行品种检查全覆盖；对于信用好、开展种子质量认证等企业可减少检查频次。对承担2021年国家种子储备任务的企业协助开展全覆盖检查。（各省级农业农村部门）

7. **加强市场检查**。农作物种子市场方面，在春季、秋季等用种关键时期，重点检查种子包装标签、生产经营备案、购销台账和种子质量、真实性、转基因成分检测等。组织开展明察暗访。强化对属地电商渠道种子经营行为的监管。种畜禽市场方面，重点检查无证（含过期、超范围）生产经营、假冒优质种公牛冷冻精液、系谱档案不全等问题。各省份应将许可信息录入"种畜禽生产经营许可管理系统"，对工作进行自查。开展种畜禽质量监督检验、桑蚕种质量抽查。（各省级农业农村部门）

（四）**加大种业执法力度**

8. **严查种业违法案件**。以品种权侵权、制售假劣、无证生产经营、非法生产经营转基因种子等为重点，加大案件查办力度。一般案件按属地管理原则由市县级查处，跨区域、重大复杂案件由省级查办或组织查处、挂牌督办，查处结果及时公开。农业农村部将定期通报各地种业案件查处情况，遴选发布种业违法典型案例和植物新品种权保护典型案例。（农业农村部法规司、种业司，各级农业农村部门）

9. **建立健全执法协作机制**。强化跨区域种业执法联动响应、信息共享机制，实现"一处发现、全国通报、各地联查"。健全种业监管部门和农业综合执法机构分工协作机制，坚持问题导向，确保形成工作合力，做到事有人办、责有人担。完善与公安、市场监管等部门的线索通报、定期会商、联合执法等工作机制，强化部门间协作配合。加强种业行政执法与刑事司法的衔接，对涉嫌构成犯罪的案件，及时移送公安机关依法从严从重从快打击。（农业农村部法规司、种业司，各级农业农村部门）

10.**强化种业执法能力。**加快整合组建省、市、县三级农业综合行政执法队伍，确保机构设置、"三定"印发、人员划转、执法保障"四到位"。将种业执法作为2021年全国农业行政执法大练兵活动的重要内容。以提升种业执法实务技能为重点，加强培训，提高执法办案水平。利用全国农业综合执法信息共享平台、种业大数据平台等，提高执法信息化水平。（各级农业农村部门）

四、工作要求

（一）**加强组织领导。**各级农业农村部门要高度重视，明确主体责任，抓好组织落实。省级农业农村部门要按照本方案要求制定具体落实方案，于2021年5月14日前在本单位官网公开。我部将对各省（自治区、直辖市）工作情况进行核查，并作为"粮食安全省长责任制考核""全国双打考核"及种业延伸绩效考核相关指标评价的重要依据。种业监管执法情况将作为全国农业综合行政执法示范单位和示范窗口创建的重要依据。

农业农村部将在关键时间节点，派出检查组赴重点地区开展制种基地、企业、市场督导检查，由全国农技中心组织落实。全国种畜禽质量监督检验、桑蚕种质量抽查活动，分别由全国畜牧总站、农业农村部蚕桑产品质检中心（镇江）组织落实。我部将适时对有关情况进行通报。

（二）**压实监管责任。**省级农业农村部门要发挥牵头抓总、统筹协调、督导检查作用，按照方案要求，抓好工作任务的安排部署。市县农业农村部门要按照部署要求落细落小，抓好具体实施。要加强简易种业案件及纠纷的快速处理，建立"绿色通道"，有效降低维权成本，力争将案件纠纷就地化解。

（三）**加强宣传总结。**要开展工作经验做法、典型案件等宣传，及时回应社会关切，震慑违法行为。要加强信息报送，省级农业农村部门每月20日前报送工作动态信息1篇以上，首次报送时须同时报一名省级信息工作联系人。及时开展工作总结，今年12月10日前将种业监管执法年活动总结及附表（含种业典型案例2～3个）书面报送我部种业司、法规司。

附件：1.2021年种业监管执法年任务完成情况表
　　　2.2021年种业监管执法年监管执法情况

（略）

中华人民共和国农业农村部公告

第 435 号

"绥稻3号"等水稻、玉米、马铃薯、普通小麦、大豆、甘蓝型油菜、花生、甘薯、谷子、高粱、大麦属、棉属、绿豆、甘蔗属、小豆、燕麦、向日葵、蓖麻、普通番茄、黄瓜、辣椒属、普通西瓜、普通结球甘蓝、茄子、豇豆、甜瓜、苦瓜、菠菜、南瓜、青花菜、菊属、石竹属、兰属、非洲菊、花烛属、莲、蝴蝶兰属、秋海棠属、万寿菊属、薰衣草属、梨属、桃、荔枝、苹果属、柑橘属、香蕉、猕猴桃属、李、凤梨属、西番莲属、紫花苜蓿共51个植物属种1 049个品种，经审查，符合《中华人民共和国植物新品种保护条例》和《中华人民共和国植物新品种保护条例实施细则（农业部分）》的要求，现对其授予植物新品种权。

特此公告。

农业农村部

2021年6月18日

最高人民法院关于审理侵害植物新品种权纠纷案件
具体应用法律问题的若干规定（二）

法释〔2021〕14号

（2021年6月29日最高人民法院审判委员会第1843次会议通过，自2021年7月7日起施行）

为正确审理侵害植物新品种权纠纷案件，根据《中华人民共和国民法典》《中华人民共和国种子法》《中华人民共和国民事诉讼法》等法律规定，结合审判实践，制定本规定。

第一条　植物新品种权（以下简称品种权）或者植物新品种申请权的共有人对权利行使有约定的，人民法院按照其约定处理。没有约定或者约定不明的，共有人主张其可以单独实施或者以普通许可方式许可他人实施的，人民法院应予支持。

共有人单独实施该品种权，其他共有人主张该实施收益在共有人之间分配的，人民法院不予支持，但是其他共有人有证据证明其不具备实施能力或者实施条件的除外。

共有人之一许可他人实施该品种权，其他共有人主张收取的许可费在共有人之间分配的，人民法院应予支持。

第二条　品种权转让未经国务院农业、林业主管部门登记、公告，受让人以品种权人名义提起侵害品种权诉讼的，人民法院不予受理。

第三条　受品种权保护的繁殖材料应当具有繁殖能力，且繁殖出的新个体与该授权品种的特征、特性相同。

前款所称的繁殖材料不限于以品种权申请文件所描述的繁殖方式获得的繁殖材料。

第四条　以广告、展陈等方式作出销售授权品种的繁殖材料的意思表示的，人民法院可以以销售行为认定处理。

第五条　种植授权品种的繁殖材料的，人民法院可以根据案件具体情况，以生产、繁殖行为认定处理。

第六条　品种权人或者利害关系人（以下合称权利人）举证证明被诉侵权品种繁殖材料使用的名称与授权品种相同的，人民法院可以推定该被诉侵权品种繁殖材料属于授权品种的繁殖材料；有证据证明不属于该授权品种的繁殖材料的，人民法院可以认定被诉侵权人构成假冒品种行为，并参照假冒注册商标行为的有关规定确定民事责任。

第七条　受托人、被许可人超出与品种权人约定的规模或者区域生产、繁殖授权品种的繁殖材料，或者超出与品种权人约定的规模销售授权品种的繁殖材料，品种权人请求判令受托人、被许可人承担侵权责任的，人民法院依法予以支持。

第八条　被诉侵权人知道或者应当知道他人实施侵害品种权的行为，仍然提供收购、存储、运输、以繁殖为目的的加工处理等服务或者提供相关证明材料等条件的，人民法院可以依据民法典第一千一百六十九条的规定认定为帮助他人实施侵权行为。

第九条　被诉侵权物既可以作为繁殖材料又可以作为收获材料，被诉侵权人主张被诉侵权物系作为收获材料用于消费而非用于生产、繁殖的，应当承担相应的举证责任。

第十条　授权品种的繁殖材料经品种权人或者经其许可的单位、个人售出后，权利人主张他人生产、繁殖、销售该繁殖材料构成侵权的，人民法院一般不予支持，但是下列情形除外：

（一）对该繁殖材料生产、繁殖后获得的繁殖材料进行生产、繁殖、销售；

（二）为生产、繁殖目的将该繁殖材料出口到不保护该品种所属植物属或者种的国家或者地区。

第十一条　被诉侵权人主张对授权品种进行的下列生产、繁殖行为属于科研活动的，人民法院应予支持：

（一）利用授权品种培育新品种；

（二）利用授权品种培育形成新品种后，为品种权申请、品种审定、品种登记需要而重复利用授权品种的繁殖材料。

第十二条　农民在其家庭农村土地承包经营合同约定的土地范围内自繁自用授权品种的繁殖材料，权利人对此主张构成侵权的，人民法院不予支持。

对前款规定以外的行为，被诉侵权人主张其行为属于种子法规定的农民自繁自用授权品种的繁殖材料的，人民法院应当综合考虑被诉侵权行为的目的、规模、是否营利等因素予以认定。

第十三条　销售不知道也不应当知道是未经品种权人许可而售出的被诉侵权品种繁殖材料，且举证证明具有合法来源的，人民法院可以不判令销售者承担赔偿责任，但应当判令其停止销售并承担权利人为制止侵权行为所支付的合理开支。

对于前款所称合法来源，销售者一般应当举证证明购货渠道合法、价格合理、存在实际的具体供货方、销售行为符合相关生产经营许可制度等。

第十四条　人民法院根据已经查明侵害品种权的事实，认定侵权行为成立的，可以先行判决停止侵害，并可以依据当事人的请求和具体案情，责令采取消灭活性等阻止被诉侵权物扩散、繁殖的措施。

第十五条　人民法院为确定赔偿数额，在权利人已经尽力举证，而与侵权行为相关的账簿、资料主要由被诉侵权人掌握的情况下，可以责令被诉侵权人提供与侵权行为相关的账簿、资料；被诉侵权人不提供或者提供虚假账簿、资料的，人民法院可以参考权利人的主张和提供的证据判定赔偿数额。

第十六条　被诉侵权人有抗拒保全或者擅自拆封、转移、毁损被保全物等举证妨碍行为，致使案件相关事实无法查明的，人民法院可以推定权利人就该证据所涉证明事项的主张成立。构成民事诉讼法第一百一十一条规定情形的，依法追究法律责任。

第十七条　除有关法律和司法解释规定的情形以外，以下情形也可以认定为侵权行为情节严重：

（一）因侵权被行政处罚或者法院裁判承担责任后，再次实施相同或者类似侵权行为；

（二）以侵害品种权为业；

（三）伪造品种权证书；

（四）以无标识、标签的包装销售授权品种；

（五）违反种子法第七十七条第一款第一项、第二项、第四项的规定；

（六）拒不提供被诉侵权物的生产、繁殖、销售和储存地点。

存在前款第一项至第五项情形的，在依法适用惩罚性赔偿时可以按照计算基数的二倍以上确定惩罚性赔偿数额。

第十八条　品种权终止后依法恢复权利，权利人要求实施品种权的单位或者个人支付终止期间实施品种权的费用的，人民法院可以参照有关品种权实施许可费，结合品种类型、种植时间、经营规模、当时的市场价值等因素合理确定。

第十九条　他人未经许可，自品种权初步审查合格公告之日起至被授予品种权之日止，生产、繁殖或者销售该授权品种的繁殖材料，或者为商业目的将该授权品种的繁殖材料重复使用于生产另一品种的繁殖材料，权利人对此主张追偿利益损失的，人民法院可以按照临时保护期使用费纠纷处理，并参照有关品种权实施许可费，结合品种类型、种植时间、经营规模、当时的市场价值等因素合理确定该使用费数额。

前款规定的被诉行为延续到品种授权之后，权利人对品种权临时保护期使用费和侵权损害赔偿均主张权利的，人民法院可以合并审理，但应当分别计算处理。

第二十条　侵害品种权纠纷案件涉及的专门性问题需要鉴定的，由当事人在相关领域鉴定人名录或者国务院农业、林业主管部门向人民法院推荐的鉴定人中协商确定；协商不成的，由人民法院从中指定。

第二十一条　对于没有基因指纹图谱等分子标记检测方法进行鉴定的品种，可以采用行业通用方法对授权品种与被诉侵权物的特征、特性进行同一性判断。

第二十二条　对鉴定意见有异议的一方当事人向人民法院申请复检、补充鉴定或者重新鉴定，但未提出合理理由和证据的，人民法院不予准许。

第二十三条　通过基因指纹图谱等分子标记检测方法进行鉴定，待测样品与对照样品的差异位点小于但接近临界值，被诉侵权人主张二者特征、特性不同的，应当承担举证责任；人民法院也可以根据当事人的申请，采取扩大检测位点进行加测或者提取授权品种标准样品进行测定等方法，并结合其他相关因素作出认定。

第二十四条　田间观察检测与基因指纹图谱等分子标记检测的结论不同的，人民法院应当以田间观察检测结论为准。

第二十五条　本规定自2021年7月7日起施行。本院以前发布的相关司法解释与本规定不一致的，按照本规定执行。

农业农村部办公厅关于开展保护种业知识产权专项整治行动的通知

农办种〔2021〕4号

为贯彻党中央、国务院关于加强知识产权保护的决策部署，严厉打击种业套牌侵权等违法违规行为，农业农村部决定在全面推进种业监管执法年的基础上，从今年7月份开始，集中开展为期半年的种业知识产权保护专项整治行动。现将有关事项通知如下。

一、基本思路

按照党中央关于打好种业翻身仗部署要求，以强化种业知识产权保护为重点，以集中整治为抓手，坚持部级统筹、部门协同和上下联动，从立法、司法、行政执法和技术标准入手，加快推进法规修订、标准制定、品种清理和案件查处等关键举措落实落地，既立足解决当前突出问题，又力求破解阻碍打基础利长远的体制机制障碍，为激励原始创新、净化种业市场、促进种业振兴营造良好环境。

二、重点任务

（一）**推动修订《种子法》及有关配套法规。** 积极配合有关方面修订《种子法》《植物新品种保护条例》。配合最高人民法院研究出台关于审理侵害植物新品种权纠纷案件具体应用法律问题的司法解释。研究修订植物新品种复审规定等有关规章，加快完善种业知识产权保护法律法规体系。（农业农村部种业司、法规司，农业农村部科技发展中心）

（二）**提高品种审定标准。** 修订现行主要农作物品种审定标准，提高DNA指纹差异位点数、产量指标和抗病性指标。严格联合体和绿色通道试验监管，建立健全品种试验主体考核评价和退出机制。规范同一适宜生态区引种备案，启动撤销品种审定，大幅减少同质化品种。（农业农村部种业司、全国农业技术推广服务中心，各省级农业农村部门）

（三）**启动登记品种清理。** 以向日葵为突破口，开展非主要农作物品种清理。以保护取得植物新品种权品种为重点，充分利用分子技术手段，依法严格处理违法违规登记行为，公告撤销一批违规品种。（农业农村部种业司、全国农业技术推广服务中心、农业农村部科技发展中心，各省级农业农村部门）

（四）**加强种子基地、企业和市场检查。** 以制种企业生产备案、委托合同、品种权属和亲本来源等内容为重点，开展制种基地检查，严厉打击盗取亲本、抢购套购等侵权行为。组织开展明察暗访，重点检查种子真实性、转基因成分检测等。对检查中发现问题及投诉举报较多或有重大种子案件的企业，加大检查抽查频次。（农业农村部种业司、科教司，各省级农业农村部门）

（五）**加大重点案件查处力度。** 以品种权侵权、制售假劣、非法生产经营转基因种子等为重点，加大案件查办力度。对于跨区域、重大复杂案件由省级查办或组织查处、挂牌督办，查处结果及时公开。农业农村部适时通报专项行动中的各地种业案件查处情况，遴选发布植物新品种权保护典型案例。（农业农村部法规司、种业司，各级农业农村部门）

（六）**健全行政执法和司法保护衔接机制。** 全面落实最高人民法院和农业农村部强化种业知识产权保护合作备忘录相关事项，加强业务交流、人才交流和信息共享。完善与公安、市场监管等部门的线索通报、定期会商、联合执法等工作机制，强化部门间协作配合。加强种业行政执法与刑事司法的衔接，对涉嫌构成犯罪的案件，及时移送公安机关处理。（农业农村部法规司、种业司、监管司，各级农业农村部门）

（七）**强化企业自律和信用建设。**充分发挥各级种子行业协会的协调、服务、维权、自律作用，规范企业行为。中国种子协会组织开展种子企业信用等级评价，发布种业知识产权保护倡议书，充分发挥法律服务团作用，为企业提供有力法律服务。（中国种子协会，各级农业农村部门）

三、工作要求

（一）**加强组织领导。**各级农业农村部门、各有关单位要高度重视，明确主体责任，抓好组织落实，推动构建法制完善、监管有力、行业自律的现代种业治理体系。省级农业农村部门要按照专项行动任务要求制定具体落实方案，年底前报送整治行动工作总结。我部将对各省（自治区、直辖市）及有关单位专项整治任务落实情况进行核查。

（二）**压实属地责任。**省级农业农村部门要发挥牵头抓总、统筹协调、督导检查作用，按照专项行动任务要求，抓好工作任务的安排部署。市县农业农村部门要按照部署要求落细落小，抓好具体实施。

（三）**畅通举报渠道。**我部将在设立受理社会举报电话（010-59192079）基础上，完善种业案件投诉举报平台，构建电话、信件、电子邮件等掌上、网上多元化举报通道。省、市、县三级农业农村部门也要向社会公布举报电话和其他受理形式，接受举报，做好核查反馈。

（四）**加强宣传总结。**要开展专项整治行动工作经验做法、典型案件等的宣传，回应社会关切案件，震慑违法行为。

联系人：农业农村部种业管理司市场监管处　宋伟
电　话：010-59193209
邮　箱：zysscc@agri.gov.cn

农业农村部办公厅
2021 年 7 月 2 日

关于精减农业植物新品种保护申请材料的通知

各品种权申请单位、个人：

为深入贯彻落实国务院深化"放管服"改革精神，更高效、更便捷地服务品种权申请人，进一步提高服务效率，经研究，自2022年1月1日起，申请品种权的，申请人应当向品种保护办公室提交请求书、说明书和品种照片各一份。其他规定要求不变。

农业农村部植物新品种保护办公室

2021年10月15日

农业农村部植物新品种保护办公室关于明确申请人送交有性繁殖材料分装要求的通知

品保办〔2021〕4 号

各植物新品种权申请者：

为进一步做好农业植物新品种保护有性繁殖品种繁殖材料的提交与保藏工作，经植物新品种保护办公室认真研究，现对申请人提交品种繁殖材料的分装要求通知如下：

一、申请人应按照《品种权申请受理通知书》要求提交品种的繁殖材料，繁殖材料的质量、数量应与通知书中要求相一致。

二、申请人应将每个品种的繁殖材料平均分成3份，每份包装后，再装入1个尼龙网袋内，每个包装袋（内袋和外袋）均应附上标签，并在外袋内附上《品种权申请受理通知书》。一次送交多个品种繁殖材料的，每个品种应独立包装，还需附上品种清单，注明品种名称和品种个数。标签通过品种权申请系统打印，包括申请号、品种名称、作物种类和繁殖材料数量等内容。包装要结实，避免包装袋破损造成品种混杂。

三、申请人应保证分装的品种繁殖材料一致，并对繁殖材料的真实性负责。

四、申请人送交繁殖材料时，必须在包裹上注明送交单位、联系人及电话等信息。申请人未按规定送交的，自行承担繁殖材料延迟接收或不接收的责任和后果。

农业农村部植物新品种保护办公室

2021 年 12 月 9 日

全国人民代表大会常务委员会关于
修改《中华人民共和国种子法》的决定

（2021年12月24日第十三届全国人民代表大会常务委员会第三十二次会议通过）

第十三届全国人民代表大会常务委员会第三十二次会议决定对《中华人民共和国种子法》作如下修改：

一、将第一条修改为："为了保护和合理利用种质资源，规范品种选育、种子生产经营和管理行为，加强种业科学技术研究，鼓励育种创新，保护植物新品种权，维护种子生产经营者、使用者的合法权益，提高种子质量，发展现代种业，保障国家粮食安全，促进农业和林业的发展，制定本法。"

二、在第九条中的"国家有计划地普查、收集、整理、鉴定、登记、保存、交流和利用种质资源"后增加"重点收集珍稀、濒危、特有资源和特色地方品种"。

三、将第十一条第一款修改为："国家对种质资源享有主权。任何单位和个人向境外提供种质资源，或者与境外机构、个人开展合作研究利用种质资源的，应当报国务院农业农村、林业草原主管部门批准，并同时提交国家共享惠益的方案。国务院农业农村、林业草原主管部门可以委托省、自治区、直辖市人民政府农业农村、林业草原主管部门接收申请材料。国务院农业农村、林业草原主管部门应当将批准情况通报国务院生态环境主管部门。"

四、将第十二条第一款、第二款修改为："国家支持科研院所及高等院校重点开展育种的基础性、前沿性和应用技术研究以及生物育种技术研究，支持常规作物、主要造林树种育种和无性繁殖材料选育等公益性研究。

"国家鼓励种子企业充分利用公益性研究成果，培育具有自主知识产权的优良品种；鼓励种子企业与科研院所及高等院校构建技术研发平台，开展主要粮食作物、重要经济作物育种攻关，建立以市场为导向、利益共享、风险共担的产学研相结合的种业技术创新体系。"

五、将第二十八条修改为："植物新品种权所有人对其授权品种享有排他的独占权。植物新品种权所有人可以将植物新品种权许可他人实施，并按照合同约定收取许可使用费；许可使用费可以采取固定价款、从推广收益中提成等方式收取。

"任何单位或者个人未经植物新品种权所有人许可，不得生产、繁殖和为繁殖而进行处理、许诺销售、销售、进口、出口以及为实施上述行为储存该授权品种的繁殖材料，不得为商业目的将该授权品种的繁殖材料重复使用于生产另一品种的繁殖材料。本法、有关法律、行政法规另有规定的除外。

"实施前款规定的行为，涉及由未经许可使用授权品种的繁殖材料而获得的收获材料的，应当得到植物新品种权所有人的许可；但是，植物新品种权所有人对繁殖材料已有合理机会行使其权利的除外。

"对实质性派生品种实施第二款、第三款规定行为的，应当征得原始品种的植物新品种权所有人的同意。

"实质性派生品种制度的实施步骤和办法由国务院规定。"

六、将第三十一条第一款、第二款修改为："从事种子进出口业务的种子生产经营许可证，由国务院农业农村、林业草原主管部门核发。国务院农业农村、林业草原主管部门可以委托省、自治区、直辖市人民政府农业农村、林业草原主管部门接收申请材料。

"从事主要农作物杂交种子及其亲本种子、林木良种繁殖材料生产经营的，以及符合国务院农业农村主管部门规定条件的实行选育生产经营相结合的农作物种子企业的种子生产经营许可证，由省、自治区、直辖市人民政府农业农村、林业草原主管部门核发。"

七、将第三十四条修改为："种子生产应当执行种子生产技术规程和种子检验、检疫规程，保证种子符合净度、纯度、发芽率等质量要求和检疫要求。

"县级以上人民政府农业农村、林业草原主管部门应当指导、支持种子生产经营者采用先进的种子生产技术，改进生产工艺，提高种子质量。"

八、删去第三十九条。

九、将第五十三条改为第五十二条，删去其中的"林木种子应当经用种地省、自治区、直辖市人民政府批准"。

十、将第五十八条改为第五十七条，修改为："从事种子进出口业务的，应当具备种子生产经营许可证；其中，从事农作物种子进出口业务的，还应当按照国家有关规定取得种子进出口许可。

"从境外引进农作物、林木种子的审定权限，农作物种子的进口审批办法，引进转基因植物品种的管理办法，由国务院规定。"

十一、将第六十四条改为第六十三条，修改为："国家加强种业公益性基础设施建设，保障育种科研设施用地合理需求。

"对优势种子繁育基地内的耕地，划入永久基本农田。优势种子繁育基地由国务院农业农村主管部门商所在省、自治区、直辖市人民政府确定。"

十二、将第七十三条改为第七十二条，将第三款修改为："侵犯植物新品种权的赔偿数额按照权利人因被侵权所受到的实际损失确定；实际损失难以确定的，可以按照侵权人因侵权所获得的利益确定。权利人的损失或者侵权人获得的利益难以确定的，可以参照该植物新品种权许可使用费的倍数合理确定。故意侵犯植物新品种权，情节严重的，可以在按照上述方法确定数额的一倍以上五倍以下确定赔偿数额。"

将第四款中的"三百万元"修改为"五百万元"。

增加一款，作为第五款："赔偿数额应当包括权利人为制止侵权行为所支付的合理开支。"

十三、将第七十五条改为第七十四条，将第一款中的"一万元"修改为"二万元"，"十万元"修改为"二十万元"。

十四、将第七十六条改为第七十五条，将第一款中的"一万元"修改为"二万元"，"五千元"修改为"一万元"，"五万元"修改为"十万元"。

十五、将第七十七条改为第七十六条，在第一款中的"第三十三条"后增加"第三十四条"。

第一款增加两项，作为第五项、第六项："（五）不再具有繁殖种子的隔离和培育条件，或者不再具有无检疫性有害生物的种子生产地点或者县级以上人民政府林业草原主管部门确定的采种林，继续从事种子生产的；

"（六）未执行种子检验、检疫规程生产种子的。"

十六、删去第八十四条。

十七、将第九十二条改为第九十条，增加一项，作为第十项："（十）实质性派生品种是指由原始品种实质性派生，或者由该原始品种的实质性派生品种派生出来的品种，与原始品种有明显区别，并且除派生引起的性状差异外，在表达由原始品种基因型或者基因型组合产生的基本性状方面与原始品种相同。"

十八、将第九十三条改为第九十一条，增加一款，作为第一款："国家加强中药材种质资源保护，支持开展中药材育种科学技术研究。"

十九、将本法中的"农业主管部门"修改为"农业农村主管部门"，"林业主管部门"修改为"林业草原主管部门"，"农业、林业主管部门"修改为"农业农村、林业草原主管部门"。

本决定自2022年3月1日起施行。

《中华人民共和国种子法》根据本决定作相应修改并对条文顺序作相应调整，重新公布。

中华人民共和国农业农村部公告

第 503 号

龙粳 61 等水稻、玉米、马铃薯、普通小麦、大豆、甘蓝型油菜、花生、甘薯、高粱、大麦属、棉属、桑属、橡胶树、茶组、木薯、小豆、向日葵、普通番茄、黄瓜、辣椒属、普通西瓜、普通结球甘蓝、茄子、豌豆、豇豆、西葫芦、胡萝卜、花椰菜、甜瓜、不结球白菜、苦瓜、莴苣、菠菜、南瓜、青花菜、洋葱、菊属、兰属、非洲菊、花毛茛、花烛属、蝴蝶兰属、矮牵牛（碧冬茄）、萱草属、梨属、桃、苹果属、柑橘属、猕猴桃属、葡萄属、李、草莓、龙眼、枇杷、凤梨属、无花果、西番莲属、石斛属、枸杞属、美丽鸡血藤（牛大力）、香菇、黑木耳、双孢蘑菇、蝉花、平菇（糙皮侧耳、佛罗里达侧耳）共 65 个植物属种 2 169 个品种，经审查，符合《植物新品种保护条例》和《植物新品种保护条例实施细则（农业部分）》的要求，现对其授予植物新品种权。

特此公告。

农业农村部
2021 年 12 月 30 日

附录四 2021年授权公告信息

公告号	品种权号	植物种类	品种名称	品种权人	授权日
CNA016833G	CNA20150351.4	水稻	绥稻3号	绥化市盛昌种子繁育有限责任公司	2021.6.18
CNA016834G	CNA20151581.4	水稻	泰恢808	四川泰隆农业科技有限公司 四川泰隆汇智生物科技有限公司	2021.6.18
CNA016835G	CNA20151776.9	水稻	金18S	湖南金健种业科技有限公司	2021.6.18
CNA016836G	CNA20152031.8	水稻	新两优1813	湖南隆平种业有限公司	2021.6.18
CNA016837G	CNA20152033.6	水稻	两优988	安徽丰大种业股份有限公司	2021.6.18
CNA016838G	CNA20160122.1	水稻	R5301	广西大学	2021.6.18
CNA016839G	CNA20160207.9	水稻	内6优138	垦丰长江种业科技有限公司 绵阳市农业科学研究院	2021.6.18
CNA016840G	CNA20160501.2	水稻	创两优3206	湖南隆平种业有限公司	2021.6.18
CNA016841G	CNA20160592.2	水稻	神农2A	重庆中一种业有限公司 重庆市农业科学院	2021.6.18
CNA016842G	CNA20160641.3	水稻	雅恢2816	四川农业大学	2021.6.18
CNA016843G	CNA20160663.6	水稻	金美占	广州市金粤生物科技有限公司	2021.6.18
CNA016844G	CNA20160765.3	水稻	内香恢3306	内江杂交水稻科技开发中心	2021.6.18
CNA016845G	CNA20160870.5	水稻	双1A	四川双丰农业科学技术研究所	2021.6.18
CNA016846G	CNA20160975.9	水稻	S931	湖南杂交水稻研究中心	2021.6.18
CNA016847G	CNA20161013.1	水稻	连粳13号	江苏省大华种业集团有限公司	2021.6.18
CNA016848G	CNA20161101.4	水稻	R4945	湖南隆平高科种业科学研究院有限公司	2021.6.18
CNA016849G	CNA20161160.2	水稻	良原2号	湖南省水稻研究所	2021.6.18
CNA016850G	CNA20161268.3	水稻	黑粳10号	黑龙江省农业科学院黑河分院 黑龙江省龙科种业集团有限公司黑河分公司	2021.6.18
CNA016851G	CNA20161466.3	水稻	福巨糯8号	福建农林大学 福建省农业科学院水稻研究所	2021.6.18
CNA016852G	CNA20161483.2	水稻	T608S	宇顺高科种业股份有限公司	2021.6.18
CNA016853G	CNA20161523.4	水稻	兆丰优8008	广西兆和种业有限公司	2021.6.18
CNA016854G	CNA20161527.0	水稻	兆丰优9928	广西兆和种业有限公司	2021.6.18
CNA016855G	CNA20161551.9	水稻	徽两优1898	宇顺高科种业股份有限公司	2021.6.18
CNA016856G	CNA20161585.9	水稻	R华9	江西金山种业有限公司	2021.6.18
CNA016857G	CNA20161594.8	水稻	登69S	黄庆跃 张庭荣	2021.6.18
CNA016858G	CNA20161641.1	水稻	美香新占	深圳市金谷美香实业有限公司	2021.6.18

公告号	品种权号	植物种类	品种名称	品种权人	授权日
CNA016859G	CNA20161762.4	水稻	永丰3026	合肥市永乐水稻研究所	2021.6.18
CNA016860G	CNA20161807.1	水稻	韶农A	韶关市农业科技推广中心 广东源泰农业科技有限公司	2021.6.18
CNA016861G	CNA20161895.4	水稻	福1S	武汉隆福康农业发展有限公司	2021.6.18
CNA016862G	CNA20161906.1	水稻	皖江糯8号	安徽天益丰种业有限公司	2021.6.18
CNA016863G	CNA20161907.0	水稻	皖江糯10号	安徽天益丰种业有限公司	2021.6.18
CNA016864G	CNA20161929.4	水稻	天稻香9号	天津天隆科技股份有限公司	2021.6.18
CNA016865G	CNA20161930.1	水稻	徽两优727	北京金色农华种业科技股份有限公司	2021.6.18
CNA016866G	CNA20161936.5	水稻	永两优830	合肥市永乐水稻研究所	2021.6.18
CNA016867G	CNA20162020.0	水稻	中种360A	中国种子集团有限公司	2021.6.18
CNA016868G	CNA20162021.9	水稻	中种恢637	中国种子集团有限公司	2021.6.18
CNA016869G	CNA20162023.7	水稻	中种恢1116	中国种子集团有限公司	2021.6.18
CNA016870G	CNA20162043.3	水稻	千乡654A	四川省内江市农业科学院	2021.6.18
CNA016871G	CNA20162068.3	水稻	华莉占	安徽华韵生物科技有限公司	2021.6.18
CNA016872G	CNA20162083.4	水稻	浙粳86	浙江省农业科学院 浙江勿忘农种业股份有限公司	2021.6.18
CNA016873G	CNA20162103.0	水稻	R989	宇顺高科种业股份有限公司	2021.6.18
CNA016874G	CNA20162111.0	水稻	五优661	安徽咏悦农业科技有限公司	2021.6.18
CNA016875G	CNA20162112.9	水稻	LY198S	安徽绿雨种业股份有限公司	2021.6.18
CNA016876G	CNA20162212.8	水稻	皖江糯9号	安徽天益丰种业有限公司	2021.6.18
CNA016877G	CNA20162221.7	水稻	龙优450	西科农业集团股份有限公司	2021.6.18
CNA016878G	CNA20162233.3	水稻	延粳29	延边朝鲜族自治州农业科学院	2021.6.18
CNA016879G	CNA20162236.0	水稻	南辐粳2号	江苏省农业科学院	2021.6.18
CNA016880G	CNA20162249.5	水稻	两优1105	安徽省农业科学院水稻研究所	2021.6.18
CNA016881G	CNA20162251.0	水稻	皖2311S	安徽省农业科学院水稻研究所	2021.6.18
CNA016882G	CNA20162260.9	水稻	优香1	齐齐哈尔市富拉尔基农艺农业科技 有限公司	2021.6.18
CNA016883G	CNA20162262.7	水稻	粤金银占	广东省农业科学院水稻研究所	2021.6.18
CNA016884G	CNA20162263.6	水稻	粤金农占	广东省农业科学院水稻研究所	2021.6.18
CNA016885G	CNA20162283.2	水稻	颖研208	王守国	2021.6.18
CNA016886G	CNA20162286.9	水稻	Y58F	湖南袁创超级稻技术有限公司	2021.6.18
CNA016887G	CNA20162287.8	水稻	泰优305	广东省农业科学院水稻研究所	2021.6.18
CNA016888G	CNA20162302.9	水稻	隆两优1025	袁隆平农业高科技股份有限公司 湖南亚华种业科学研究院 湖南隆平高科种业科学研究院有限公司	2021.6.18

公告号	品种权号	植物种类	品种名称	品种权人	授权日
CNA016889G	CNA20162315.4	水稻	D两优71	湖南省贺家山原种场	2021.6.18
CNA016890G	CNA20162316.3	水稻	家优111	湖南省贺家山原种场	2021.6.18
CNA016891G	CNA20162323.4	水稻	荃优1393	江苏沿海地区农业科学研究所 盐城明天种业科技有限公司 安徽荃银高科种业股份有限公司	2021.6.18
CNA016892G	CNA20162324.3	水稻	申恢26	上海市农业科学院	2021.6.18
CNA016893G	CNA20162331.4	水稻	两优160	安徽省农业科学院水稻研究所 合肥旱地农业科学技术研究所	2021.6.18
CNA016894G	CNA20162350.0	水稻	盛泰优993	中国种子集团有限公司 湖南农业大学	2021.6.18
CNA016895G	CNA20162351.9	水稻	中种13H373	中国种子集团有限公司 湖南农业大学	2021.6.18
CNA016896G	CNA20162354.6	水稻	中种15H415	中国种子集团有限公司 湖南农业大学	2021.6.18
CNA016897G	CNA20162355.5	水稻	中种15H428	中国种子集团有限公司 湖南农业大学	2021.6.18
CNA016898G	CNA20162356.4	水稻	金恢101号	福建农林大学 中国种子集团有限公司	2021.6.18
CNA016899G	CNA20162358.2	水稻	金恢104号	福建农林大学 中国种子集团有限公司	2021.6.18
CNA016900G	CNA20162359.1	水稻	金恢105号	福建农林大学 中国种子集团有限公司	2021.6.18
CNA016901G	CNA20162360.8	水稻	金恢106号	福建农林大学 中国种子集团有限公司	2021.6.18
CNA016902G	CNA20162361.7	水稻	金恢107号	福建农林大学 中国种子集团有限公司	2021.6.18
CNA016903G	CNA20162362.6	水稻	金恢108号	福建农林大学 中国种子集团有限公司	2021.6.18
CNA016904G	CNA20162363.5	水稻	金恢109号	福建农林大学 中国种子集团有限公司	2021.6.18
CNA016905G	CNA20162364.4	水稻	金恢110号	福建农林大学 中国种子集团有限公司	2021.6.18
CNA016906G	CNA20162365.3	水稻	金恢112号	福建农林大学 中国种子集团有限公司	2021.6.18
CNA016907G	CNA20162371.5	水稻	BR471	中国农业科学院作物科学研究所	2021.6.18
CNA016908G	CNA20162387.7	水稻	合丰油占	广东省农业科学院水稻研究所	2021.6.18
CNA016909G	CNA20162391.1	水稻	垦研017	黑龙江省农垦科学院	2021.6.18
CNA016910G	CNA20162411.7	水稻	时和S	安徽省农业科学院水稻研究所	2021.6.18
CNA016911G	CNA20162412.6	水稻	天和S	安徽省农业科学院水稻研究所	2021.6.18

公告号	品种权号	植物种类	品种名称	品种权人	授权日
CNA016912G	CNA20162413.5	水稻	H69S	安徽国豪农业科技有限公司	2021.6.18
CNA016913G	CNA20162433.1	水稻	红R236	江西红一种业科技股份有限公司	2021.6.18
CNA016914G	CNA20162434.0	水稻	红R823	江西红一种业科技股份有限公司	2021.6.18
CNA016915G	CNA20162436.8	水稻	吉田优701	广东源泰农业科技有限公司	2021.6.18
CNA016916G	CNA20162437.7	水稻	韶优766	广东源泰农业科技有限公司 韶关市农业科技推广中心	2021.6.18
CNA016917G	CNA20162438.6	水稻	吉田优622	广东源泰农业科技有限公司 连山壮族瑶族自治县农业科学研究所	2021.6.18
CNA016918G	CNA20162464.3	水稻	浙粳7A	浙江省农业科学院	2021.6.18
CNA016919G	CNA20162483.0	水稻	鹏A	深圳市兆农农业科技有限公司	2021.6.18
CNA016920G	CNA20162487.6	水稻	R6228	深圳市兆农农业科技有限公司	2021.6.18
CNA016921G	CNA20162488.5	水稻	R6319	深圳市兆农农业科技有限公司	2021.6.18
CNA016922G	CNA20162508.1	水稻	粤恢777	广东粤良种业有限公司	2021.6.18
CNA016923G	CNA20162509.0	水稻	粤恢666	广东粤良种业有限公司	2021.6.18
CNA016924G	CNA20162511.6	水稻	粤良恢999	广东粤良种业有限公司	2021.6.18
CNA016925G	CNA20162512.5	水稻	粤恢3512	广东粤良种业有限公司	2021.6.18
CNA016926G	CNA20162513.4	水稻	粤良恢5522	广东粤良种业有限公司	2021.6.18
CNA016927G	CNA20162514.3	水稻	珍丝苗	广东粤良种业有限公司	2021.6.18
CNA016928G	CNA20162515.2	水稻	金丝苗	广东粤良种业有限公司	2021.6.18
CNA016929G	CNA20162516.1	水稻	恒丰优金丝苗	广东粤良种业有限公司	2021.6.18
CNA016930G	CNA20162517.0	水稻	恒丰优新华占	广东粤良种业有限公司	2021.6.18
CNA016931G	CNA20162518.9	水稻	恒丰优珍丝苗	广东粤良种业有限公司	2021.6.18
CNA016932G	CNA20162519.8	水稻	特优7166	广东粤良种业有限公司	2021.6.18
CNA016933G	CNA20170019.6	水稻	37S	长沙奥林生物科技有限公司	2021.6.18
CNA016934G	CNA20170023.0	水稻	安两优166	安徽华赋农业发展有限公司	2021.6.18
CNA016935G	CNA20170025.8	水稻	广恢1816	广东省农业科学院水稻研究所	2021.6.18
CNA016936G	CNA20170045.4	水稻	中早53	中国水稻研究所	2021.6.18
CNA016937G	CNA20170046.3	水稻	中早59	中国水稻研究所	2021.6.18
CNA016938G	CNA20170075.7	水稻	广红3号	广东省农业科学院水稻研究所	2021.6.18
CNA016939G	CNA20170081.9	水稻	川种3A	四川川种种业有限责任公司 中国种子集团有限公司	2021.6.18

公告号	品种权号	植物种类	品种名称	品种权人	授权日
CNA016940G	CNA20170094.4	水稻	南晶香占	广东省农业科学院水稻研究所	2021.6.18
CNA016941G	CNA20170107.9	水稻	盐9S	江苏沿海地区农业科学研究所	2021.6.18
CNA016942G	CNA20170108.8	水稻	沪早香181	上海市农业科学院	2021.6.18
CNA016943G	CNA20170142.6	水稻	美利红	广东省农业科学院水稻研究所	2021.6.18
CNA016944G	CNA20170192.5	水稻	荃优868	安徽华安种业有限责任公司 安徽省农业科学院水稻研究所 安徽荃银高科种业股份有限公司	2021.6.18
CNA016945G	CNA20170197.0	水稻	华6优1301	江西惠农种业有限公司	2021.6.18
CNA016946G	CNA20170217.6	水稻	金黄稻3号	中国科学院遗传与发育生物学研究所	2021.6.18
CNA016947G	CNA20170250.4	水稻	萍S	萍乡市农业科学研究所	2021.6.18
CNA016948G	CNA20170279.1	水稻	甬优1538	宁波种业股份有限公司	2021.6.18
CNA016949G	CNA20170280.8	水稻	甬优8050	宁波种业股份有限公司	2021.6.18
CNA016950G	CNA20170303.1	水稻	福香占	福建省农业科学院水稻研究所	2021.6.18
CNA016951G	CNA20170323.7	水稻	隆垦粳1号	安徽源隆生态农业有限公司	2021.6.18
CNA016952G	CNA20170324.6	水稻	D优5326	芜湖青弋江种业有限公司 安徽省农业科学院水稻研究所	2021.6.18
CNA016953G	CNA20170327.3	水稻	R473	安徽袁粮水稻产业有限公司	2021.6.18
CNA016954G	CNA20170328.2	水稻	徽两优473	安徽袁粮水稻产业有限公司	2021.6.18
CNA016955G	CNA20170329.1	水稻	中粳糯928	安徽华安种业有限责任公司	2021.6.18
CNA016956G	CNA20170336.2	水稻	齐粳10号	黑龙江省农业科学院齐齐哈尔分院	2021.6.18
CNA016957G	CNA20170338.0	水稻	彦粳软玉11号	沈阳农业大学	2021.6.18
CNA016958G	CNA20170344.2	水稻	圣香糯3号	山东省水稻研究所	2021.6.18
CNA016959G	CNA20170351.2	水稻	上堡大禾谷3号	崇义县农业技术推广站	2021.6.18
CNA016960G	CNA20170378.1	水稻	中种R1602	中国种子集团有限公司	2021.6.18
CNA016961G	CNA20170379.0	水稻	中种R1603	中国种子集团有限公司	2021.6.18
CNA016962G	CNA20170380.7	水稻	中种R1601	中国种子集团有限公司	2021.6.18
CNA016963G	CNA20170381.6	水稻	中种R1604	中国种子集团有限公司	2021.6.18
CNA016964G	CNA20170383.4	水稻	中种R1606	中国种子集团有限公司	2021.6.18
CNA016965G	CNA20170386.1	水稻	中种R1609	中国种子集团有限公司	2021.6.18
CNA016966G	CNA20170387.0	水稻	中种R1610	中国种子集团有限公司	2021.6.18
CNA016967G	CNA20170388.9	水稻	中种R1611	中国种子集团有限公司	2021.6.18
CNA016968G	CNA20170389.8	水稻	中种R1612	中国种子集团有限公司	2021.6.18

公告号	品种权号	植物种类	品种名称	品种权人	授权日
CNA016969G	CNA20170390.5	水稻	中种R1613	中国种子集团有限公司	2021.6.18
CNA016970G	CNA20170392.3	水稻	中种R1615	中国种子集团有限公司	2021.6.18
CNA016971G	CNA20170393.2	水稻	中种R1616	中国种子集团有限公司	2021.6.18
CNA016972G	CNA20170394.1	水稻	中种R1617	中国种子集团有限公司	2021.6.18
CNA016973G	CNA20170395.0	水稻	中种R1618	中国种子集团有限公司	2021.6.18
CNA016974G	CNA20170399.6	水稻	中种R1622	中国种子集团有限公司	2021.6.18
CNA016975G	CNA20170400.3	水稻	中种R1623	中国种子集团有限公司	2021.6.18
CNA016976G	CNA20170401.2	水稻	中种R1624	中国种子集团有限公司	2021.6.18
CNA016977G	CNA20170412.9	水稻	恒恢T86	广东现代耕耘种业有限公司	2021.6.18
CNA016978G	CNA20170413.8	水稻	五优116	广东现代耕耘种业有限公司 广东省农业科学院水稻研究所	2021.6.18
CNA016979G	CNA20170422.7	水稻	得月712A	四川得月科技种业有限公司	2021.6.18
CNA016980G	CNA20170430.7	水稻	丰两优3305	合肥丰乐种业股份有限公司	2021.6.18
CNA016981G	CNA20170432.5	水稻	丰两优6348	合肥丰乐种业股份有限公司	2021.6.18
CNA016982G	CNA20170433.4	水稻	当育粳0717	马鞍山神农种业有限责任公司	2021.6.18
CNA016983G	CNA20170442.3	水稻	红R982	江西红一种业科技股份有限公司	2021.6.18
CNA016984G	CNA20170445.0	水稻	中科613	中国科学院遗传与发育生物学研究所 黑龙江乔府大院种业科技有限责任公司	2021.6.18
CNA016985G	CNA20170450.2	水稻	R937	贵州省水稻研究所	2021.6.18
CNA016986G	CNA20170451.1	水稻	Q33S	贵州省水稻研究所	2021.6.18
CNA016987G	CNA20170452.0	水稻	Q34S	贵州省水稻研究所	2021.6.18
CNA016988G	CNA20170535.1	水稻	华粳1608	安徽华安种业有限责任公司	2021.6.18
CNA016989G	CNA20170580.5	水稻	R168	安徽喜多收种业科技有限公司	2021.6.18
CNA016990G	CNA20170612.7	水稻	圳18A	深圳广三系农业科技有限公司	2021.6.18
CNA016991G	CNA20170619.0	水稻	N72S	华南农业大学	2021.6.18
CNA016992G	CNA20170620.7	水稻	业89S	华南农业大学	2021.6.18
CNA016993G	CNA20170621.6	水稻	信99S	华南农业大学	2021.6.18
CNA016994G	CNA20170637.8	水稻	万恢64	重庆三峡农业科学院	2021.6.18
CNA016995G	CNA20170639.6	水稻	万75A	重庆三峡农业科学院	2021.6.18
CNA016996G	CNA20170642.1	水稻	吉优360	广东省金稻种业有限公司 广东省农业科学院水稻研究所	2021.6.18
CNA016997G	CNA20170644.9	水稻	圣香136	山东省水稻研究所	2021.6.18
CNA016998G	CNA20170645.8	水稻	龙绥1号	绥化市盛昌种子繁育有限责任公司	2021.6.18

公告号	品种权号	植物种类	品种名称	品种权人	授权日
CNA016999G	CNA20170659.1	水稻	绥粳302	黑龙江省农业科学院绥化分院	2021.6.18
CNA017000G	CNA20170715.3	水稻	广粳16	广德县农业科学研究所 安徽荃银超大种业有限公司	2021.6.18
CNA017001G	CNA20170747.5	水稻	G两优S8	武汉金丰收种业有限公司	2021.6.18
CNA017002G	CNA20170764.3	水稻	星粳稻1号	哈尔滨明星农业科技开发有限公司	2021.6.18
CNA017003G	CNA20170830.3	水稻	龙洋11号	五常市民乐水稻研究所 黑龙江省棒博尔农作物种子研究院	2021.6.18
CNA017004G	CNA20170833.0	水稻	桂19A	广西壮族自治区农业科学院水稻研究所	2021.6.18
CNA017005G	CNA20170834.9	水稻	北稻1号	黑龙江省北方稻作研究所	2021.6.18
CNA017006G	CNA20170835.8	水稻	北稻6号	黑龙江省北方稻作研究所	2021.6.18
CNA017007G	CNA20170836.7	水稻	北稻7号	黑龙江省北方稻作研究所	2021.6.18
CNA017008G	CNA20170840.1	水稻	金稻89	新疆金丰源种业股份有限公司	2021.6.18
CNA017009G	CNA20170858.0	水稻	万象优华占	江西红一种业科技股份有限公司 中国水稻研究所 广东省农业科学院水稻研究所	2021.6.18
CNA017010G	CNA20170874.0	水稻	龙稻115	黑龙江省农业科学院耕作栽培研究所	2021.6.18
CNA017011G	CNA20170878.6	水稻	FR6105	福建农林大学	2021.6.18
CNA017012G	CNA20170906.2	水稻	早恢6103	福建农林大学	2021.6.18
CNA017013G	CNA20170948.2	水稻	桂育黑糯	广西壮族自治区农业科学院水稻研究所	2021.6.18
CNA017014G	CNA20170949.1	水稻	宏胡早糯	江西红一种业科技股份有限公司	2021.6.18
CNA017015G	CNA20170960.5	水稻	川作323A	四川省农业科学院作物研究所	2021.6.18
CNA017016G	CNA20170963.2	水稻	万象优双占	江西红一种业科技股份有限公司	2021.6.18
CNA017017G	CNA20170964.1	水稻	桂丰A	广西壮族自治区农业科学院水稻研究所	2021.6.18
CNA017018G	CNA20171001.4	水稻	鑫恢321	安徽友鑫农业科技有限公司	2021.6.18
CNA017019G	CNA20171007.8	水稻	泸恢104	四川省农业科学院水稻高粱研究所	2021.6.18
CNA017020G	CNA20171011.2	水稻	泸恢1015	四川省农业科学院水稻高粱研究所	2021.6.18
CNA017021G	CNA20171013.0	水稻	泸恢317	四川省农业科学院水稻高粱研究所	2021.6.18
CNA017022G	CNA20171021.0	水稻	田裕9861	黑龙江田友种业有限公司	2021.6.18
CNA017023G	CNA20171022.9	水稻	龙桦2号	黑龙江田友种业有限公司	2021.6.18
CNA017024G	CNA20171033.6	水稻	川农香粳	四川农业大学 四川华龙种业有限责任公司	2021.6.18
CNA017025G	CNA20171054.0	水稻	川农粳1号	四川农业大学 四川华龙种业有限责任公司	2021.6.18
CNA017026G	CNA20171171.8	水稻	蜀鑫1S	安徽友鑫农业科技有限公司	2021.6.18
CNA017027G	CNA20171234.3	水稻	昌287A	江西天涯种业有限公司	2021.6.18

公告号	品种权号	植物种类	品种名称	品种权人	授权日
CNA017028G	CNA20171268.2	水稻	鄂丰丝苗	刘定富	2021.6.18
CNA017029G	CNA20171274.4	水稻	泰乡1209A	江西天涯种业有限公司	2021.6.18
CNA017030G	CNA20171275.3	水稻	赣晴	江西天涯种业有限公司	2021.6.18
CNA017031G	CNA20171281.5	水稻	五优珍丝苗	广东粤良种业有限公司	2021.6.18
CNA017032G	CNA20171287.9	水稻	中香矮占	海南波莲水稻基因科技有限公司	2021.6.18
CNA017033G	CNA20171288.8	水稻	秋光杰夫	海南波莲水稻基因科技有限公司	2021.6.18
CNA017034G	CNA20171320.8	水稻	禾两优348	重庆市为天农业有限责任公司 贵州禾睦福种子有限公司	2021.6.18
CNA017035G	CNA20171371.6	水稻	渔稻5号	中国水稻研究所	2021.6.18
CNA017036G	CNA20171410.9	水稻	内香10A	内江杂交水稻科技开发中心 四川省内江市农业科学院	2021.6.18
CNA017037G	CNA20171411.8	水稻	内7S	内江杂交水稻科技开发中心 四川省内江市农业科学院	2021.6.18
CNA017038G	CNA20171418.1	水稻	福恢342	福建省农业科学院水稻研究所	2021.6.18
CNA017039G	CNA20171422.5	水稻	顺丰A	杨立坚	2021.6.18
CNA017040G	CNA20171423.4	水稻	丰泽15A	杨立坚	2021.6.18
CNA017041G	CNA20171443.0	水稻	秀水14	浙江省嘉兴市农业科学研究院（所）	2021.6.18
CNA017042G	CNA20171444.9	水稻	秀水121	浙江省嘉兴市农业科学研究院（所）	2021.6.18
CNA017043G	CNA20171462.6	水稻	渔稻两优1号	中国水稻研究所	2021.6.18
CNA017044G	CNA20171471.5	水稻	钧达A	福建省农业科学院水稻研究所	2021.6.18
CNA017045G	CNA20171472.4	水稻	元亨S	福建省农业科学院水稻研究所	2021.6.18
CNA017046G	CNA20171473.3	水稻	利达A	福建省农业科学院水稻研究所 中国种子集团有限公司	2021.6.18
CNA017047G	CNA20171554.5	水稻	中恢171	中国水稻研究所	2021.6.18
CNA017048G	CNA20171625.0	水稻	龙两优粤禾丝苗	四川台沃种业有限责任公司 湖南农业大学 广东省农业科学院水稻研究所	2021.6.18
CNA017049G	CNA20171626.9	水稻	Y两优粤禾丝苗	四川台沃种业有限责任公司 广东省农业科学院水稻研究所	2021.6.18
CNA017050G	CNA20171628.7	水稻	广8优粤禾丝苗	四川台沃种业有限责任公司 广东省农业科学院水稻研究所	2021.6.18
CNA017051G	CNA20171757.0	水稻	FR838	福建农林大学	2021.6.18
CNA017052G	CNA20171758.9	水稻	FR869	福建农林大学	2021.6.18
CNA017053G	CNA20171759.8	水稻	福黑8号	福建农林大学	2021.6.18
CNA017054G	CNA20171760.5	水稻	福黑糯1号	福建农林大学	2021.6.18

公告号	品种权号	植物种类	品种名称	品种权人	授权日
CNA017055G	CNA20171866.8	水稻	金恢24号	深圳市金谷美香实业有限公司	2021.6.18
CNA017056G	CNA20171867.7	水稻	绿丝苗	深圳市金谷美香实业有限公司	2021.6.18
CNA017057G	CNA20171868.6	水稻	五优311	北京金色农华种业科技股份有限公司	2021.6.18
CNA017058G	CNA20171878.4	水稻	中组143	中国水稻研究所	2021.6.18
CNA017059G	CNA20171971.0	水稻	侬多丰1号	安徽侬多丰农业科技有限公司	2021.6.18
CNA017060G	CNA20171980.9	水稻	绿银占	深圳市金谷美香实业有限公司	2021.6.18
CNA017061G	CNA20171981.8	水稻	金恢10号	深圳市金谷美香实业有限公司	2021.6.18
CNA017062G	CNA20171982.7	水稻	绿新占	深圳市金谷美香实业有限公司	2021.6.18
CNA017063G	CNA20172013.8	水稻	R3352	广东华农大种业有限公司	2021.6.18
CNA017064G	CNA20172014.7	水稻	R6133	广东华农大种业有限公司	2021.6.18
CNA017065G	CNA20172015.6	水稻	华美A	广东华农大种业有限公司	2021.6.18
CNA017066G	CNA20172016.5	水稻	R3708	广东华农大种业有限公司	2021.6.18
CNA017067G	CNA20172130.6	水稻	恒丰优金丝占	广东粤良种业有限公司	2021.6.18
CNA017068G	CNA20172179.8	水稻	交恢5号	淮安旗冰种业科技有限公司	2021.6.18
CNA017069G	CNA20172181.4	水稻	瑞象A	江西红一种业科技股份有限公司	2021.6.18
CNA017070G	CNA20172186.9	水稻	红45A	江西红一种业科技股份有限公司	2021.6.18
CNA017071G	CNA20172222.5	水稻	龙垦226	北大荒垦丰种业股份有限公司	2021.6.18
CNA017072G	CNA20172226.1	水稻	龙垦215	北大荒垦丰种业股份有限公司	2021.6.18
CNA017073G	CNA20172227.0	水稻	龙垦214	北大荒垦丰种业股份有限公司	2021.6.18
CNA017074G	CNA20172230.5	水稻	垦粳7号	北大荒垦丰种业股份有限公司 黑龙江八一农垦大学	2021.6.18
CNA017075G	CNA20172263.5	水稻	品110s	福建农林大学	2021.6.18
CNA017076G	CNA20172264.4	水稻	品42s	福建农林大学	2021.6.18
CNA017077G	CNA20172363.4	水稻	广8优1816	广东省农业科学院水稻研究所	2021.6.18
CNA017078G	CNA20172364.3	水稻	广软占	广东省农业科学院水稻研究所	2021.6.18
CNA017079G	CNA20172457.1	水稻	五优金丝苗	广东粤良种业有限公司	2021.6.18
CNA017080G	CNA20172603.4	水稻	皇占	深圳市金谷美香实业有限公司	2021.6.18
CNA017081G	CNA20172650.6	水稻	瑞68A	四川科瑞种业有限公司	2021.6.18
CNA017082G	CNA20172651.5	水稻	瑞恢7021	四川科瑞种业有限公司	2021.6.18
CNA017083G	CNA20172652.4	水稻	H8A	成都市大禾大田作物研究所	2021.6.18
CNA017084G	CNA20172674.8	水稻	金恢038	广州市金粤生物科技有限公司	2021.6.18
CNA017085G	CNA20172711.3	水稻	中科902	中国科学院遗传与发育生物学研究所	2021.6.18

公告号	品种权号	植物种类	品种名称	品种权人	授权日
CNA017086G	CNA20172747.1	水稻	徽两优001	安徽理想种业有限公司	2021.6.18
CNA017087G	CNA20172753.2	水稻	龙科15077	刘俭	2021.6.18
CNA017088G	CNA20172768.5	水稻	福巨糯11号	福建农林大学	2021.6.18
CNA017089G	CNA20172769.4	水稻	诺糯5号	福建农林大学	2021.6.18
CNA017090G	CNA20172770.1	水稻	章糯恢4号	福建农林大学	2021.6.18
CNA017091G	CNA20172771.0	水稻	章糯恢3号	福建农林大学	2021.6.18
CNA017092G	CNA20172772.9	水稻	章糯恢2号	福建农林大学	2021.6.18
CNA017093G	CNA20172773.8	水稻	FR879	福建农林大学	2021.6.18
CNA017094G	CNA20172822.9	水稻	永丰优8563	广西兆和种业有限公司	2021.6.18
CNA017095G	CNA20172823.8	水稻	益和优162	广西兆和种业有限公司	2021.6.18
CNA017096G	CNA20172824.7	水稻	恒丰优929	广西兆和种业有限公司	2021.6.18
CNA017097G	CNA20172826.5	水稻	H两优5872	广西兆和种业有限公司	2021.6.18
CNA017098G	CNA20172827.4	水稻	珍野优108	广西兆和种业有限公司	2021.6.18
CNA017099G	CNA20172828.3	水稻	兆丰优162	广西兆和种业有限公司	2021.6.18
CNA017100G	CNA20172829.2	水稻	广和A	广西兆和种业有限公司	2021.6.18
CNA017101G	CNA20172830.9	水稻	R8563	广西兆和种业有限公司	2021.6.18
CNA017102G	CNA20172831.8	水稻	R929	广西兆和种业有限公司	2021.6.18
CNA017103G	CNA20172856.8	水稻	普育1616	黑龙江省普田种业有限公司农业科学研究院	2021.6.18
CNA017104G	CNA20172858.6	水稻	沃普2号	黑龙江省普田种业有限公司农业科学研究院	2021.6.18
CNA017105G	CNA20172929.1	水稻	莲育1010	黑龙江省莲江口种子有限公司	2021.6.18
CNA017106G	CNA20172931.7	水稻	洁田稻105	仲衍种业股份有限公司 深圳洁田模式生物科技有限公司	2021.6.18
CNA017107G	CNA20172939.9	水稻	松粳33	黑龙江省农业科学院五常水稻研究所	2021.6.18
CNA017108G	CNA20172940.6	水稻	松粳34	黑龙江省农业科学院五常水稻研究所	2021.6.18
CNA017109G	CNA20172989.8	水稻	绣占15	中垦锦绣华农武汉科技有限公司	2021.6.18
CNA017110G	CNA20172990.5	水稻	莲汇1011	黑龙江省莲汇农业科技有限公司	2021.6.18
CNA017111G	CNA20173000.1	水稻	诺糯6号	福建农林大学	2021.6.18
CNA017112G	CNA20173001.0	水稻	福黑9号	福建农林大学	2021.6.18
CNA017113G	CNA20173025.2	水稻	珍野A	广西兆和种业有限公司	2021.6.18
CNA017114G	CNA20173026.1	水稻	ZR109	广西兆和种业有限公司	2021.6.18
CNA017115G	CNA20173037.8	水稻	徽两优348	安徽省农业科学院水稻研究所 蚌埠海上明珠农业科技发展有限公司	2021.6.18

公告号	品种权号	植物种类	品种名称	品种权人	授权日
CNA017116G	CNA20173159.0	水稻	龙洋19	五常市民乐水稻研究所 黑龙江省棒博尔农作物种子研究院	2021.6.18
CNA017117G	CNA20173198.3	水稻	龙粳3084	黑龙江省农业科学院水稻研究所	2021.6.18
CNA017118G	CNA20173303.5	水稻	晚香8098	江西省农业科学院水稻研究所	2021.6.18
CNA017119G	CNA20173307.1	水稻	楚糯2号	湖北修楚农业发展有限公司	2021.6.18
CNA017120G	CNA20173312.4	水稻	荃211S	安徽荃银高科种业股份有限公司	2021.6.18
CNA017121G	CNA20173354.3	水稻	梓两优5号	合肥国丰农业科技有限公司	2021.6.18
CNA017122G	CNA20173402.5	水稻	鑫晟稻4号	黑龙江省巨基农业科技开发有限公司	2021.6.18
CNA017123G	CNA20173403.4	水稻	卓越6号	黑龙江省巨基农业科技开发有限公司	2021.6.18
CNA017124G	CNA20173404.3	水稻	卓越2号	黑龙江省巨基农业科技开发有限公司	2021.6.18
CNA017125G	CNA20173405.2	水稻	巨基3号	黑龙江省巨基农业科技开发有限公司	2021.6.18
CNA017126G	CNA20173417.8	水稻	永旱粳8号	合肥市永乐水稻研究所	2021.6.18
CNA017127G	CNA20173420.3	水稻	永乐1801	合肥市永乐水稻研究所	2021.6.18
CNA017128G	CNA20173425.8	水稻	鲁旱稻1号	山东省水稻研究所	2021.6.18
CNA017129G	CNA20173431.0	水稻	寒粳香1号	刘忠政	2021.6.18
CNA017130G	CNA20173476.6	水稻	研歌籼宝	湖南省水稻研究所	2021.6.18
CNA017131G	CNA20173495.3	水稻	永丰6号	安徽咏悦农业科技有限公司	2021.6.18
CNA017132G	CNA20173497.1	水稻	宏S	萍乡市农业科学研究所 江西农业大学	2021.6.18
CNA017133G	CNA20173509.7	水稻	金黄恋1号	中国科学院遗传与发育生物学研究所	2021.6.18
CNA017134G	CNA20173537.3	水稻	C两优雅占	江西天涯种业有限公司	2021.6.18
CNA017135G	CNA20173538.2	水稻	深优星占	江西天涯种业有限公司	2021.6.18
CNA017136G	CNA20173540.8	水稻	兵两优401	江西天涯种业有限公司	2021.6.18
CNA017137G	CNA20173541.7	水稻	萍两优雅占	江西天涯种业有限公司 萍乡市农业科学研究所	2021.6.18
CNA017138G	CNA20173542.6	水稻	玖两优830	江西天涯种业有限公司	2021.6.18
CNA017139G	CNA20173543.5	水稻	恢630	江西天涯种业有限公司	2021.6.18
CNA017140G	CNA20173544.4	水稻	兵12S	江西天涯种业有限公司	2021.6.18
CNA017141G	CNA20173545.3	水稻	农香优雅占	江西天涯种业有限公司	2021.6.18
CNA017142G	CNA20173546.2	水稻	星占	江西天涯种业有限公司	2021.6.18
CNA017143G	CNA20173605.0	水稻	禾广丝苗	广东省农业科学院水稻研究所	2021.6.18
CNA017144G	CNA20173606.9	水稻	粤黄广占	广东省农业科学院水稻研究所	2021.6.18
CNA017145G	CNA20173639.0	水稻	徽两优科珍丝苗	安徽荃银种业科技有限公司	2021.6.18

公告号	品种权号	植物种类	品种名称	品种权人	授权日
CNA017146G	CNA20173704.0	水稻	R6568	南昌市康谷农业科技有限公司	2021.6.18
CNA017147G	CNA20173707.7	水稻	粤籼丝苗	广东粤良种业有限公司	2021.6.18
CNA017148G	CNA20173735.3	水稻	奥R666	湖南奥谱隆科技股份有限公司	2021.6.18
CNA017149G	CNA20173783.4	水稻	追求A	福建农林大学 中国种子集团有限公司	2021.6.18
CNA017150G	CNA20173784.3	水稻	金恢116号	中国种子集团有限公司 福建农林大学	2021.6.18
CNA017151G	CNA20173788.9	水稻	金恢117号	中国种子集团有限公司 福建农林大学	2021.6.18
CNA017152G	CNA20173789.8	水稻	金恢118号	福建农林大学 中国种子集团有限公司	2021.6.18
CNA017153G	CNA20173790.5	水稻	天华A	中国种子集团有限公司 福建农林大学	2021.6.18
CNA017154G	CNA20173791.4	水稻	金恢135号	中国种子集团有限公司 福建农林大学	2021.6.18
CNA017155G	CNA20173812.9	水稻	金龙B	中国种子集团有限公司 肇庆学院	2021.6.18
CNA017156G	CNA20173828.1	水稻	利元10号	五常市利元种子有限公司	2021.6.18
CNA017157G	CNA20180048.0	水稻	绵恢919	绵阳市农业科学研究院	2021.6.18
CNA017158G	CNA20180050.5	水稻	武粳36	江苏（武进）水稻研究所 安徽皖垦种业股份有限公司	2021.6.18
CNA017159G	CNA20180066.7	水稻	华恢1686	湖南亚华种业科学研究院	2021.6.18
CNA017160G	CNA20180067.6	水稻	华恢1260	湖南亚华种业科学研究院	2021.6.18
CNA017161G	CNA20180068.5	水稻	华恢7817	湖南亚华种业科学研究院	2021.6.18
CNA017162G	CNA20180069.4	水稻	华恢1308	湖南隆平高科种业科学研究院有限公司	2021.6.18
CNA017163G	CNA20180070.1	水稻	华恢8612	湖南亚华种业科学研究院 湖南隆平高科种业科学研究院有限公司	2021.6.18
CNA017164G	CNA20180071.0	水稻	R3189	湖南隆平高科种业科学研究院有限公司	2021.6.18
CNA017165G	CNA20180072.9	水稻	华恢1019	湖南亚华种业科学研究院	2021.6.18
CNA017166G	CNA20180074.7	水稻	华恢1273	湖南亚华种业科学研究院	2021.6.18
CNA017167G	CNA20180075.6	水稻	华恢2246	湖南亚华种业科学研究院	2021.6.18
CNA017168G	CNA20180077.4	水稻	华恢1307	湖南隆平高科种业科学研究院有限公司	2021.6.18
CNA017169G	CNA20180078.3	水稻	华恢5438	湖南隆平高科种业科学研究院有限公司	2021.6.18
CNA017170G	CNA20180079.2	水稻	华恢2271	湖南亚华种业科学研究院	2021.6.18
CNA017171G	CNA20180083.6	水稻	凤营丝苗	东莞市中堂凤冲水稻科研站	2021.6.18
CNA017172G	CNA20180084.5	水稻	凤新丝苗	东莞市中堂凤冲水稻科研站	2021.6.18

公告号	品种权号	植物种类	品种名称	品种权人	授权日
CNA017173G	CNA20180096.1	水稻	东香1号	孙东发	2021.6.18
CNA017174G	CNA20180118.5	水稻	华恢4952	袁隆平农业高科技股份有限公司 湖南亚华种业科学研究院	2021.6.18
CNA017175G	CNA20180119.4	水稻	华恢5362	袁隆平农业高科技股份有限公司 湖南亚华种业科学研究院	2021.6.18
CNA017176G	CNA20180140.7	水稻	隆早131	湖南亚华种业科学研究院	2021.6.18
CNA017177G	CNA20180145.2	水稻	大丰糯	广东省农业科学院水稻研究所	2021.6.18
CNA017178G	CNA20180198.8	水稻	创两优276	江苏神农大丰种业科技有限公司	2021.6.18
CNA017179G	CNA20180241.5	水稻	苏粳1617	安徽凯利种业有限公司	2021.6.18
CNA017180G	CNA20180291.4	水稻	广恢615	广东省农业科学院水稻研究所	2021.6.18
CNA017181G	CNA20180292.3	水稻	广恢916	广东省农业科学院水稻研究所	2021.6.18
CNA017182G	CNA20180293.2	水稻	广恢1380	广东省农业科学院水稻研究所	2021.6.18
CNA017183G	CNA20180419.1	水稻	R269	安徽袁粮水稻产业有限公司	2021.6.18
CNA017184G	CNA20180420.8	水稻	合莉油占	广东省农业科学院水稻研究所	2021.6.18
CNA017185G	CNA20180421.7	水稻	广晶软占	广东省农业科学院水稻研究所	2021.6.18
CNA017186G	CNA20180422.6	水稻	固金占	广东省农业科学院水稻研究所	2021.6.18
CNA017187G	CNA20180449.5	水稻	宣粳糯7号	宣城市种植业局	2021.6.18
CNA017188G	CNA20180496.7	水稻	佳福香占	厦门大学	2021.6.18
CNA017189G	CNA20180497.6	水稻	佳禾19	厦门大学	2021.6.18
CNA017190G	CNA20180535.0	水稻	红1A	江西红一种业科技股份有限公司	2021.6.18
CNA017191G	CNA20180536.9	水稻	R1063	江西红一种业科技股份有限公司	2021.6.18
CNA017192G	CNA20180806.2	水稻	扬籼7A	江苏里下河地区农业科学研究所	2021.6.18
CNA017193G	CNA20180807.1	水稻	扬籼9A	江苏里下河地区农业科学研究所	2021.6.18
CNA017194G	CNA20180808.0	水稻	扬籼246A	江苏里下河地区农业科学研究所	2021.6.18
CNA017195G	CNA20181196.8	水稻	魅051S	湖北华之夏种子有限责任公司	2021.6.18
CNA017196G	CNA20182540.9	水稻	彦粳软玉12号	沈阳农业大学	2021.6.18
CNA017197G	CNA20184540.5	水稻	宁香粳9号	南京农业大学	2021.6.18
CNA017198G	CNA20184635.1	水稻	武育糯4819	安徽皖垦种业股份有限公司	2021.6.18
CNA017199G	CNA20184758.2	水稻	禧1815S	袁隆平农业高科技股份有限公司 湖南民升种业科学研究院有限公司 湖南隆平种业有限公司	2021.6.18
CNA017200G	CNA20184761.7	水稻	隆398B	袁隆平农业高科技股份有限公司 湖南民升种业科学研究院有限公司 湖南隆平种业有限公司	2021.6.18

公告号	品种权号	植物种类	品种名称	品种权人	授权日
CNA017201G	CNA20184808.2	水稻	14CR802	袁隆平农业高科技股份有限公司 湖南民升种业科学研究院有限公司 湖南隆平种业有限公司	2021.6.18
CNA017202G	CNA20191001560	水稻	崇香软粳	上海市农业科学院 上海市崇明区农业良种繁育推广中心	2021.6.18
CNA017203G	CNA20191001832	水稻	湘岳占	岳阳市农业科学研究院	2021.6.18
CNA017204G	CNA20191002024	水稻	连粳16号	连云港市农业科学院 江苏中江种业股份有限公司	2021.6.18
CNA017205G	CNA20191003198	水稻	中紫1号	中国科学院植物研究所 山东省水稻研究所 中国农业科学院作物科学研究所	2021.6.18
CNA017206G	CNA20191003419	水稻	浙粳优6052	浙江省农业科学院	2021.6.18
CNA017207G	CNA20191004535	水稻	未来177	黑龙江田友种业有限公司	2021.6.18
CNA017208G	CNA20191005109	水稻	成恢1459	四川省农业科学院作物研究所	2021.6.18
CNA017209G	CNA20191005850	水稻	连粳16130	连云港市农业科学院	2021.6.18
CNA017210G	CNA20191005860	水稻	常农粳151	常熟市农业科学研究所	2021.6.18
CNA017211G	CNA20191005861	水稻	常优粳7号	常熟市农业科学研究所	2021.6.18
CNA017212G	CNA20191005862	水稻	早香粳1号	常熟市农业科学研究所	2021.6.18
CNA017213G	CNA20191005879	水稻	连粳16102	连云港市农业科学院	2021.6.18
CNA017214G	CNA20191005926	水稻	隆优534	湖南隆平种业有限公司	2021.6.18
CNA017215G	CNA20191006075	水稻	望两优029	安徽新安种业有限公司	2021.6.18
CNA017216G	CNA20191006186	水稻	德粳4号	四川省农业科学院水稻高粱研究所	2021.6.18
CNA017217G	CNA20191006243	水稻	泸两优晶灵	中国种子集团有限公司 四川川种种业有限责任公司	2021.6.18
CNA017218G	CNA20191006245	水稻	N两优018	安徽新安种业有限公司	2021.6.18
CNA017219G	CNA20191006286	水稻	荃优136	安徽荃银高科种业股份有限公司	2021.6.18
CNA017220G	CNA20191006398	水稻	聚两优6号	湖南杂交水稻研究中心	2021.6.18
CNA017221G	CNA20191006411	水稻	绿两优9871	安徽绿雨种业股份有限公司	2021.6.18
CNA017222G	CNA20191006933	水稻	荃优1606	安徽荃银高科种业股份有限公司	2021.6.18
CNA017223G	CNA20191006941	水稻	Q两优165	安徽荃银高科种业股份有限公司	2021.6.18
CNA017224G	CNA20191006951	水稻	甬优7053	宁波种业股份有限公司	2021.6.18
CNA017225G	CNA20201000179	水稻	连粳15113	连云港市农业科学院	2021.6.18
CNA017226G	CNA20201000250	水稻	连粳1658	连云港市农业科学院	2021.6.18
CNA017227G	CNA20201000251	水稻	连粳16117	连云港市农业科学院	2021.6.18
CNA017228G	CNA20201000378	水稻	隆两优9号	湖南杂交水稻研究中心	2021.6.18

公告号	品种权号	植物种类	品种名称	品种权人	授权日
CNA017229G	CNA20141274.7	玉米	佳糯2号	天津市农作物研究所	2021.6.18
CNA017230G	CNA20141275.6	玉米	佳糯1号	天津市农作物研究所	2021.6.18
CNA017231G	CNA20150670.8	玉米	申甜玉1号	上海种业（集团）有限公司	2021.6.18
CNA017232G	CNA20150773.4	玉米	C381	四川省农业科学院作物研究所	2021.6.18
CNA017233G	CNA20160212.2	玉米	F898	内蒙古利禾农业科技发展有限公司	2021.6.18
CNA017234G	CNA20160244.4	玉米	M29	内蒙古蒙龙种业科技有限公司	2021.6.18
CNA017235G	CNA20161142.5	玉米	B135	河南省豫玉种业股份有限公司	2021.6.18
CNA017236G	CNA20161159.5	玉米	科河24号	内蒙古巴彦淖尔市科河种业有限公司	2021.6.18
CNA017237G	CNA20161220.0	玉米	ZYK22	张永康	2021.6.18
CNA017238G	CNA20161221.9	玉米	高科玉138	张永康	2021.6.18
CNA017239G	CNA20161405.7	玉米	农富88	内蒙古中农种子科技有限公司	2021.6.18
CNA017240G	CNA20161406.6	玉米	农富99	内蒙古中农种子科技有限公司	2021.6.18
CNA017241G	CNA20161705.4	玉米	甘3	山西福盛园科技发展有限公司	2021.6.18
CNA017242G	CNA20161813.3	玉米	东科1316	辽宁东亚种业有限公司	2021.6.18
CNA017243G	CNA20161817.9	玉米	L103	辽宁东亚种业有限公司	2021.6.18
CNA017244G	CNA20161818.8	玉米	F729237	辽宁东亚种业有限公司	2021.6.18
CNA017245G	CNA20161819.7	玉米	D02102	辽宁东亚种业有限公司	2021.6.18
CNA017246G	CNA20161827.7	玉米	S6907	三台县大圣玉米研究所	2021.6.18
CNA017247G	CNA20161908.9	玉米	大可2681	尹　霞	2021.6.18
CNA017248G	CNA20161910.5	玉米	盛玉367	山西福盛园科技发展有限公司 山西省农业科学院玉米研究所	2021.6.18
CNA017249G	CNA20161963.1	玉米	华美468	山西福盛园科技发展有限公司 山西省农业科学院作物科学研究所	2021.6.18
CNA017250G	CNA20162087.0	玉米	A7179	安徽隆平高科种业有限公司	2021.6.18
CNA017251G	CNA20162108.5	玉米	机玉88	河南亿佳和农业科技有限公司	2021.6.18
CNA017252G	CNA20162183.3	玉米	Y1027	四川农业大学	2021.6.18
CNA017253G	CNA20162186.0	玉米	荣玉1210	四川农业大学	2021.6.18
CNA017254G	CNA20162240.4	玉米	罕玉336	乌兰浩特市秋实种业有限责任公司	2021.6.18
CNA017255G	CNA20162503.6	玉米	N183	重庆三峡农业科学院	2021.6.18
CNA017256G	CNA20162504.5	玉米	WZ06x97	重庆三峡农业科学院	2021.6.18
CNA017257G	CNA20170072.0	玉米	飞科1501	宁夏昊玉种业有限公司	2021.6.18
CNA017258G	CNA20170146.2	玉米	DNF266	东北农业大学	2021.6.18
CNA017259G	CNA20170147.1	玉米	DNF342	东北农业大学	2021.6.18

公告号	品种权号	植物种类	品种名称	品种权人	授权日
CNA017260G	CNA20170148.0	玉米	东401	东北农业大学	2021.6.18
CNA017261G	CNA20170180.9	玉米	奥玉501	北京奥瑞金种业股份有限公司	2021.6.18
CNA017262G	CNA20170213.0	玉米	鸿泰2866	北京华农伟业种子科技有限公司	2021.6.18
CNA017263G	CNA20170220.1	玉米	农科糯336	北京市农林科学院 深圳农科玉种业有限公司	2021.6.18
CNA017264G	CNA20170221.0	玉米	农科糯387	北京市农林科学院 深圳农科玉种业有限公司	2021.6.18
CNA017265G	CNA20170285.3	玉米	HJ17602	彭会嘉	2021.6.18
CNA017266G	CNA20170286.2	玉米	NG8001	北京新锐恒丰种子科技有限公司	2021.6.18
CNA017267G	CNA20170287.1	玉米	HJ17704	彭会嘉	2021.6.18
CNA017268G	CNA20170288.0	玉米	HJ17605	彭会嘉	2021.6.18
CNA017269G	CNA20170289.9	玉米	HJ17801	彭会嘉	2021.6.18
CNA017270G	CNA20170290.6	玉米	NG7612	新锐恒丰（海南）农业科技有限公司	2021.6.18
CNA017271G	CNA20170291.5	玉米	NG7613	新锐恒丰（海南）农业科技有限公司	2021.6.18
CNA017272G	CNA20170293.3	玉米	NG7706	新锐恒丰（海南）农业科技有限公司	2021.6.18
CNA017273G	CNA20170294.2	玉米	NG7710	新锐恒丰（海南）农业科技有限公司	2021.6.18
CNA017274G	CNA20170296.0	玉米	NG7807	新锐恒丰（海南）农业科技有限公司	2021.6.18
CNA017275G	CNA20170297.9	玉米	NG7118	北京新锐恒丰种子科技有限公司	2021.6.18
CNA017276G	CNA20170444.1	玉米	通D1279	通化市农业科学研究院	2021.6.18
CNA017277G	CNA20170511.9	玉米	利禾5	内蒙古利禾农业科技发展有限公司	2021.6.18
CNA017278G	CNA20170515.5	玉米	DT191	云南大天种业有限公司	2021.6.18
CNA017279G	CNA20170548.6	玉米	W075	南宁市桂福园农业有限公司 高在星	2021.6.18
CNA017280G	CNA20170711.7	玉米	DT111	云南大天种业有限公司	2021.6.18
CNA017281G	CNA20170712.6	玉米	DTM1	云南大天种业有限公司	2021.6.18
CNA017282G	CNA20170889.3	玉米	A027	安徽隆平高科种业有限公司	2021.6.18
CNA017283G	CNA20171029.2	玉米	丰禾726	哈尔滨市双城区丰禾玉米研究所	2021.6.18
CNA017284G	CNA20171031.8	玉米	F2559	哈尔滨市双城区丰禾玉米研究所	2021.6.18
CNA017285G	CNA20171034.5	玉米	S6517	三台县大圣玉米研究所	2021.6.18
CNA017286G	CNA20171142.4	玉米	科沃664	科沃施种子欧洲股份两合公司	2021.6.18
CNA017287G	CNA20171148.8	玉米	垦沃8号	科沃施种子欧洲股份两合公司	2021.6.18
CNA017288G	CNA20171201.2	玉米	G2281	张掖市金牛农业有限责任公司 王树燕	2021.6.18

公告号	品种权号	植物种类	品种名称	品种权人	授权日
CNA017289G	CNA20171202.1	玉米	G2292	张掖市金牛农业有限责任公司 王树燕	2021.6.18
CNA017290G	CNA20171283.3	玉米	厚德186	通辽市厚德种业有限责任公司	2021.6.18
CNA017291G	CNA20171303.9	玉米	H38	鹤壁禾博士晟农科技有限公司	2021.6.18
CNA017292G	CNA20171304.8	玉米	H36	鹤壁禾博士晟农科技有限公司	2021.6.18
CNA017293G	CNA20171322.6	玉米	X372	邢台市农业科学研究院	2021.6.18
CNA017294G	CNA20171351.0	玉米	多优27	高在星	2021.6.18
CNA017295G	CNA20171356.5	玉米	多优26	广西南宁华优种子有限公司 高在星	2021.6.18
CNA017296G	CNA20171357.4	玉米	多优25	广西南宁华优种子有限公司 高在星	2021.6.18
CNA017297G	CNA20171372.5	玉米	垦沃7号	科沃施种子欧洲股份两合公司	2021.6.18
CNA017298G	CNA20171467.1	玉米	F17777	斯泰种业公司	2021.6.18
CNA017299G	CNA20171515.3	玉米	三北63	三北种业有限公司	2021.6.18
CNA017300G	CNA20171516.2	玉米	三北61	三北种业有限公司	2021.6.18
CNA017301G	CNA20171531.3	玉米	大康969	北京中农大康科技开发有限公司	2021.6.18
CNA017302G	CNA20171548.4	玉米	丹玉106	丹东农业科学院 辽宁丹玉种业科技股份有限公司	2021.6.18
CNA017303G	CNA20171890.8	玉米	研锋177	辽宁东亚种业有限公司	2021.6.18
CNA017304G	CNA20171894.4	玉米	东科338	辽宁东亚种业有限公司	2021.6.18
CNA017305G	CNA20171927.5	玉米	S8006	中种国际种子有限公司	2021.6.18
CNA017306G	CNA20171930.0	玉米	Q2146	中种国际种子有限公司	2021.6.18
CNA017307G	CNA20171931.9	玉米	龙星1号	中种国际种子有限公司	2021.6.18
CNA017308G	CNA20171999.8	玉米	FXY20	三北种业有限公司	2021.6.18
CNA017309G	CNA20172000.3	玉米	WY972	三北种业有限公司	2021.6.18
CNA017310G	CNA20172001.2	玉米	X7922	三北种业有限公司	2021.6.18
CNA017311G	CNA20172002.1	玉米	L110531	三北种业有限公司	2021.6.18
CNA017312G	CNA20172052.0	玉米	D1338Z	孟山都科技有限责任公司	2021.6.18
CNA017313G	CNA20172053.9	玉米	B1470Z	孟山都科技有限责任公司	2021.6.18
CNA017314G	CNA20172055.7	玉米	中种8382	中种国际种子有限公司	2021.6.18
CNA017315G	CNA20172189.6	玉米	QCL800111	贵州省旱粮研究所	2021.6.18
CNA017316G	CNA20172398.3	玉米	必胜118	大竹县益民玉米研究所	2021.6.18
CNA017317G	CNA20172409.0	玉米	LA2061	安徽隆平高科种业有限公司	2021.6.18
CNA017318G	CNA20172410.7	玉米	LA181H	安徽隆平高科种业有限公司	2021.6.18

公告号	品种权号	植物种类	品种名称	品种权人	授权日
CNA017319G	CNA20172411.6	玉米	Z507H	安徽隆平高科种业有限公司	2021.6.18
CNA017320G	CNA20172413.4	玉米	LA5967	安徽隆平高科种业有限公司	2021.6.18
CNA017321G	CNA20172459.9	玉米	S89	山西强盛种业有限公司	2021.6.18
CNA017322G	CNA20172460.6	玉米	强盛288	山西强盛种业有限公司	2021.6.18
CNA017323G	CNA20172609.8	玉米	O4040	先正达参股股份有限公司	2021.6.18
CNA017324G	CNA20172654.2	玉米	W105	广西恒茂农业科技有限公司	2021.6.18
CNA017325G	CNA20173018.1	玉米	隆白1号	四川隆平高科种业有限公司	2021.6.18
CNA017326G	CNA20173031.4	玉米	GH19	营口怡耀种业有限公司	2021.6.18
CNA017327G	CNA20173032.3	玉米	怡丰192	营口怡耀种业有限公司	2021.6.18
CNA017328G	CNA20173056.4	玉米	丰乐742	合肥丰乐种业股份有限公司 山西省农业科学院旱地农业研究中心	2021.6.18
CNA017329G	CNA20173128.8	玉米	富民105	吉林省富民种业有限公司	2021.6.18
CNA017330G	CNA20173134.0	玉米	F1496	吉林省富民种业有限公司	2021.6.18
CNA017331G	CNA20173302.6	玉米	国瑞188	北京华农伟业种子科技有限公司	2021.6.18
CNA017332G	CNA20173456.0	玉米	K103	内蒙古丰垦种业有限责任公司	2021.6.18
CNA017333G	CNA20173572.9	玉米	奥玉701	北京奥瑞金种业股份有限公司	2021.6.18
CNA017334G	CNA20173573.8	玉米	奥玉705	北京奥瑞金种业股份有限公司	2021.6.18
CNA017335G	CNA20173574.7	玉米	奥玉706	北京奥瑞金种业股份有限公司	2021.6.18
CNA017336G	CNA20173576.5	玉米	奥玉709	北京奥瑞金种业股份有限公司	2021.6.18
CNA017337G	CNA20173578.3	玉米	奥玉715	北京奥瑞金种业股份有限公司	2021.6.18
CNA017338G	CNA20173580.9	玉米	奥玉718	北京奥瑞金种业股份有限公司	2021.6.18
CNA017339G	CNA20173581.8	玉米	奥玉728	北京奥瑞金种业股份有限公司	2021.6.18
CNA017340G	CNA20173743.3	玉米	KW7X1407	科沃施种子欧洲股份两合公司	2021.6.18
CNA017341G	CNA20173806.7	玉米	DM874Z	孟山都科技有限责任公司	2021.6.18
CNA017342G	CNA20180361.9	玉米	中科玉513	北京联创种业有限公司	2021.6.18
CNA017343G	CNA20180362.8	玉米	粒粒金501	北京联创种业有限公司	2021.6.18
CNA017344G	CNA20180364.6	玉米	隆祺608	北京联创种业有限公司	2021.6.18
CNA017345G	CNA20180365.5	玉米	中科玉507	北京联创种业有限公司	2021.6.18
CNA017346G	CNA20180423.5	玉米	联创903	北京联创种业有限公司	2021.6.18
CNA017347G	CNA20180424.4	玉米	联创902	北京联创种业有限公司	2021.6.18
CNA017348G	CNA20180425.3	玉米	粒粒金319	北京联创种业有限公司	2021.6.18
CNA017349G	CNA20180426.2	玉米	CT16683	河南隆平联创农业科技有限公司 北京联创种业有限公司	2021.6.18

公告号	品种权号	植物种类	品种名称	品种权人	授权日
CNA017350G	CNA20180721.4	玉米	奥玉606	北京奥瑞金种业股份有限公司	2021.6.18
CNA017351G	CNA20180722.3	玉米	奥玉608	北京奥瑞金种业股份有限公司	2021.6.18
CNA017352G	CNA20181127.2	玉米	梅亚1601	黑龙江梅亚种业有限公司	2021.6.18
CNA017353G	CNA20181352.8	玉米	承玉68	承德裕丰种业有限公司	2021.6.18
CNA017354G	CNA20181695.4	玉米	必祥302	北京华农伟业种子科技有限公司	2021.6.18
CNA017355G	CNA20183506.9	玉米	宇慧369	河南省华慧种业有限公司	2021.6.18
CNA017356G	CNA20183546.1	玉米	盈泰863A	王会强	2021.6.18
CNA017357G	CNA20184100.7	玉米	MC687	河南省现代种业有限公司 北京市农林科学院	2021.6.18
CNA017358G	CNA20184621.7	玉米	中甜228	广西中苗高科农业有限公司	2021.6.18
CNA017359G	CNA20191001167	玉米	恒丰玉798	北京新锐恒丰种子科技有限公司	2021.6.18
CNA017360G	CNA20191001548	玉米	金辉106	吉林省金辉种业有限公司	2021.6.18
CNA017361G	CNA20191001633	玉米	石玉13号	石家庄市农林科学研究院	2021.6.18
CNA017362G	CNA20191002849	玉米	创玉701	河南浩迪农业科技有限公司	2021.6.18
CNA017363G	CNA20191004164	玉米	彭科308	河南省豫玉种业股份有限公司	2021.6.18
CNA017364G	CNA20191004220	玉米	浙糯玉18	浙江省农业科学院	2021.6.18
CNA017365G	CNA20191004513	玉米	创玉411	创世纪种业有限公司	2021.6.18
CNA017366G	CNA20191005022	玉米	成玉668	河南大成种业有限公司	2021.6.18
CNA017367G	CNA20191005023	玉米	成玉788	河南大成种业有限公司 商丘市农林科学院	2021.6.18
CNA017368G	CNA20191005025	玉米	新玉158	郑州市新育农作物研究所 河南大成种业有限公司	2021.6.18
CNA017369G	CNA20191005211	玉米	荣玉丰赞	四川农业大学 四川省农业科学院作物研究所 广西壮族自治区农业科学院玉米研究所	2021.6.18
CNA017370G	CNA20191005284	玉米	郑玉857	郑州市农林科学研究所 河南金科种子有限公司	2021.6.18
CNA017371G	CNA20191005322	玉米	登海511	山东登海种业股份有限公司	2021.6.18
CNA017372G	CNA20191005379	玉米	富豫369	河南富吉泰种业有限公司 河南大成种业有限公司	2021.6.18
CNA017373G	CNA20191005445	玉米	沪雪甜1号	上海市农业科学院	2021.6.18
CNA017374G	CNA20191005579	玉米	先玉1706	先锋国际良种公司	2021.6.18
CNA017375G	CNA20191005844	玉米	禾育132	吉林省禾冠种业有限公司	2021.6.18
CNA017376G	CNA20191005847	玉米	正大1473	襄阳正大农业开发有限公司	2021.6.18
CNA017377G	CNA20191005867	玉米	鲁单256	山东省农业科学院玉米研究所	2021.6.18

公告号	品种权号	植物种类	品种名称	品种权人	授权日
CNA017378G	CNA20191005868	玉米	鲁单258	山东省农业科学院玉米研究所	2021.6.18
CNA017379G	CNA20191005869	玉米	鲁单6号	山东省农业科学院玉米研究所	2021.6.18
CNA017380G	CNA20191006022	玉米	天泰619	山东中农天泰种业有限公司	2021.6.18
CNA017381G	CNA20191006101	玉米	彩甜糯168	浙江省农业科学院	2021.6.18
CNA017382G	CNA20191006187	玉米	中单111	中国农业科学院作物科学研究所	2021.6.18
CNA017383G	CNA20191006230	玉米	丹玉286	丹东农业科学院	2021.6.18
CNA017384G	CNA20191006231	玉米	巡天1818	河北巡天农业科技有限公司	2021.6.18
CNA017385G	CNA20191006456	玉米	京科986	河南省现代种业有限公司 北京市农林科学院	2021.6.18
CNA017386G	CNA20191006521	玉米	成玉7211	河南大成种业有限公司	2021.6.18
CNA017387G	CNA20191006529	玉米	新玉187	郑州市新育农作物研究所 河南大成种业有限公司	2021.6.18
CNA017388G	CNA20191006675	玉米	中天303	山东中农天泰种业有限公司	2021.6.18
CNA017389G	CNA20191006678	玉米	中天301	山东中农天泰种业有限公司	2021.6.18
CNA017390G	CNA20191006680	玉米	SN160	尚新刚 尚　靖	2021.6.18
CNA017391G	CNA20191006844	玉米	成玉828	河南大成种业有限公司	2021.6.18
CNA017392G	CNA20191006920	玉米	登海3315	山东登海种业股份有限公司	2021.6.18
CNA017393G	CNA20191006934	玉米	敦玉32	甘肃省敦种作物种子研究有限公司	2021.6.18
CNA017394G	CNA20191006953	玉米	敦玉9号	甘肃省敦种作物种子研究有限公司	2021.6.18
CNA017395G	CNA20201000060	玉米	先玉1870	先锋国际良种公司	2021.6.18
CNA017396G	CNA20201000226	玉米	鸿翔骏腾520	沈阳市现代农业研发服务中心（沈阳市农业科学院） 吉林省鸿翔农业集团鸿翔种业有限公司	2021.6.18
CNA017397G	CNA20201000259	玉米	理科甜5807	南京理想农业科技有限公司	2021.6.18
CNA017398G	CNA20201000428	玉米	富华518	山东富华种业有限公司	2021.6.18
CNA017399G	CNA20201000438	玉米	飞天88	甘肃省敦种作物种子研究有限公司	2021.6.18
CNA017400G	CNA20201000439	玉米	敦玉735	甘肃省敦种作物种子研究有限公司	2021.6.18
CNA017401G	CNA20201000633	玉米	京科2177	北京市农林科学院	2021.6.18
CNA017402G	CNA20131036.7	普通小麦	新冬41号	石河子农业科学研究院 九圣禾种业股份有限公司 石河子市庄稼汉农业科技有限公司	2021.6.18
CNA017403G	CNA20160322.9	普通小麦	百农307	河南科技学院	2021.6.18
CNA017404G	CNA20162237.9	普通小麦	宁麦资166	江苏省农业科学院	2021.6.18
CNA017405G	CNA20171588.5	普通小麦	川麦601	四川省农业科学院作物研究所	2021.6.18

公告号	品种权号	植物种类	品种名称	品种权人	授权日
CNA017406G	CNA20171845.4	普通小麦	川麦602	四川省农业科学院作物研究所	2021.6.18
CNA017407G	CNA20172238.7	普通小麦	濮麦6311	濮阳市农业科学院 河南省丰舞种业有限责任公司	2021.6.18
CNA017408G	CNA20172534.8	普通小麦	联邦2号	河南联邦种业有限公司	2021.6.18
CNA017409G	CNA20172574.9	普通小麦	商麦167	商丘市农林科学院	2021.6.18
CNA017410G	CNA20172922.8	普通小麦	泛育麦18	河南省黄泛区实业集团有限公司 河南黄泛区地神种业有限公司	2021.6.18
CNA017411G	CNA20172923.7	普通小麦	泛育麦20	河南省黄泛区实业集团有限公司 河南黄泛区地神种业有限公司	2021.6.18
CNA017412G	CNA20172953.0	普通小麦	安麦1132	安阳市农业科学院	2021.6.18
CNA017413G	CNA20172962.9	普通小麦	郑科137	海南郑科农业科技有限公司	2021.6.18
CNA017414G	CNA20172969.2	普通小麦	森科267	海南郑科农业科技有限公司	2021.6.18
CNA017415G	CNA20173274.0	普通小麦	浚麦169	浚县丰黎种业有限公司	2021.6.18
CNA017416G	CNA20173301.7	普通小麦	存麦18号	郑州丰存农业科技有限公司 河南丰德康种业有限公司	2021.6.18
CNA017417G	CNA20180400.2	普通小麦	中夏168	新疆华夏农业有限公司 中国农业科学院作物科学研究所	2021.6.18
CNA017418G	CNA20180453.8	普通小麦	瑞华麦596	江苏瑞华农业科技有限公司	2021.6.18
CNA017419G	CNA20180943.6	普通小麦	郑麦16	河南省农业科学院小麦研究所	2021.6.18
CNA017420G	CNA20181134.3	普通小麦	商麦8	商丘市中原小麦研究中心	2021.6.18
CNA017421G	CNA20182377.7	普通小麦	新麦51	河南省新乡市农业科学院	2021.6.18
CNA017422G	CNA20182500.7	普通小麦	金海523	莱州市金海作物研究所有限公司	2021.6.18
CNA017423G	CNA20182639.1	普通小麦	宁麦资518	江苏省农业科学院	2021.6.18
CNA017424G	CNA20182850.3	普通小麦	鲁研1403	山东鲁研农业良种有限公司 山东省农业科学院作物研究所	2021.6.18
CNA017425G	CNA20183235.7	普通小麦	苑丰12	河南丰源种子有限公司	2021.6.18
CNA017426G	CNA20191000182	普通小麦	新选979	河南省农作物新品种引育中心	2021.6.18
CNA017427G	CNA20191000998	普通小麦	泗1516	江苏省农业科学院宿迁农科所	2021.6.18
CNA017428G	CNA20191001525	普通小麦	龙麦63	黑龙江省农业科学院作物资源研究所	2021.6.18
CNA017429G	CNA20191001761	普通小麦	镇麦16	江苏丘陵地区镇江农业科学研究所	2021.6.18
CNA017430G	CNA20191003586	普通小麦	宛麦632	李金秀 南阳市农业科学院	2021.6.18
CNA017431G	CNA20191004345	普通小麦	稷麦336	河南远航种业有限公司	2021.6.18
CNA017432G	CNA20191005118	普通小麦	喜红1号	安徽喜多收种业科技有限公司	2021.6.18
CNA017433G	CNA20191005119	普通小麦	喜红3号	安徽喜多收种业科技有限公司	2021.6.18

公告号	品种权号	植物种类	品种名称	品种权人	授权日
CNA017434G	CNA20191005120	普通小麦	泫麦1703	南京东宁农作物研究所	2021.6.18
CNA017435G	CNA20191005239	普通小麦	登海208	山东登海种业股份有限公司	2021.6.18
CNA017436G	CNA20191005415	普通小麦	金钻九号	河北鑫农种业技术有限公司	2021.6.18
CNA017437G	CNA20191005515	普通小麦	佳麦8号	河南佳佳乐农业科技有限公司	2021.6.18
CNA017438G	CNA20191005702	普通小麦	赛德麦11	河南赛德种业有限公司	2021.6.18
CNA017439G	CNA20191005703	普通小麦	厚德麦981	河南赛德种业有限公司	2021.6.18
CNA017440G	CNA20191005828	普通小麦	扬辐麦15	江苏里下河地区农业科学研究所 江苏中江种业股份有限公司	2021.6.18
CNA017441G	CNA20191005924	普通小麦	宁麦27	江苏省农业科学院	2021.6.18
CNA017442G	CNA20191005991	普通小麦	金禾13294	河北省农林科学院遗传生理研究所	2021.6.18
CNA017443G	CNA20191006136	普通小麦	临麦5311	山西省农业科学院小麦研究所	2021.6.18
CNA017444G	CNA20191006447	普通小麦	淮麦47	江苏徐淮地区淮阴农业科学研究所	2021.6.18
CNA017445G	CNA20191006478	普通小麦	科腾麦16	张金生	2021.6.18
CNA017446G	CNA20191006500	普通小麦	淮麦52	江苏徐淮地区淮阴农业科学研究所	2021.6.18
CNA017447G	CNA20191006840	普通小麦	衡H1603	河北省农林科学院旱作农业研究所	2021.6.18
CNA017448G	CNA20191006898	普通小麦	光明麦1415	光明种业有限公司	2021.6.18
CNA017449G	CNA20191006922	普通小麦	凌科686	杨凌国瑞农业科技有限公司	2021.6.18
CNA017450G	CNA20191006952	普通小麦	鹤麦1310	鹤壁市农业科学院	2021.6.18
CNA017451G	CNA20201000156	普通小麦	济紫麦1号	山东省农业科学院作物研究所	2021.6.18
CNA017452G	CNA20171984.5	大麦属	甘啤8号	甘肃省农业科学院经济作物与啤酒原料研究所	2021.6.18
CNA017453G	CNA20173435.6	大麦属	苏啤12号	江苏沿海地区农业科学研究所	2021.6.18
CNA017454G	CNA20184555.7	大麦属	苏啤14号	江苏沿海地区农业科学研究所	2021.6.18
CNA017455G	CNA20184556.6	大麦属	盐麦6号	江苏沿海地区农业科学研究所 上海市农业科学院	2021.6.18
CNA017456G	CNA20161094.3	谷子	长生13	山西省农业科学院谷子研究所	2021.6.18
CNA017457G	CNA20161158.6	谷子	冀谷T6	河北省农林科学院谷子研究所 沧州市农林科学院	2021.6.18
CNA017458G	CNA20170068.6	谷子	济谷21	山东省农业科学院作物研究所	2021.6.18
CNA017459G	CNA20171493.9	谷子	赤早1号	赤峰市农牧科学研究院	2021.6.18
CNA017460G	CNA20191005724	谷子	公谷84	吉林省农业科学院	2021.6.18
CNA017461G	CNA20191005894	谷子	公谷83	吉林省农业科学院	2021.6.18
CNA017462G	CNA20191005367	高粱	吉杂383	吉林省农业科学院	2021.6.18
CNA017463G	CNA20191005846	高粱	吉杂375	吉林省农业科学院	2021.6.18

公告号	品种权号	植物种类	品种名称	品种权人	授权日
CNA017464G	CNA20170123.9	燕麦	坝莜18号	河北省高寒作物研究所	2021.6.18
CNA017465G	CNA20172420.5	燕麦	白燕18号	吉林省白城市农业科学院	2021.6.18
CNA017466G	CNA20172421.4	燕麦	白燕19号	吉林省白城市农业科学院	2021.6.18
CNA017467G	CNA20171852.4	小豆	中红14	中国农业科学院作物科学研究所	2021.6.18
CNA017468G	CNA20171853.3	小豆	中红15	中国农业科学院作物科学研究所	2021.6.18
CNA017469G	CNA20171854.2	小豆	中红12	中国农业科学院作物科学研究所	2021.6.18
CNA017470G	CNA20162016.6	绿豆	龙搏十二号	吉林省神龙种业有限公司	2021.6.18
CNA017471G	CNA20162017.5	绿豆	龙搏十一号	吉林省神龙种业有限公司	2021.6.18
CNA017472G	CNA20162018.4	绿豆	龙搏十号	吉林省神龙种业有限公司	2021.6.18
CNA017473G	CNA20171858.8	绿豆	中绿20	中国农业科学院作物科学研究所	2021.6.18
CNA017474G	CNA20171859.7	绿豆	中绿21	中国农业科学院作物科学研究所	2021.6.18
CNA017475G	CNA20171861.3	绿豆	中绿7号	中国农业科学院作物科学研究所	2021.6.18
CNA017476G	CNA20173695.1	绿豆	冀绿15号	河北省农林科学院粮油作物研究所	2021.6.18
CNA017477G	CNA20151343.3	大豆	开科源5号	辽宁开原市农科种苗有限公司	2021.6.18
CNA017478G	CNA20151449.6	大豆	龙哈0821	黑龙江省农业科学院耕作栽培研究所	2021.6.18
CNA017479G	CNA20160355.9	大豆	星农4号	哈尔滨明星农业科技开发有限公司	2021.6.18
CNA017480G	CNA20160493.2	大豆	昊疆2号	吴乃清	2021.6.18
CNA017481G	CNA20162382.2	大豆	北亿5	谢振华	2021.6.18
CNA017482G	CNA20162384.0	大豆	北亿7	谢振华	2021.6.18
CNA017483G	CNA20162430.4	大豆	牡豆9号	黑龙江省农业科学院牡丹江分院	2021.6.18
CNA017484G	CNA20162499.2	大豆	龙垦334	北大荒垦丰种业股份有限公司	2021.6.18
CNA017485G	CNA20162500.9	大豆	龙垦337	北大荒垦丰种业股份有限公司	2021.6.18
CNA017486G	CNA20170074.8	大豆	东农67	东北农业大学	2021.6.18
CNA017487G	CNA20170140.8	大豆	龙哈104139	黑龙江省农业科学院耕作栽培研究所	2021.6.18
CNA017488G	CNA20170360.1	大豆	黑农84	黑龙江省农业科学院大豆研究所	2021.6.18
CNA017489G	CNA20170361.0	大豆	黑农85	黑龙江省农业科学院大豆研究所	2021.6.18
CNA017490G	CNA20170362.9	大豆	黑农87	黑龙江省农业科学院大豆研究所	2021.6.18
CNA017491G	CNA20170505.7	大豆	北亿8	谢振华	2021.6.18
CNA017492G	CNA20170507.5	大豆	北亿10	嫩江丰隆种粮有限公司	2021.6.18
CNA017493G	CNA20170508.4	大豆	北亿23	嫩江丰隆种粮有限公司	2021.6.18
CNA017494G	CNA20170624.3	大豆	辽豆48	辽宁省农业科学院	2021.6.18
CNA017495G	CNA20170954.3	大豆	克豆29号	黑龙江省农业科学院克山分院	2021.6.18

公告号	品种权号	植物种类	品种名称	品种权人	授权日
CNA017496G	CNA20171058.6	大豆	东农69	东北农业大学	2021.6.18
CNA017497G	CNA20172100.2	大豆	黔豆10号	贵州省油料研究所	2021.6.18
CNA017498G	CNA20172104.8	大豆	黔豆12号	贵州省油料研究所	2021.6.18
CNA017499G	CNA20172118.2	大豆	黑农83	黑龙江省农业科学院大豆研究所	2021.6.18
CNA017500G	CNA20172142.2	大豆	交大12号	上海交通大学	2021.6.18
CNA017501G	CNA20172216.3	大豆	龙垦313	北大荒垦丰种业股份有限公司	2021.6.18
CNA017502G	CNA20172217.2	大豆	龙垦306	北大荒垦丰种业股份有限公司	2021.6.18
CNA017503G	CNA20172218.1	大豆	龙垦305	北大荒垦丰种业股份有限公司	2021.6.18
CNA017504G	CNA20172219.0	大豆	龙垦304	北大荒垦丰种业股份有限公司	2021.6.18
CNA017505G	CNA20172231.4	大豆	垦豆60	北大荒垦丰种业股份有限公司	2021.6.18
CNA017506G	CNA20173479.3	大豆	北亿13	嫩江丰隆种粮有限公司	2021.6.18
CNA017507G	CNA20181658.9	大豆	合农78	黑龙江省农业科学院佳木斯分院	2021.6.18
CNA017508G	CNA20182032.4	大豆	绥农51	黑龙江省农业科学院绥化分院	2021.6.18
CNA017509G	CNA20183495.2	大豆	黑农81	黑龙江省农业科学院大豆研究所	2021.6.18
CNA017510G	CNA20191002355	大豆	南农46	南京农业大学	2021.6.18
CNA017511G	CNA20191002942	大豆	宿豆029	宿州市农业科学院	2021.6.18
CNA017512G	CNA20191005185	大豆	中科毛豆3号	中国科学院东北地理与农业生态研究所农业技术中心	2021.6.18
CNA017513G	CNA20191006164	大豆	长豆33号	山西省农业科学院谷子研究所	2021.6.18
CNA017514G	CNA20191006165	大豆	长豆34号	山西省农业科学院谷子研究所	2021.6.18
CNA017515G	CNA20191006166	大豆	长豆35号	山西省农业科学院谷子研究所	2021.6.18
CNA017516G	CNA20191006604	大豆	漯豆100	漯河市农业科学院	2021.6.18
CNA017517G	CNA20191006765	大豆	垦豆64	北大荒垦丰种业股份有限公司	2021.6.18
CNA017518G	CNA20184089.2	甘蓝型油菜	JA0555	四川省农业科学院作物研究所	2021.6.18
CNA017519G	CNA20184090.9	甘蓝型油菜	JA5110	四川省农业科学院作物研究所	2021.6.18
CNA017520G	CNA20184091.8	甘蓝型油菜	JA0421	四川省农业科学院作物研究所	2021.6.18
CNA017521G	CNA20161992.6	花生	冀花19号	河北省农林科学院粮油作物研究所	2021.6.18
CNA017522G	CNA20161999.9	花生	冀花17号	河北省农林科学院粮油作物研究所	2021.6.18
CNA017523G	CNA20162009.5	花生	冀花20号	河北省农林科学院粮油作物研究所	2021.6.18
CNA017524G	CNA20162058.5	花生	漯花8号	漯河市农业科学院	2021.6.18
CNA017525G	CNA20162060.1	花生	漯花10号	漯河市农业科学院	2021.6.18
CNA017526G	CNA20162119.2	花生	地豪2号	漯河市粮源农业科学院	2021.6.18

公告号	品种权号	植物种类	品种名称	品种权人	授权日
CNA017527G	CNA20162123.6	花生	粮花18号	河南省粮源农业发展有限公司	2021.6.18
CNA017528G	CNA20162374.2	花生	濮花36号	濮阳市农业科学院	2021.6.18
CNA017529G	CNA20170054.2	花生	易花1号	保定市易园生态农业科技开发有限公司 易县源成鑫农作物种植农民专业合作社	2021.6.18
CNA017530G	CNA20170273.7	花生	商花11号	商丘市农林科学院	2021.6.18
CNA017531G	CNA20170274.6	花生	商花16号	商丘市农林科学院	2021.6.18
CNA017532G	CNA20170275.5	花生	商花17号	商丘市农林科学院	2021.6.18
CNA017533G	CNA20170276.4	花生	商花18号	商丘市农林科学院	2021.6.18
CNA017534G	CNA20170625.2	花生	潍花16号	山东省潍坊市农业科学院	2021.6.18
CNA017535G	CNA20170673.3	花生	花育6303	山东省花生研究所	2021.6.18
CNA017536G	CNA20170674.2	花生	花育9308	山东省花生研究所	2021.6.18
CNA017537G	CNA20170774.1	花生	开农80	开封市农林科学研究院	2021.6.18
CNA017538G	CNA20170775.0	花生	开农76	开封市农林科学研究院	2021.6.18
CNA017539G	CNA20170780.3	花生	开农72	开封市农林科学研究院	2021.6.18
CNA017540G	CNA20170808.1	花生	开农1768	开封市农林科学研究院	2021.6.18
CNA017541G	CNA20171207.6	花生	泛花6号	河南黄泛区地神种业有限公司	2021.6.18
CNA017542G	CNA20171477.9	花生	远杂12号	河南省农业科学院	2021.6.18
CNA017543G	CNA20171478.8	花生	豫花65号	河南省农业科学院	2021.6.18
CNA017544G	CNA20171802.5	花生	红珍珠	广西金百禾种业有限公司	2021.6.18
CNA017545G	CNA20171803.4	花生	贺丰777	广西金百禾种业有限公司	2021.6.18
CNA017546G	CNA20171804.3	花生	百花775	广西金百禾种业有限公司	2021.6.18
CNA017547G	CNA20171805.2	花生	贺丰125	广西金百禾种业有限公司	2021.6.18
CNA017548G	CNA20172756.9	花生	易花2号	易县源成鑫农作物种植农民专业合作社 保定市易园生态农业科技开发有限公司	2021.6.18
CNA017549G	CNA20172757.8	花生	黑珍珠	保定市易园生态农业科技开发有限公司	2021.6.18
CNA017550G	CNA20172911.1	花生	汕油红2号	汕头市农业科学研究所	2021.6.18
CNA017551G	CNA20173272.2	花生	花育910	山东省花生研究所	2021.6.18
CNA017552G	CNA20173273.1	花生	花育60	山东省花生研究所	2021.6.18
CNA017553G	CNA20173436.5	花生	花育9511	山东省花生研究所	2021.6.18
CNA017554G	CNA20173437.4	花生	花育957	山东省花生研究所	2021.6.18
CNA017555G	CNA20173450.6	花生	高油613	山东省花生研究所	2021.6.18
CNA017556G	CNA20173451.5	花生	花育656	山东省花生研究所	2021.6.18
CNA017557G	CNA20173645.2	花生	粤花216	广东江茂源粮油有限公司	2021.6.18

公告号	品种权号	植物种类	品种名称	品种权人	授权日
CNA017558G	CNA20173647.0	花生	粤油141	广东省农业科学院作物研究所	2021.6.18
CNA017559G	CNA20173648.9	花生	粤油145	广东省农业科学院作物研究所	2021.6.18
CNA017560G	CNA20173649.8	花生	粤油252	广东省农业科学院作物研究所	2021.6.18
CNA017561G	CNA20173651.3	花生	粤油268	广东省农业科学院作物研究所	2021.6.18
CNA017562G	CNA20173817.4	花生	宁泰9922	江苏省农业科学院 泰兴市农业科学研究所	2021.6.18
CNA017563G	CNA20170622.5	甘薯	万薯10号	重庆三峡农业科学院	2021.6.18
CNA017564G	CNA20170623.4	甘薯	万薯9号	重庆三峡农业科学院	2021.6.18
CNA017565G	CNA20172277.9	甘薯	农大16	中国农业大学	2021.6.18
CNA017566G	CNA20172278.8	甘薯	农大29	中国农业大学	2021.6.18
CNA017567G	CNA20183901.0	甘薯	徐菜薯3号	江苏徐淮地区徐州农业科学研究所	2021.6.18
CNA017568G	CNA20183902.9	甘薯	薯绿2号	江苏徐淮地区徐州农业科学研究所	2021.6.18
CNA017569G	CNA20191005795	甘薯	苏薯32	江苏省农业科学院	2021.6.18
CNA017570G	CNA20191005796	甘薯	苏薯33	江苏省农业科学院	2021.6.18
CNA017571G	CNA20191005797	甘薯	宁紫薯10号	江苏省农业科学院	2021.6.18
CNA017572G	CNA20160796.6	马铃薯	新佛妮	荷兰赛美农公司	2021.6.18
CNA017573G	CNA20170955.2	马铃薯	克新30号	黑龙江省农业科学院克山分院	2021.6.18
CNA017574G	CNA20170956.1	马铃薯	克新28号	黑龙江省农业科学院克山分院	2021.6.18
CNA017575G	CNA20191001824	棉属	湘XH50	湖南省棉花科学研究所	2021.6.18
CNA017576G	CNA20191002341	棉属	中棉9213	中国农业科学院棉花研究所	2021.6.18
CNA017577G	CNA20191002940	棉属	鲁棉258	山东棉花研究中心	2021.6.18
CNA017578G	CNA20191003038	棉属	鲁棉696	山东棉花研究中心	2021.6.18
CNA017579G	CNA20191004208	棉属	创棉508	创世纪种业有限公司	2021.6.18
CNA017580G	CNA20191004434	棉属	创棉512	创世纪种业有限公司	2021.6.18
CNA017581G	CNA20191004626	棉属	新海59号	新疆巴音郭楞蒙古自治州农业科学研究院	2021.6.18
CNA017582G	CNA20191004627	棉属	H39012	新疆巴音郭楞蒙古自治州农业科学研究院	2021.6.18
CNA017583G	CNA20191004726	棉属	中棉所99001	中国农业科学院棉花研究所	2021.6.18
CNA017584G	CNA20191006289	棉属	新78	新疆农业科学院经济作物研究所	2021.6.18
CNA017585G	CNA20191006305	棉属	K418	新疆农业科学院经济作物研究所	2021.6.18
CNA017586G	CNA20191006524	棉属	ZD2040	湖北省农业科学院经济作物研究所	2021.6.18
CNA017587G	CNA20191006634	棉属	鲁棉532	山东棉花研究中心	2021.6.18

公告号	品种权号	植物种类	品种名称	品种权人	授权日
CNA017588G	CNA20191006764	棉属	冀棉126	河北省农林科学院棉花研究所	2021.6.18
CNA017589G	CNA20191006834	棉属	新石K24	石河子农业科学研究院 中国农业科学院棉花研究所	2021.6.18
CNA017590G	CNA20201000068	棉属	冀杂269	河北省农林科学院棉花研究所	2021.6.18
CNA017591G	CNA20201001806	棉属	鲁棉1161	山东棉花研究中心	2021.6.18
CNA017592G	CNA20170605.6	甘蔗属	海蔗22号	广州甘蔗糖业研究所海南甘蔗育种场	2021.6.18
CNA017593G	CNA20171879.3	甘蔗属	热甘1339	中国热带农业科学院南亚热带作物研究所	2021.6.18
CNA017594G	CNA20172331.3	甘蔗属	豫蔗1号	单亚平	2021.6.18
CNA017595G	CNA20173262.4	甘蔗属	云蔗102698	云南省农业科学院甘蔗研究所 云南云蔗科技开发有限公司	2021.6.18
CNA017596G	CNA20173263.3	甘蔗属	云蔗111204	云南省农业科学院甘蔗研究所 云南云蔗科技开发有限公司	2021.6.18
CNA017597G	CNA20173264.2	甘蔗属	云蔗113898	云南省农业科学院甘蔗研究所 云南云蔗科技开发有限公司	2021.6.18
CNA017598G	CNA20173265.1	甘蔗属	云蔗121197	云南省农业科学院甘蔗研究所 云南云蔗科技开发有限公司	2021.6.18
CNA017599G	CNA20173266.0	甘蔗属	云蔗121220	云南省农业科学院甘蔗研究所 云南云蔗科技开发有限公司	2021.6.18
CNA017600G	CNA20173271.3	甘蔗属	桂糖061215	广西壮族自治区农业科学院甘蔗研究所	2021.6.18
CNA017601G	CNA20151627.0	普通结球甘蓝	瑞甘16	江苏丘陵地区镇江农业科学研究所	2021.6.18
CNA017602G	CNA20151628.9	普通结球甘蓝	瑞甘17	江苏丘陵地区镇江农业科学研究所	2021.6.18
CNA017603G	CNA20152011.2	普通结球甘蓝	铁头46	北京华耐农业发展有限公司	2021.6.18
CNA017604G	CNA20152016.7	普通结球甘蓝	满月51	北京华耐农业发展有限公司	2021.6.18
CNA017605G	CNA20160075.8	普通结球甘蓝	先甘011	先正达种苗（北京）有限公司	2021.6.18
CNA017606G	CNA20160076.7	普通结球甘蓝	先甘097	先正达种苗（北京）有限公司	2021.6.18
CNA017607G	CNA20201000725	普通结球甘蓝	瑞甘29	江苏丘陵地区镇江农业科学研究所	2021.6.18
CNA017608G	CNA20140579.1	普通番茄	露地金冠	无锡普威农业科技有限公司	2021.6.18
CNA017609G	CNA20150925.1	普通番茄	圣宴2号	北京博收种子有限公司	2021.6.18
CNA017610G	CNA20151118.6	普通番茄	德澳特2030	圣尼斯蔬菜种子有限公司	2021.6.18
CNA017611G	CNA20170486.0	普通番茄	郑番1203	郑州市蔬菜研究所	2021.6.18
CNA017612G	CNA20170487.9	普通番茄	郑番1305	郑州市蔬菜研究所	2021.6.18

公告号	品种权号	植物种类	品种名称	品种权人	授权日
CNA017613G	CNA20191004597	普通番茄	乾德金如意	上海乾德种业有限公司	2021.6.18
CNA017614G	CNA20191005822	普通番茄	17Q72	山东永盛农业发展有限公司	2021.6.18
CNA017615G	CNA20201000519	普通番茄	17K53	山东永盛农业发展有限公司	2021.6.18
CNA017616G	CNA20201000570	普通番茄	17Q79	山东永盛农业发展有限公司	2021.6.18
CNA017617G	CNA20161557.3	茄子	长杂212	中国农业科学院蔬菜花卉研究所	2021.6.18
CNA017618G	CNA20161558.2	茄子	长杂218	中国农业科学院蔬菜花卉研究所	2021.6.18
CNA017619G	CNA20161559.1	茄子	园杂471	中国农业科学院蔬菜花卉研究所	2021.6.18
CNA017620G	CNA20171193.2	茄子	白玉2号	广东省农业科学院蔬菜研究所	2021.6.18
CNA017621G	CNA20171194.1	茄子	白玉3号	广东省农业科学院蔬菜研究所	2021.6.18
CNA017622G	CNA20172125.3	茄子	京茄315	北京市农林科学院 京研益农（北京）种业科技有限公司	2021.6.18
CNA017623G	CNA20172126.2	茄子	京茄130	北京市农林科学院 京研益农（北京）种业科技有限公司	2021.6.18
CNA017624G	CNA20172311.7	茄子	农夫3号	广东省农业科学院蔬菜研究所	2021.6.18
CNA017625G	CNA20172325.1	茄子	紫帅七号	天津科润农业科技股份有限公司	2021.6.18
CNA017626G	CNA20172326.0	茄子	宝来三号	天津科润农业科技股份有限公司	2021.6.18
CNA017627G	CNA20172328.8	茄子	农夫2号	广东省农业科学院蔬菜研究所	2021.6.18
CNA017628G	CNA20182817.5	茄子	金科紫优2号	金陵科技学院	2021.6.18
CNA017629G	CNA20182818.4	茄子	金科紫优1号	金陵科技学院	2021.6.18
CNA017630G	CNA20182819.3	茄子	金科红茄1号	金陵科技学院	2021.6.18
CNA017631G	CNA20201000583	茄子	乾德茄Y28	上海乾德种业有限公司	2021.6.18
CNA017632G	CNA20151906.2	辣椒属	SP161	厦门百利控股有限公司	2021.6.18
CNA017633G	CNA20160140.9	辣椒属	鸿辣	砀山县鸿丰蔬菜种业有限公司	2021.6.18
CNA017634G	CNA20160141.8	辣椒属	辣翠511	砀山县鸿丰蔬菜种业有限公司	2021.6.18
CNA017635G	CNA20160653.8	辣椒属	辣宝89	瑞克斯旺种子种苗集团公司	2021.6.18
CNA017636G	CNA20160908.1	辣椒属	长征58	纽内姆（北京）种子有限公司	2021.6.18
CNA017637G	CNA20160929.6	辣椒属	粤椒8号	广东省农业科学院蔬菜研究所	2021.6.18
CNA017638G	CNA20161325.4	辣椒属	辣美2号	安徽江淮园艺种业股份有限公司	2021.6.18
CNA017639G	CNA20161326.3	辣椒属	辣美6号	安徽江淮园艺种业股份有限公司	2021.6.18
CNA017640G	CNA20161402.0	辣椒属	新科18号	河南省新乡市农业科学院 河南九圣禾新科种业有限公司	2021.6.18
CNA017641G	CNA20161532.3	辣椒属	玉辣1号	安徽省农业科学院园艺研究所	2021.6.18

公告号	品种权号	植物种类	品种名称	品种权人	授权日
CNA017642G	CNA20161635.9	辣椒属	凯瑞	瑞克斯旺种子种苗集团公司	2021.6.18
CNA017643G	CNA20161734.9	辣椒属	红龙16号	新疆天椒红安农业科技有限责任公司	2021.6.18
CNA017644G	CNA20162290.3	辣椒属	SV8360HM	圣尼斯蔬菜种子有限公司	2021.6.18
CNA017645G	CNA20162321.6	辣椒属	宏冠371	北京利园成田种苗有限公司 于海林	2021.6.18
CNA017646G	CNA20162381.3	辣椒属	宏冠372	北京利园成田种苗有限公司 于海林	2021.6.18
CNA017647G	CNA20170409.4	辣椒属	KGFB1511A	青岛金妈妈农业科技有限公司	2021.6.18
CNA017648G	CNA20170410.1	辣椒属	KGFB1211A	青岛金妈妈农业科技有限公司	2021.6.18
CNA017649G	CNA20170414.7	辣椒属	明椒8号	三明市农业科学研究院	2021.6.18
CNA017650G	CNA20170415.6	辣椒属	明椒9号	三明市农业科学研究院	2021.6.18
CNA017651G	CNA20170551.0	辣椒属	KGFB1213F	青岛金妈妈农业科技有限公司	2021.6.18
CNA017652G	CNA20170552.9	辣椒属	KGFB1213B	青岛金妈妈农业科技有限公司	2021.6.18
CNA017653G	CNA20170714.4	辣椒属	红鹰2号	山东省种子有限责任公司	2021.6.18
CNA017654G	CNA20170809.0	辣椒属	锐奇617	青岛金妈妈农业科技有限公司	2021.6.18
CNA017655G	CNA20170811.6	辣椒属	锐奇622	青岛金妈妈农业科技有限公司	2021.6.18
CNA017656G	CNA20170950.7	辣椒属	博陇	瑞克斯旺种子种苗集团公司	2021.6.18
CNA017657G	CNA20170951.6	辣椒属	鲁斯卡	瑞克斯旺种子种苗集团公司	2021.6.18
CNA017658G	CNA20171151.2	辣椒属	金椒6号	酒泉庆和农业开发有限公司	2021.6.18
CNA017659G	CNA20171152.1	辣椒属	金桥SP377	酒泉庆和农业开发有限公司	2021.6.18
CNA017660G	CNA20171159.4	辣椒属	金香玉	寿光市宏伟种业有限公司	2021.6.18
CNA017661G	CNA20171219.2	辣椒属	麻辣星	瑞克斯旺种子种苗集团公司	2021.6.18
CNA017662G	CNA20171289.7	辣椒属	荣耀	北京大一种苗有限公司	2021.6.18
CNA017663G	CNA20171290.4	辣椒属	鼎红405	北京大一种苗有限公司	2021.6.18
CNA017664G	CNA20171292.2	辣椒属	民悦28	砀山县民悦种业有限公司	2021.6.18
CNA017665G	CNA20171334.2	辣椒属	北科802	河南省北科种业有限公司	2021.6.18
CNA017666G	CNA20171340.4	辣椒属	香辣美玉	安徽华强种业有限公司	2021.6.18
CNA017667G	CNA20171374.3	辣椒属	北科918	河南省北科种业有限公司	2021.6.18
CNA017668G	CNA20171498.4	辣椒属	螺丝线5号	郑州中农福得绿色科技有限公司	2021.6.18
CNA017669G	CNA20171499.3	辣椒属	螺丝线6号	中国农业科学院郑州果树研究所	2021.6.18
CNA017670G	CNA20171500.0	辣椒属	香辣一品红	中国农业科学院郑州果树研究所	2021.6.18
CNA017671G	CNA20172286.8	辣椒属	DLF870	酒泉市德利丰农业发展有限责任公司	2021.6.18
CNA017672G	CNA20172319.9	辣椒属	宇椒八号	黑龙江省农业科学院园艺分院	2021.6.18

公告号	品种权号	植物种类	品种名称	品种权人	授权日
CNA017673G	CNA20172382.1	辣椒属	骁龙18	纽内姆（北京）种子有限公司	2021.6.18
CNA017674G	CNA20172383.0	辣椒属	娇龙19	纽内姆（北京）种子有限公司	2021.6.18
CNA017675G	CNA20172476.8	辣椒属	艳影	山东省寿光市三木种苗有限公司	2021.6.18
CNA017676G	CNA20172657.9	辣椒属	HB289	新疆天椒红安农业科技有限责任公司	2021.6.18
CNA017677G	CNA20172658.8	辣椒属	HT40	新疆天椒红安农业科技有限责任公司	2021.6.18
CNA017678G	CNA20172673.9	辣椒属	苏润一号	江苏苏润种业股份有限公司	2021.6.18
CNA017679G	CNA20173063.5	辣椒属	久保田黄灯笼	淮北市久保田种业有限公司	2021.6.18
CNA017680G	CNA20173064.4	辣椒属	辣脆红2号	淮北市久保田种业有限公司	2021.6.18
CNA017681G	CNA20173066.2	辣椒属	辣美4号	淮北市久保田种业有限公司	2021.6.18
CNA017682G	CNA20173067.1	辣椒属	天美	淮北市久保田种业有限公司	2021.6.18
CNA017683G	CNA20173068.0	辣椒属	西域大螺丝	淮北市久保田种业有限公司	2021.6.18
CNA017684G	CNA20173069.9	辣椒属	西域蛟龙	淮北市久保田种业有限公司	2021.6.18
CNA017685G	CNA20173071.5	辣椒属	早青帅	淮北市久保田种业有限公司	2021.6.18
CNA017686G	CNA20173367.8	辣椒属	ZHA5	遵义市农业科学研究院	2021.6.18
CNA017687G	CNA20173423.0	辣椒属	天亿四号	安徽福斯特种苗有限公司	2021.6.18
CNA017688G	CNA20173424.9	辣椒属	天亿一号	安徽福斯特种苗有限公司	2021.6.18
CNA017689G	CNA20201003325	辣椒属	诺椒223	厦门中厦蔬菜种籽有限公司	2021.6.18
CNA017690G	CNA20201003326	辣椒属	诺椒226	寿光博收种业有限公司	2021.6.18
CNA017691G	CNA20201003327	辣椒属	SP18018	寿光博收种业有限公司	2021.6.18
CNA017692G	CNA20201003328	辣椒属	SP18017	寿光博收种业有限公司	2021.6.18
CNA017693G	CNA20201003329	辣椒属	京椒816	厦门中厦蔬菜种籽有限公司	2021.6.18
CNA017694G	CNA20201003330	辣椒属	SP18005	寿光博收种业有限公司	2021.6.18
CNA017695G	CNA20201003331	辣椒属	京椒814	厦门中厦蔬菜种籽有限公司	2021.6.18
CNA017696G	CNA20201003332	辣椒属	京椒804	寿光博收种业有限公司	2021.6.18
CNA017697G	CNA20182858.5	黄瓜	中农46号	中国农业科学院蔬菜花卉研究所	2021.6.18
CNA017698G	CNA20182859.4	黄瓜	中农49号	中国农业科学院蔬菜花卉研究所	2021.6.18
CNA017699G	CNA20182860.1	黄瓜	中农56号	中国农业科学院蔬菜花卉研究所	2021.6.18
CNA017700G	CNA20182861.0	黄瓜	中农59号	中国农业科学院蔬菜花卉研究所	2021.6.18
CNA017701G	CNA20183818.2	黄瓜	中农48号	中国农业科学院蔬菜花卉研究所	2021.6.18
CNA017702G	CNA20191001731	黄瓜	中农脆玉1号	中国农业科学院蔬菜花卉研究所	2021.6.18
CNA017703G	CNA20191001807	黄瓜	中农脆玉2号	中国农业科学院蔬菜花卉研究所	2021.6.18

公告号	品种权号	植物种类	品种名称	品种权人	授权日
CNA017704G	CNA20191003537	黄瓜	申绿07	上海交通大学	2021.6.18
CNA017705G	CNA20171026.5	豇豆	苏豇3号	江苏省农业科学院	2021.6.18
CNA017706G	CNA20171027.4	豇豆	苏豇5号	江苏省农业科学院	2021.6.18
CNA017707G	CNA20172144.0	豇豆	超悦	上海交通大学	2021.6.18
CNA017708G	CNA20191000046	苦瓜	热研黑玉	中国热带农业科学院热带作物品种资源研究所	2021.6.18
CNA017709G	CNA20191000047	苦瓜	多福	中国热带农业科学院热带作物品种资源研究所	2021.6.18
CNA017710G	CNA20171205.8	普通西瓜	甬蜜2号	宁波市农业科学研究院	2021.6.18
CNA017711G	CNA20172467.9	普通西瓜	黑媛	山东省寿光市三木种苗有限公司	2021.6.18
CNA017712G	CNA20172497.3	普通西瓜	潍研9号	山东省寿光市三木种苗有限公司	2021.6.18
CNA017713G	CNA20191006040	普通西瓜	青西农高一号	青岛地山谦农业科技有限公司 青岛西海岸农高科技服务有限公司	2021.6.18
CNA017714G	CNA20201000043	普通西瓜	科雷奥K505	上海农科种子种苗有限公司	2021.6.18
CNA017715G	CNA20172205.6	甜瓜	雪妞	山东省寿光市三木种苗有限公司	2021.6.18
CNA017716G	CNA20172208.3	甜瓜	白凤	山东省寿光市三木种苗有限公司	2021.6.18
CNA017717G	CNA20191000003	甜瓜	都蜜1号	北京市农林科学院 京研益农（北京）种业科技有限公司 京研益农（寿光）种业科技有限公司	2021.6.18
CNA017718G	CNA20191000004	甜瓜	都蜜3号	北京市农林科学院 京研益农（北京）种业科技有限公司 京研益农（寿光）种业科技有限公司	2021.6.18
CNA017719G	CNA20191000005	甜瓜	都蜜5号	北京市农林科学院 京研益农（北京）种业科技有限公司 京研益农（寿光）种业科技有限公司	2021.6.18
CNA017720G	CNA20191000006	甜瓜	都蜜7号	北京市农林科学院 京研益农（北京）种业科技有限公司 京研益农（寿光）种业科技有限公司	2021.6.18
CNA017721G	CNA20191003489	甜瓜	京THT	京研益农（寿光）种业科技有限公司 京研益农（北京）种业科技有限公司	2021.6.18
CNA017722G	CNA20191004202	甜瓜	京HTL	京研益农（寿光）种业科技有限公司 京研益农（北京）种业科技有限公司	2021.6.18
CNA017723G	CNA20201000094	兰属	青缨	三明市森彩生态农业发展有限公司 清流县森源兰蕙生物科技有限公司	2021.6.18
CNA017724G	CNA20140665.6	蝴蝶兰属	福兴红	许新满	2021.6.18
CNA017725G	CNA20160918.9	蝴蝶兰属	JB2629	漳州钜宝生物科技有限公司 黄瑞宝	2021.6.18
CNA017726G	CNA20161089.0	蝴蝶兰属	JB3850	漳州钜宝生物科技有限公司 黄瑞宝	2021.6.18

公告号	品种权号	植物种类	品种名称	品种权人	授权日
CNA017727G	CNA20161090.7	蝴蝶兰属	JB3871	漳州钜宝生物科技有限公司 黄瑞宝	2021.6.18
CNA017728G	CNA20173178.7	蝴蝶兰属	珐弗维克	荷兰安祖公司	2021.6.18
CNA017729G	CNA20182907.6	蝴蝶兰属	缤纷橙色糖果	中山缤纷园艺有限公司	2021.6.18
CNA017730G	CNA20183522.9	蝴蝶兰属	研帅黄金美人	张家祯	2021.6.18
CNA017731G	CNA20183525.6	蝴蝶兰属	钜宝发财	漳州钜宝生物科技有限公司 黄瑞宝	2021.6.18
CNA017732G	CNA20183526.5	蝴蝶兰属	研帅甜心黄金	张家祯	2021.6.18
CNA017733G	CNA20183531.8	蝴蝶兰属	科隆CL929H	科隆国际生物科技股份有限公司	2021.6.18
CNA017734G	CNA20183747.8	蝴蝶兰属	大扬发财猫	洪川智	2021.6.18
CNA017735G	CNA20183763.7	蝴蝶兰属	科隆丽欣CL859	科隆国际生物科技股份有限公司	2021.6.18
CNA017736G	CNA20184129.4	蝴蝶兰属	JB3258	漳州钜宝生物科技有限公司 黄瑞宝	2021.6.18
CNA017737G	CNA20191005859	蝴蝶兰属	水袖	深圳市兰科植物保护研究中心	2021.6.18
CNA017738G	CNA20161745.6	菊属	郦邑贡菊	苗俊亚	2021.6.18
CNA017739G	CNA20170796.5	菊属	精围球	日本益农奇精兴园株式会社	2021.6.18
CNA017740G	CNA20180607.3	菊属	精卡明橙	日本益农奇精兴园株式会社	2021.6.18
CNA017741G	CNA20180608.2	菊属	精卡明艳	日本益农奇精兴园株式会社	2021.6.18
CNA017742G	CNA20180609.1	菊属	精马卡罗衣	日本益农奇精兴园株式会社	2021.6.18
CNA017743G	CNA20180885.6	菊属	精之白虹	益农奇精兴园株式会社	2021.6.18
CNA017744G	CNA20180886.5	菊属	精之曙光	益农奇精兴园株式会社	2021.6.18
CNA017745G	CNA20180901.6	菊属	大丽拉都桔15	荷兰德丽品种权公司	2021.6.18
CNA017746G	CNA20182291.0	菊属	大丽阿里尔1	荷兰德丽品种权公司	2021.6.18
CNA017747G	CNA20182292.9	菊属	大丽奥兰达6	荷兰德丽品种权公司	2021.6.18
CNA017748G	CNA20182293.8	菊属	大丽参见3	荷兰德丽品种权公司	2021.6.18
CNA017749G	CNA20182296.5	菊属	大丽灯笼1	荷兰德丽品种权公司	2021.6.18
CNA017750G	CNA20182297.4	菊属	大丽多达	荷兰德丽品种权公司	2021.6.18
CNA017751G	CNA20182321.4	菊属	大丽火球6	荷兰德丽品种权公司	2021.6.18
CNA017752G	CNA20182323.2	菊属	大丽马纳克13	荷兰德丽品种权公司	2021.6.18

公告号	品种权号	植物种类	品种名称	品种权人	授权日
CNA017753G	CNA20182326.9	菊属	大丽索加尼亚3	荷兰德丽品种权公司	2021.6.18
CNA017754G	CNA20182327.8	菊属	大丽泰得5	荷兰德丽品种权公司	2021.6.18
CNA017755G	CNA20182328.7	菊属	大丽甜心12	荷兰德丽品种权公司	2021.6.18
CNA017756G	CNA20182330.3	菊属	大丽伊特斯科3	荷兰德丽品种权公司	2021.6.18
CNA017757G	CNA20182502.5	菊属	大丽保拉鲁3	荷兰德丽品种权公司	2021.6.18
CNA017758G	CNA20182503.4	菊属	大丽香槟提卡3	荷兰德丽品种权公司	2021.6.18
CNA017759G	CNA20182504.3	菊属	大丽香草冰沙9	荷兰德丽品种权公司	2021.6.18
CNA017760G	CNA20182505.2	菊属	大丽劳莱特5	荷兰德丽品种权公司	2021.6.18
CNA017761G	CNA20182506.1	菊属	大丽欧米茄12	荷兰德丽品种权公司	2021.6.18
CNA017762G	CNA20183062.5	菊属	佛劳瑞史努比	荷兰佛劳瑞泰克育种公司	2021.6.18
CNA017763G	CNA20183063.4	菊属	佛劳瑞耶罗	荷兰佛劳瑞泰克育种公司	2021.6.18
CNA017764G	CNA20183064.3	菊属	佛劳瑞威特	荷兰佛劳瑞泰克育种公司	2021.6.18
CNA017765G	CNA20183065.2	菊属	佛劳瑞桑妮	荷兰佛劳瑞泰克育种公司	2021.6.18
CNA017766G	CNA20183066.1	菊属	佛劳瑞敏特	荷兰佛劳瑞泰克育种公司	2021.6.18
CNA017767G	CNA20183067.0	菊属	佛劳瑞品客	荷兰佛劳瑞泰克育种公司	2021.6.18
CNA017768G	CNA20183170.4	菊属	佛劳瑞史努兴	荷兰佛劳瑞泰克育种公司	2021.6.18
CNA017769G	CNA20184336.3	菊属	金冀1号	河北省林业和草原科学研究院	2021.6.18
CNA017770G	CNA20184667.2	菊属	滇之耀	上海虹华园艺有限公司 昆明虹之华园艺有限公司 开远天华生物产业有限公司 海南虹华园艺有限公司	2021.6.18
CNA017771G	CNA20184668.1	菊属	滇之灿	上海虹华园艺有限公司 昆明虹之华园艺有限公司 开远天华生物产业有限公司 海南虹华园艺有限公司	2021.6.18
CNA017772G	CNA20184849.3	菊属	虹之媚	昆明虹之华园艺有限公司 昆明学院 上海虹华园艺有限公司 开远天华生物产业有限公司 海南虹华园艺有限公司	2021.6.18
CNA017773G	CNA20184850.9	菊属	滇之樱	昆明虹之华园艺有限公司 昆明学院 上海虹华园艺有限公司 开远天华生物产业有限公司 海南虹华园艺有限公司	2021.6.18

公告号	品种权号	植物种类	品种名称	品种权人	授权日
CNA017774G	CNA20184851.8	菊属	虹之颜	昆明虹之华园艺有限公司 昆明学院 上海虹华园艺有限公司 开远天华生物产业有限公司 海南虹华园艺有限公司	2021.6.18
CNA017775G	CNA20170577.0	非洲菊	宁馨红	福建宏翔农科农业发展有限公司	2021.6.18
CNA017776G	CNA20171630.3	非洲菊	蝶恋花	福建宏翔农科农业发展有限公司	2021.6.18
CNA017777G	CNA20180575.1	非洲菊	明卉红太阳	三明市农业科学研究院	2021.6.18
CNA017778G	CNA20180576.0	非洲菊	明卉吉利红	三明市建和园农业科技有限公司	2021.6.18
CNA017779G	CNA20180577.9	非洲菊	明卉粉黛	三明市农业科学研究院	2021.6.18
CNA017780G	CNA20180578.8	非洲菊	明卉晨露	三明市农业科学研究院	2021.6.18
CNA017781G	CNA20180610.8	非洲菊	明卉粉蝶	三明市农业科学研究院	2021.6.18
CNA017782G	CNA20181091.4	非洲菊	SCH125024	荷兰彼得·西吕厄斯控股公司	2021.6.18
CNA017783G	CNA20183907.4	非洲菊	金桂	玉溪云星生物科技有限公司 云南省农业科学院花卉研究所 云南宽霆生物科技有限公司	2021.6.18
CNA017784G	CNA20183908.3	非洲菊	珍爱	玉溪云星生物科技有限公司 云南省农业科学院花卉研究所 云南宽霆生物科技有限公司	2021.6.18
CNA017785G	CNA20183909.2	非洲菊	玉镜	玉溪云星生物科技有限公司 云南省农业科学院花卉研究所 云南宽霆生物科技有限公司	2021.6.18
CNA017786G	CNA20183910.9	非洲菊	拉丝3号	玉溪云星生物科技有限公司 云南省农业科学院花卉研究所 云南宽霆生物科技有限公司	2021.6.18
CNA017787G	CNA20183911.8	非洲菊	拉丝4号	玉溪云星生物科技有限公司 云南省农业科学院花卉研究所 云南宽霆生物科技有限公司	2021.6.18
CNA017788G	CNA20183912.7	非洲菊	拉丝8号	云南宽霆生物科技有限公司 玉溪云星生物科技有限公司 云南省农业科学院花卉研究所	2021.6.18
CNA017789G	CNA20183913.6	非洲菊	拉丝6号	云南宽霆生物科技有限公司 玉溪云星生物科技有限公司 云南省农业科学院花卉研究所	2021.6.18
CNA017790G	CNA20183914.5	非洲菊	拉丝2号	云南宽霆生物科技有限公司 玉溪云星生物科技有限公司 云南省农业科学院花卉研究所	2021.6.18
CNA017791G	CNA20183915.4	非洲菊	宽云1号	云南宽霆生物科技有限公司 玉溪云星生物科技有限公司 云南省农业科学院花卉研究所	2021.6.18
CNA017792G	CNA20171181.6	万寿菊属	宏瑞32	赤峰宏瑞园艺有限责任公司	2021.6.18
CNA017793G	CNA20171182.5	万寿菊属	宏瑞33	赤峰宏瑞园艺有限责任公司	2021.6.18

公告号	品种权号	植物种类	品种名称	品种权人	授权日
CNA017794G	CNA20171183.4	万寿菊属	宏瑞34	赤峰宏瑞园艺有限责任公司	2021.6.18
CNA017795G	CNA20171185.2	万寿菊属	宏瑞37	赤峰宏瑞园艺有限责任公司	2021.6.18
CNA017796G	CNA20183894.9	石竹属	蜜语	云南省农业科学院花卉研究所 云南集创园艺科技有限公司	2021.6.18
CNA017797G	CNA20183895.8	石竹属	红丝帕	云南省农业科学院花卉研究所 云南集创园艺科技有限公司	2021.6.18
CNA017798G	CNA20184408.6	花烛属	将军红	三明市农业科学研究院	2021.6.18
CNA017799G	CNA20184409.5	花烛属	猩然	三明市农业科学研究院	2021.6.18
CNA017800G	CNA20172697.1	秋海棠属	北极夜	云南省农业科学院花卉研究所	2021.6.18
CNA017801G	CNA20191001440	莲	粉妆仙子	六安市郁花园园艺有限公司	2021.6.18
CNA017802G	CNA20173226.9	苹果属	中苹一号	中国农业大学	2021.6.18
CNA017803G	CNA20182686.3	苹果属	苹优2号	中国农业科学院果树研究所	2021.6.18
CNA017804G	CNA20191000599	苹果属	辽苹	辽宁省果树科学研究所	2021.6.18
CNA017805G	CNA20191003427	苹果属	秦月	西北农林科技大学	2021.6.18
CNA017806G	CNA20191003428	苹果属	瑞香红	西北农林科技大学	2021.6.18
CNA017807G	CNA20182577.5	梨属	沪澄	上海市农业科学院 上海清澄果蔬专业合作社	2021.6.18
CNA017808G	CNA20184448.8	桃	中桃金魁	中国农业科学院郑州果树研究所	2021.6.18
CNA017809G	CNA20184450.3	桃	中桃金甜	中国农业科学院郑州果树研究所	2021.6.18
CNA017810G	CNA20184451.2	桃	中油丹玉	中国农业科学院郑州果树研究所	2021.6.18
CNA017811G	CNA20191000108	桃	中桃抗砧 1号	中国农业科学院郑州果树研究所	2021.6.18
CNA017812G	CNA20191006721	桃	中桃金秋	中国农业科学院郑州果树研究所	2021.6.18
CNA017813G	CNA20191001197	柑橘属	金乐柑	中国农业科学院柑橘研究所 丹棱县农业农村局 金堂县统筹城乡和农业林业发展局 金堂县果树产业服务站 丹棱县生态源农业发展有限公司	2021.6.18
CNA017814G	CNA20182179.7	李	蜂糖李	安顺市农业科学院	2021.6.18
CNA017815G	CNA20191002278	李	国馨	辽宁省果树科学研究所	2021.6.18
CNA017816G	CNA20191002833	李	国色天香	辽宁省果树科学研究所	2021.6.18
CNA017817G	CNA20172338.6	香蕉	中热1号	中国热带农业科学院热带生物技术研究所	2021.6.18
CNA017818G	CNA20181911.2	荔枝	赛糯	广东省农业科学院果树研究所	2021.6.18
CNA017819G	CNA20184696.7	荔枝	离娘香	广东省农业科学院果树研究所	2021.6.18
CNA017820G	CNA20183807.5	猕猴桃属	先沃一号	赤壁神山兴农科技有限公司	2021.6.18

公告号	品种权号	植物种类	品种名称	品种权人	授权日
CNA017821G	CNA20183808.4	猕猴桃属	先沃二号	赤壁神山兴农科技有限公司	2021.6.18
CNA017822G	CNA20183809.3	猕猴桃属	先沃三号	赤壁神山兴农科技有限公司	2021.6.18
CNA017823G	CNA20183810.0	猕猴桃属	先沃四号	赤壁神山兴农科技有限公司	2021.6.18
CNA017824G	CNA20183811.9	猕猴桃属	先沃五号	赤壁神山兴农科技有限公司	2021.6.18
CNA017825G	CNA20183812.8	猕猴桃属	先沃六号	赤壁神山兴农科技有限公司	2021.6.18
CNA017826G	CNA20183877.0	猕猴桃属	甜华特	浙江省农业科学院	2021.6.18
CNA017827G	CNA20183878.9	猕猴桃属	金义	浙江省农业科学院	2021.6.18
CNA017828G	CNA20183879.8	猕猴桃属	金丽	浙江省农业科学院 丽水市农林科学研究院	2021.6.18
CNA017829G	CNA20191001495	猕猴桃属	绿佳人	辽东学院	2021.6.18
CNA017830G	CNA20150771.6	紫花苜蓿	呼牧901	赵志有 李向阳	2021.6.18
CNA017831G	CNA20180837.5	紫花苜蓿	中苜5号	中国农业科学院北京畜牧兽医研究所	2021.6.18
CNA017832G	CNA20160689.6	向日葵	0748R	巴彦淖尔市关尔农业发展有限责任公司	2021.6.18
CNA017833G	CNA20160696.7	向日葵	C8328	北京金色谷雨种业科技有限公司	2021.6.18
CNA017834G	CNA20161179.1	向日葵	三瑞5号	三瑞农业科技股份有限公司	2021.6.18
CNA017835G	CNA20161494.9	向日葵	TK8034	北京天葵立德种子科技有限公司 吴天平 刘刃生	2021.6.18
CNA017836G	CNA20161498.5	向日葵	TK16601	北京天葵立德种子科技有限公司 吴天平 刘刃生	2021.6.18
CNA017837G	CNA20161599.3	向日葵	朗瑞6	吉林省宏泽现代农业有限公司	2021.6.18
CNA017838G	CNA20161627.9	向日葵	同庆3号	酒泉市同庆种业有限责任公司	2021.6.18
CNA017839G	CNA20161629.7	向日葵	CSR28A	酒泉市同庆种业有限责任公司	2021.6.18
CNA017840G	CNA20161696.5	向日葵	XM6199	内蒙古西蒙种业有限公司	2021.6.18
CNA017841G	CNA20161810.6	向日葵	朗瑞18	吉林省宏泽现代农业有限公司	2021.6.18
CNA017842G	CNA20161811.5	向日葵	朗瑞20	吉林省宏泽现代农业有限公司	2021.6.18
CNA017843G	CNA20170746.6	向日葵	赤CY1005	内蒙古蒙龙种业科技有限公司	2021.6.18
CNA017844G	CNA20170748.4	向日葵	赤CY101	内蒙古蒙龙种业科技有限公司	2021.6.18
CNA017845G	CNA20170854.4	向日葵	赤CY102	赤峰市农牧科学研究院	2021.6.18
CNA017846G	CNA20171935.5	向日葵	TH7KS6R	甘肃同辉种业有限责任公司	2021.6.18
CNA017847G	CNA20171936.4	向日葵	TH8KS4R	甘肃同辉种业有限责任公司	2021.6.18
CNA017848G	CNA20171937.3	向日葵	TH4KM06A	甘肃同辉种业有限责任公司	2021.6.18
CNA017849G	CNA20171938.2	向日葵	TH1KS05R	甘肃同辉种业有限责任公司	2021.6.18

公告号	品种权号	植物种类	品种名称	品种权人	授权日
CNA017850G	CNA20171939.1	向日葵	TH4KM07A	甘肃同辉种业有限责任公司	2021.6.18
CNA017851G	CNA20171940.8	向日葵	TH4KS21R	甘肃同辉种业有限责任公司	2021.6.18
CNA017852G	CNA20171941.7	向日葵	TH4KM08A	甘肃同辉种业有限责任公司	2021.6.18
CNA017853G	CNA20172349.3	向日葵	同辉15号	甘肃同辉种业有限责任公司	2021.6.18
CNA017854G	CNA20172443.8	向日葵	A014	三瑞农业科技股份有限公司	2021.6.18
CNA017855G	CNA20172447.4	向日葵	A0284	三瑞农业科技股份有限公司	2021.6.18
CNA017856G	CNA20172448.3	向日葵	A463	三瑞农业科技股份有限公司	2021.6.18
CNA017857G	CNA20172449.2	向日葵	三瑞7号	三瑞农业科技股份有限公司	2021.6.18
CNA017858G	CNA20172754.1	向日葵	同辉31号	甘肃同辉种业有限责任公司	2021.6.18
CNA017859G	CNA20183765.5	蓖麻	彩蓖1号	云南省农业科学院经济作物研究所 云南昌阔农业科技有限公司	2021.6.18
CNA017860G	CNA20183766.4	蓖麻	滇蓖4号	云南省农业科学院经济作物研究所 云南昌阔农业科技有限公司	2021.6.18
CNA017861G	CNA20183783.3	蓖麻	滇蓖6号	云南省农业科学院经济作物研究所 云南昌阔农业科技有限公司	2021.6.18
CNA017862G	CNA20183784.2	蓖麻	滇蓖5号	云南省农业科学院经济作物研究所 云南昌阔农业科技有限公司	2021.6.18
CNA017863G	CNA20160792.0	菠菜	蔬菠7号	中国农业科学院蔬菜花卉研究所 中蔬种业科技（北京）有限公司	2021.6.18
CNA017864G	CNA20160867.0	南瓜	江蜜7号	安徽江淮园艺种业股份有限公司	2021.6.18
CNA017865G	CNA20160868.9	南瓜	江蜜9号	安徽江淮园艺种业股份有限公司	2021.6.18
CNA017866G	CNA20161139.0	南瓜	江淮早蜜本	安徽江淮园艺种业股份有限公司	2021.6.18
CNA017867G	CNA20162084.3	南瓜	广蜜1号	广东省农业科学院蔬菜研究所	2021.6.18
CNA017868G	CNA20170784.9	南瓜	RT1004	青岛金妈妈农业科技有限公司	2021.6.18
CNA017869G	CNA20170785.8	南瓜	RTCU1431	青岛金妈妈农业科技有限公司	2021.6.18
CNA017870G	CNA20170786.7	南瓜	改36	青岛金妈妈农业科技有限公司	2021.6.18
CNA017871G	CNA20171045.2	南瓜	香蜜	广东省农业科学院蔬菜研究所	2021.6.18
CNA017872G	CNA20171391.2	南瓜	荃银黄狼	安徽荃银高科瓜菜种子有限公司	2021.6.18
CNA017873G	CNA20173536.4	青花菜	苏青3号	江苏省农业科学院	2021.6.18
CNA017874G	CNA20180797.3	青花菜	寒玉	江苏省农业科学院	2021.6.18
CNA017875G	CNA20181061.0	青花菜	和秀	江苏省农业科学院 常熟市种子管理站	2021.6.18
CNA017876G	CNA20191003594	凤梨属	粤利	广东省农业科学院果树研究所	2021.6.18
CNA017877G	CNA20191006484	薰衣草属	新农薰1号	新疆农业大学	2021.6.18
CNA017878G	CNA20191006485	薰衣草属	新农薰2号	新疆农业大学	2021.6.18

公告号	品种权号	植物种类	品种名称	品种权人	授权日
CNA017879G	CNA20191004773	西番莲属	金都百香1号	广西南宁金之都农业发展有限公司	2021.6.18
CNA017880G	CNA20191004774	西番莲属	桂百一号	广西壮族自治区农业科学院园艺研究所 广西南宁金之都农业发展有限公司	2021.6.18
CNA017881G	CNA20191006419	西番莲属	金都百香3号	广西南宁金之都农业发展有限公司	2021.6.18
CNA017882G	CNA20140258.9	水稻	龙粳61	黑龙江省农业科学院佳木斯水稻研究所 黑龙江省龙科种业集团有限公司	2021.12.30
CNA017883G	CNA20161370.8	水稻	鄂香优华占	湖北鄂科华泰种业股份有限公司 中国水稻研究所 广东省农业科学院水稻研究所	2021.12.30
CNA017884G	CNA20161631.3	水稻	桂硒红占	广西壮族自治区农业科学院水稻研究所	2021.12.30
CNA017885G	CNA20161984.6	水稻		上海天谷生物科技股份有限公司	2021.12.30
CNA017886G	CNA20161985.5	水稻		上海天谷生物科技股份有限公司	2021.12.30
CNA017887G	CNA20162217.3	水稻		湖南粮安种业科技有限公司 铜仁市农业科学研究所	2021.12.30
CNA017888G	CNA20162229.9	水稻	通院香518	通化市农业科学研究院	2021.12.30
CNA017889G	CNA20162232.4	水稻	延粳30	延边朝鲜族自治州农业科学院	2021.12.30
CNA017890G	CNA20162234.2	水稻	通粳887	通化市农业科学研究院	2021.12.30
CNA017891G	CNA20162273.4	水稻	黄广华占1号	广东省农业科学院水稻研究所	2021.12.30
CNA017892G	CNA20162301.0	水稻	隆两优97	袁隆平农业高科技股份有限公司 湖南亚华种业科学研究院 湖南隆平高科种业科学研究院有限公司	2021.12.30
CNA017893G	CNA20162336.9	水稻	广两优730	信阳市农业科学院	2021.12.30
CNA017894G	CNA20162378.8	水稻	秋占	广东天弘种业有限公司	2021.12.30
CNA017895G	CNA20170052.4	水稻	R莉丝	广西绿海种业有限公司	2021.12.30
CNA017896G	CNA20170053.3	水稻	粤品A	湛江田丰源农业技术开发有限公司	2021.12.30
CNA017897G	CNA20170083.7	水稻	66S	湖南省水稻研究所	2021.12.30
CNA017898G	CNA20170084.6	水稻	育龙9号	黑龙江省农业科学院作物育种研究所	2021.12.30
CNA017899G	CNA20170116.8	水稻	绥粳30	黑龙江省农业科学院绥化分院	2021.12.30
CNA017900G	CNA20170170.1	水稻	哈145147	黑龙江省农业科学院耕作栽培研究所	2021.12.30
CNA017901G	CNA20170171.0	水稻		黑龙江省农业科学院耕作栽培研究所	2021.12.30
CNA017902G	CNA20170172.9	水稻		广东现代种业发展有限公司	2021.12.30
CNA017903G	CNA20170320.0	水稻		文山壮族苗族自治州农业科学院	2021.12.30
CNA017904G	CNA20170326.4	水稻		安徽袁粮水稻产业有限公司 中国水稻研究所 广东省农业科学院水稻研究所	2021.12.30

公告号	品种权号	植物种类	品种名称	品种权人	授权日
CNA017905G	CNA20170434.3	水稻		马鞍山神农种业有限责任公司	2021.12.30
CNA017906G	CNA20170453.9	水稻	粤银软占	广东省农业科学院水稻研究所	2021.12.30
CNA017907G	CNA20170915.1	水稻	昌S	广西恒茂农业科技有限公司	2021.12.30
CNA017908G	CNA20171539.5	水稻	龙粳4131	黑龙江省农业科学院佳木斯水稻研究所	2021.12.30
CNA017909G	CNA20171675.9	水稻	隆两优晶占	袁隆平农业高科技股份有限公司 湖南隆平高科种业科学研究院有限公司	2021.12.30
CNA017910G	CNA20171685.7	水稻	陵两优1377	袁隆平农业高科技股份有限公司 湖南亚华种业科学研究院	2021.12.30
CNA017911G	CNA20172275.1	水稻	创两优粤农丝苗	北京金色农华种业科技股份有限公司	2021.12.30
CNA017912G	CNA20172700.6	水稻	玉恢2278	玉林市农业科学院	2021.12.30
CNA017913G	CNA20172701.5	水稻	鼎A	玉林市农业科学院	2021.12.30
CNA017914G	CNA20172972.7	水稻	龙稻202	黑龙江省农业科学院耕作栽培研究所	2021.12.30
CNA017915G	CNA20173156.3	水稻	隆两优5号	湖南杂交水稻研究中心 湖南亚华种业科学研究院	2021.12.30
CNA017916G	CNA20173157.2	水稻	隆两优298	湖南杂交水稻研究中心 湖南亚华种业科学研究院	2021.12.30
CNA017917G	CNA20173237.6	水稻	寒稻79	天津天隆科技股份有限公司	2021.12.30
CNA017918G	CNA20173390.9	水稻	中智S	中国水稻研究所	2021.12.30
CNA017919G	CNA20173562.1	水稻	舜达95	中国水稻研究所	2021.12.30
CNA017920G	CNA20173629.2	水稻	浙两优274	浙江农科种业有限公司	2021.12.30
CNA017921G	CNA20173717.5	水稻	粤良恢5511	广东粤良种业有限公司	2021.12.30
CNA017922G	CNA20173785.2	水稻	呈391S	中国种子集团有限公司 湖南农业大学	2021.12.30
CNA017923G	CNA20173786.1	水稻	中种恢2130	中国种子集团有限公司 湖南农业大学	2021.12.30
CNA017924G	CNA20180238.0	水稻	R2018	安徽袁粮水稻产业有限公司	2021.12.30
CNA017925G	CNA20180404.8	水稻	金科丝苗3号	深圳市金谷美香实业有限公司	2021.12.30
CNA017926G	CNA20180446.8	水稻	皖直粳001	安徽省农业科学院水稻研究所 山东舜丰生物科技有限公司	2021.12.30
CNA017927G	CNA20180542.1	水稻	黔恢8319	贵州省农作物品种资源研究所	2021.12.30
CNA017928G	CNA20180580.4	水稻	甬优5550	宁波种业股份有限公司	2021.12.30
CNA017929G	CNA20180612.6	水稻	浙恢818	浙江省农业科学院作物与核技术利用研究所	2021.12.30
CNA017930G	CNA20180683.0	水稻	响稻12	天津天隆科技股份有限公司	2021.12.30
CNA017931G	CNA20180688.5	水稻	天隆粳311	天津天隆科技股份有限公司	2021.12.30

（续）

公告号	品种权号	植物种类	品种名称	品种权人	授权日
CNA017932G	CNA20180931.0	水稻	龙粳1614	黑龙江省农业科学院水稻研究所	2021.12.30
CNA017933G	CNA20180934.7	水稻	龙粳1625	黑龙江省农业科学院水稻研究所	2021.12.30
CNA017934G	CNA20180937.4	水稻	龙粳1734	黑龙江省农业科学院水稻研究所	2021.12.30
CNA017935G	CNA20180938.3	水稻	龙粳1740	黑龙江省农业科学院水稻研究所	2021.12.30
CNA017936G	CNA20180939.2	水稻	龙粳1755	黑龙江省农业科学院水稻研究所	2021.12.30
CNA017937G	CNA20182092.1	水稻	粤创优金丝苗	广东粤良种业有限公司	2021.12.30
CNA017938G	CNA20182094.9	水稻	粤良恢773	广东粤良种业有限公司	2021.12.30
CNA017939G	CNA20182454.3	水稻	龙稻201	黑龙江省农业科学院耕作栽培研究所	2021.12.30
CNA017940G	CNA20182541.8	水稻	彦粳软玉13号	沈阳农业大学	2021.12.30
CNA017941G	CNA20182770.0	水稻	八宝谷7号	广南县八宝米研究所	2021.12.30
CNA017942G	CNA20182784.4	水稻	浙大1号	浙江大学	2021.12.30
CNA017943G	CNA20182826.4	水稻	广晶油占	广东省农业科学院水稻研究所	2021.12.30
CNA017944G	CNA20182879.0	水稻	启源A	福建省农业科学院水稻研究所	2021.12.30
CNA017945G	CNA20183186.6	水稻	Bph65S	湖北荃银高科种业有限公司	2021.12.30
CNA017946G	CNA20183187.5	水稻	全赢丝苗	湖北荃银高科种业有限公司	2021.12.30
CNA017947G	CNA20183188.4	水稻	鄂晶丝苗	湖北荃银高科种业有限公司	2021.12.30
CNA017948G	CNA20183192.8	水稻	鄂香丝苗	湖北荃银高科种业有限公司	2021.12.30
CNA017949G	CNA20183193.7	水稻	全赢占	湖北荃银高科种业有限公司	2021.12.30
CNA017950G	CNA20183196.4	水稻	勇658S	湖北荃银高科种业有限公司	2021.12.30
CNA017951G	CNA20183260.5	水稻	佳源粳1号	俞敬忠	2021.12.30
CNA017952G	CNA20183302.5	水稻	珍广A	中国水稻研究所	2021.12.30
CNA017953G	CNA20183329.4	水稻	海农红1号	海南省农业科学院粮食作物研究所	2021.12.30
CNA017954G	CNA20183338.3	水稻	荃早优鄂丰丝苗	湖北荃银高科种业有限公司	2021.12.30
CNA017955G	CNA20183445.3	水稻	哈粘稻1号	哈尔滨市农业科学院	2021.12.30
CNA017956G	CNA20183537.2	水稻	哈粳稻8号	哈尔滨市农业科学院	2021.12.30
CNA017957G	CNA20183538.1	水稻	哈粳稻9号	哈尔滨市农业科学院	2021.12.30
CNA017958G	CNA20183542.5	水稻	哈粳稻6号	哈尔滨市农业科学院	2021.12.30
CNA017959G	CNA20183613.9	水稻	楚香88	武汉金丰收种业有限公司	2021.12.30
CNA017960G	CNA20183641.5	水稻	齐粳4号	黑龙江省农业科学院齐齐哈尔分院	2021.12.30
CNA017961G	CNA20183643.3	水稻	齐粳31	黑龙江省农业科学院齐齐哈尔分院	2021.12.30

公告号	品种权号	植物种类	品种名称	品种权人	授权日
CNA017962G	CNA20183769.1	水稻	创恢966	湖南袁创超级稻技术有限公司	2021.12.30
CNA017963G	CNA20183770.8	水稻	Y两优1577	湖南袁创超级稻技术有限公司	2021.12.30
CNA017964G	CNA20183789.7	水稻	Y两优17	安徽袁粮水稻产业有限公司	2021.12.30
CNA017965G	CNA20183791.3	水稻	亮2172S	合肥国丰农业科技有限公司	2021.12.30
CNA017966G	CNA20183866.3	水稻	长丝101	萍乡市农业科学研究所	2021.12.30
CNA017967G	CNA20183868.1	水稻	莲育711	黑龙江省莲江口种子有限公司	2021.12.30
CNA017968G	CNA20183869.0	水稻	莲汇6612	黑龙江省莲汇农业科技有限公司	2021.12.30
CNA017969G	CNA20183897.6	水稻	帮恢308	重庆帮豪种业股份有限公司	2021.12.30
CNA017970G	CNA20183898.5	水稻	云豪A	重庆帮豪种业股份有限公司	2021.12.30
CNA017971G	CNA20183899.4	水稻	渝豪A	重庆帮豪种业股份有限公司	2021.12.30
CNA017972G	CNA20183982.2	水稻	擎1S	中国种子集团有限公司	2021.12.30
CNA017973G	CNA20183983.1	水稻	擎9S	中国种子集团有限公司	2021.12.30
CNA017974G	CNA20184081.0	水稻	莲育125	黑龙江省莲汇农业科技有限公司	2021.12.30
CNA017975G	CNA20184150.6	水稻	龙粳3013	黑龙江省农业科学院水稻研究所	2021.12.30
CNA017976G	CNA20184151.5	水稻	龙粳3005	黑龙江省农业科学院水稻研究所	2021.12.30
CNA017977G	CNA20184153.3	水稻	龙粳3010	黑龙江省农业科学院水稻研究所	2021.12.30
CNA017978G	CNA20184200.6	水稻	冰润1号	四川冰清玉润农业科技有限公司	2021.12.30
CNA017979G	CNA20184212.2	水稻	黄柳香占	安徽兆和种业有限公司	2021.12.30
CNA017980G	CNA20184455.8	水稻	生56S	安徽省农业科学院水稻研究所	2021.12.30
CNA017981G	CNA20184465.6	水稻	绥粳108	黑龙江省农业科学院绥化分院	2021.12.30
CNA017982G	CNA20184467.4	水稻	绥粳31	黑龙江省农业科学院绥化分院	2021.12.30
CNA017983G	CNA20184468.3	水稻	绥粳32	黑龙江省农业科学院绥化分院	2021.12.30
CNA017984G	CNA20184470.9	水稻	绥粳102	黑龙江省农业科学院绥化分院	2021.12.30
CNA017985G	CNA20184471.8	水稻	绥粳105	黑龙江省农业科学院绥化分院	2021.12.30
CNA017986G	CNA20184511.0	水稻	奥隆丝苗	湖南奥谱隆科技股份有限公司	2021.12.30
CNA017987G	CNA20184678.9	水稻	长恢70	长江大学 宜昌市农业科学研究院	2021.12.30
CNA017988G	CNA20184817.1	水稻	辽粳419	辽宁省水稻研究所	2021.12.30
CNA017989G	CNA20184818.0	水稻	辽粳1415	辽宁省水稻研究所	2021.12.30
CNA017990G	CNA20191000053	水稻	Y两优919	安徽袁粮水稻产业有限公司	2021.12.30
CNA017991G	CNA20191000157	水稻	华智191	华智生物技术有限公司 湖南农业大学	2021.12.30

公告号	品种权号	植物种类	品种名称	品种权人	授权日
CNA017992G	CNA20191000160	水稻	R9001	华智水稻生物技术有限公司 湖南杂交水稻研究中心	2021.12.30
CNA017993G	CNA20191000601	水稻	禧优华占	安徽袁粮水稻产业有限公司	2021.12.30
CNA017994G	CNA20191000911	水稻	莲汇13	黑龙江省莲汇农业科技有限公司	2021.12.30
CNA017995G	CNA20191000968	水稻	莲育香6号	黑龙江省莲江口种子有限公司 佳木斯市益农水稻研究所	2021.12.30
CNA017996G	CNA20191000981	水稻	泗稻17号	江苏省农业科学院宿迁农科所	2021.12.30
CNA017997G	CNA20191001362	水稻	R610311	武汉大学	2021.12.30
CNA017998G	CNA20191001388	水稻	绥粳109	黑龙江省农业科学院绥化分院	2021.12.30
CNA017999G	CNA20191001398	水稻	隆晶优413	袁隆平农业高科技股份有限公司 湖南亚华种业科学研究院 湖南隆平高科种业科学研究院有限公司	2021.12.30
CNA018000G	CNA20191001399	水稻	隆晶优4013	袁隆平农业高科技股份有限公司 湖南隆平高科种业科学研究院有限公司 湖南亚华种业科学研究院	2021.12.30
CNA018001G	CNA20191001780	水稻	米岗油占	广东现代种业发展有限公司	2021.12.30
CNA018002G	CNA20191001892	水稻	云粳46号	云南省农业科学院粮食作物研究所	2021.12.30
CNA018003G	CNA20191002051	水稻	锦两优7810	袁隆平农业高科技股份有限公司 湖南隆平高科种业科学研究院有限公司 湖南亚华种业科学研究院	2021.12.30
CNA018004G	CNA20191002669	水稻	珍9S	安徽袁粮水稻产业有限公司	2021.12.30
CNA018005G	CNA20191002784	水稻	HA9311	中国科学院合肥物质科学研究院	2021.12.30
CNA018006G	CNA20191002801	水稻	E恢688	中国科学院合肥物质科学研究院	2021.12.30
CNA018007G	CNA20191002838	水稻	扬农产28	扬州大学 江苏神农大丰种业科技有限公司	2021.12.30
CNA018008G	CNA20191002937	水稻	YH532	安徽荃银高科种业股份有限公司	2021.12.30
CNA018009G	CNA20191002957	水稻	2413S	武汉衍升农业科技有限公司	2021.12.30
CNA018010G	CNA20191003047	水稻	豫章香占	江西春丰农业科技有限公司	2021.12.30
CNA018011G	CNA20191003385	水稻	内香优8012	中国水稻研究所 江西洪崖种业有限责任公司 内江杂交水稻科技开发中心	2021.12.30
CNA018012G	CNA20191003408	水稻	R1627	中国种子集团有限公司 湖南农业大学	2021.12.30
CNA018013G	CNA20191003580	水稻	德粳6号	四川省农业科学院水稻高粱研究所	2021.12.30
CNA018014G	CNA20191003616	水稻	升香301S	武汉衍升农业科技有限公司	2021.12.30
CNA018015G	CNA20191003812	水稻	建航1715	黑龙江省建三江农垦吉地原种业有限公司	2021.12.30
CNA018016G	CNA20191004383	水稻	上545S	湖南农业大学	2021.12.30

公告号	品种权号	植物种类	品种名称	品种权人	授权日
CNA018017G	CNA20191004425	水稻	莲汇6811	黑龙江省莲江口种子有限公司	2021.12.30
CNA018018G	CNA20191004447	水稻	农香优2381	湖南佳和种业股份有限公司	2021.12.30
CNA018019G	CNA20191004472	水稻	泰优19香	广东省农业科学院水稻研究所	2021.12.30
CNA018020G	CNA20191004744	水稻	莲育420	黑龙江省莲江口种子有限公司 黑龙江省莲汇农业科技有限公司	2021.12.30
CNA018021G	CNA20191004858	水稻	龙禾156	黑龙江田友种业有限公司	2021.12.30
CNA018022G	CNA20191004859	水稻	龙桦3	黑龙江田友种业有限公司	2021.12.30
CNA018023G	CNA20191004922	水稻	庐香1号	合肥市农业科学研究院	2021.12.30
CNA018024G	CNA20191005002	水稻	龙盾1849	黑龙江省莲江口种子有限公司	2021.12.30
CNA018025G	CNA20191005006	水稻	内6优2118	四川农业大学 内江杂交水稻科技开发中心 四川天宇种业有限公司	2021.12.30
CNA018026G	CNA20191005018	水稻	南粳53045	江苏省农业科学院	2021.12.30
CNA018027G	CNA20191005077	水稻	五岭丰占	安徽凯利种业有限公司	2021.12.30
CNA018028G	CNA20191005254	水稻	中恢1618	中国水稻研究所	2021.12.30
CNA018029G	CNA20191005255	水稻	中恢9330	中国水稻研究所	2021.12.30
CNA018030G	CNA20191005340	水稻	科粳365	昆山科腾生物科技有限公司	2021.12.30
CNA018031G	CNA20191005347	水稻	华智R11934	华智水稻生物技术有限公司	2021.12.30
CNA018032G	CNA20191005348	水稻	华智R11935	华智生物技术有限公司	2021.12.30
CNA018033G	CNA20191005518	水稻	科粳618	昆山科腾生物科技有限公司	2021.12.30
CNA018034G	CNA20191005646	水稻	建航172	黑龙江省建三江农垦吉地原种业有限公司	2021.12.30
CNA018035G	CNA20191005697	水稻	粤抗新占	中国水稻研究所	2021.12.30
CNA018036G	CNA20191006107	水稻	沪旱106	上海市农业生物基因中心	2021.12.30
CNA018037G	CNA20191006108	水稻	沪旱1517	上海市农业生物基因中心	2021.12.30
CNA018038G	CNA20191006109	水稻	沪旱1516	上海市农业生物基因中心	2021.12.30
CNA018039G	CNA20191006182	水稻	禅稻1号	北京农联双创科技有限公司 甘南县农联航育种业有限公司	2021.12.30
CNA018040G	CNA20191006192	水稻	湘农恢018	湖南农业大学 湖南希望种业科技股份有限公司	2021.12.30
CNA018041G	CNA20191006260	水稻	沪旱6220	上海市农业生物基因中心	2021.12.30
CNA018042G	CNA20191006287	水稻	荃9优5号	安徽荃银高科种业股份有限公司	2021.12.30
CNA018043G	CNA20191006401	水稻	龙稻203	黑龙江省农业科学院耕作栽培研究所	2021.12.30

公告号	品种权号	植物种类	品种名称	品种权人	授权日
CNA018044G	CNA20191006493	水稻	恒丰优158	广东省农业科学院水稻研究所 广东粤良种业有限公司	2021.12.30
CNA018045G	CNA20191006515	水稻	荃广B	安徽荃银高科种业股份有限公司	2021.12.30
CNA018046G	CNA20191006527	水稻	全两优华占	湖北荃银高科种业有限公司	2021.12.30
CNA018047G	CNA20191006530	水稻	银两优822	湖北荃银高科种业有限公司 安徽荃银高科种业股份有限公司	2021.12.30
CNA018048G	CNA20191006580	水稻	育龙59	黑龙江省农业科学院作物资源研究所	2021.12.30
CNA018049G	CNA20191006694	水稻	荃泰B	安徽荃银高科种业股份有限公司	2021.12.30
CNA018050G	CNA20191006716	水稻	常优998	常熟市农业科学研究所	2021.12.30
CNA018051G	CNA20191006741	水稻	银恢002	安徽荃银高科种业股份有限公司	2021.12.30
CNA018052G	CNA20191006766	水稻	荃恢10号	安徽荃银高科种业股份有限公司	2021.12.30
CNA018053G	CNA20191006886	水稻	YR0219	安徽荃银高科种业股份有限公司	2021.12.30
CNA018054G	CNA20191006887	水稻	YR9085	安徽荃银高科种业股份有限公司	2021.12.30
CNA018055G	CNA20191006902	水稻	天隆粳169	天津天隆科技股份有限公司	2021.12.30
CNA018056G	CNA20191006916	水稻	YH6019	安徽荃银高科种业股份有限公司	2021.12.30
CNA018057G	CNA20191006918	水稻	YR135	安徽荃银高科种业股份有限公司	2021.12.30
CNA018058G	CNA20191006971	水稻	荃优169	安徽荃银高科种业股份有限公司	2021.12.30
CNA018059G	CNA20201000038	水稻	圣糯139	山东省水稻研究所	2021.12.30
CNA018060G	CNA20201000090	水稻	武育粳528	江苏（武进）水稻研究所	2021.12.30
CNA018061G	CNA20201000099	水稻	临稻29	沂南县水稻研究所	2021.12.30
CNA018062G	CNA20201000101	水稻	成糯398A	四川省农业科学院作物研究所	2021.12.30
CNA018063G	CNA20201000145	水稻	中科粳5号	中国科学院合肥物质科学研究院	2021.12.30
CNA018064G	CNA20201000147	水稻	圳两优2018	长沙利诚种业有限公司	2021.12.30
CNA018065G	CNA20201000148	水稻	圳两优749	长沙利诚种业有限公司	2021.12.30
CNA018066G	CNA20201000149	水稻	利两优银丝	长沙利诚种业有限公司	2021.12.30
CNA018067G	CNA20201000180	水稻	科粳稻2号	昆山科腾生物科技有限公司	2021.12.30
CNA018068G	CNA20201000191	水稻	全两优楚丰 丝苗	湖北荃银高科种业有限公司	2021.12.30
CNA018069G	CNA20201000213	水稻	连鉴5号	连云港市农业科学院	2021.12.30
CNA018070G	CNA20201000214	水稻	野香优油丝	广西绿海种业有限公司	2021.12.30
CNA018071G	CNA20201000229	水稻	天盈2号	黑龙江省莲江口种子有限公司	2021.12.30
CNA018072G	CNA20201000234	水稻	顺两优6100	广东华农大种业有限公司	2021.12.30
CNA018073G	CNA20201000235	水稻	华两优6100	广东华农大种业有限公司	2021.12.30

公告号	品种权号	植物种类	品种名称	品种权人	授权日
CNA018074G	CNA20201000238	水稻	育龙51	黑龙江省农业科学院作物资源研究所	2021.12.30
CNA018075G	CNA20201000249	水稻	华美优3352	广东华农大种业有限公司	2021.12.30
CNA018076G	CNA20201000289	水稻	福粳688	梅河口市金种子种业有限公司	2021.12.30
CNA018077G	CNA20201000297	水稻	育龙60	黑龙江省农业科学院作物资源研究所	2021.12.30
CNA018078G	CNA20201000303	水稻	玖两优505	湖南省核农学与航天育种研究所	2021.12.30
CNA018079G	CNA20201000306	水稻	通禾898	通化市农业科学研究院	2021.12.30
CNA018080G	CNA20201000307	水稻	通禾868	通化市农业科学研究院	2021.12.30
CNA018081G	CNA20201000308	水稻	通禾866	通化市农业科学研究院	2021.12.30
CNA018082G	CNA20201000309	水稻	通禾861	通化市农业科学研究院	2021.12.30
CNA018083G	CNA20201000501	水稻	Q两优1606	安徽荃银高科种业股份有限公司	2021.12.30
CNA018084G	CNA20201000506	水稻	银两优606	安徽荃银高科种业股份有限公司	2021.12.30
CNA018085G	CNA20201000545	水稻	临秀58	沂南县水稻研究所	2021.12.30
CNA018086G	CNA20201000637	水稻	扬辐粳11号	江苏里下河地区农业科学研究所	2021.12.30
CNA018087G	CNA20201000773	水稻	临稻26	沂南县水稻研究所	2021.12.30
CNA018088G	CNA20201000867	水稻	川康优4313	四川省农业科学院作物研究所	2021.12.30
CNA018089G	CNA20201001020	水稻	育龙61	黑龙江省农业科学院作物资源研究所	2021.12.30
CNA018090G	CNA20201001022	水稻	育龙62	黑龙江省农业科学院作物资源研究所	2021.12.30
CNA018091G	CNA20201001052	水稻	通育337	通化市农业科学研究院	2021.12.30
CNA018092G	CNA20201001085	水稻	35B	安徽荃银高科种业股份有限公司	2021.12.30
CNA018093G	CNA20201001103	水稻	YR006	安徽荃银高科种业股份有限公司	2021.12.30
CNA018094G	CNA20201001104	水稻	YR53242	安徽荃银高科种业股份有限公司	2021.12.30
CNA018095G	CNA20201001105	水稻	YR160	安徽荃银高科种业股份有限公司	2021.12.30
CNA018096G	CNA20201001164	水稻	荃广优532	安徽荃银高科种业股份有限公司	2021.12.30
CNA018097G	CNA20201001332	水稻	9优766	江苏红旗种业股份有限公司 安徽荃银高科种业股份有限公司 安徽红旗种业科技有限公司	2021.12.30
CNA018098G	CNA20201001334	水稻	南粳7718	江苏省农业科学院	2021.12.30
CNA018099G	CNA20201001338	水稻	连粳17号	连云港市农业科学院	2021.12.30
CNA018100G	CNA20201001351	水稻	宁7909	江苏省农业科学院	2021.12.30
CNA018101G	CNA20201001358	水稻	辽粳218	辽宁省水稻研究所	2021.12.30
CNA018102G	CNA20201001361	水稻	Y两优609	江苏红旗种业股份有限公司	2021.12.30
CNA018103G	CNA20201001375	水稻	巧两优1220	安徽喜多收种业科技有限公司	2021.12.30
CNA018104G	CNA20201001404	水稻	连粳18号	连云港市农业科学院	2021.12.30

2021年 农业植物新品种保护发展报告 NONGYE ZHIWU XINPINZHONG BAOHU FAZHAN BAOGAO

公告号	品种权号	植物种类	品种名称	品种权人	授权日
CNA018105G	CNA20201001417	水稻	大粮317	临沂市金秋大粮农业科技有限公司	2021.12.30
CNA018106G	CNA20201001454	水稻	扬粳7081	江苏里下河地区农业科学研究所 安徽荃银高科种业股份有限公司	2021.12.30
CNA018107G	CNA20201001457	水稻	荃香糯3号	江苏里下河地区农业科学研究所 安徽荃银高科种业股份有限公司	2021.12.30
CNA018108G	CNA20201001542	水稻	泰粳5241	江苏（武进）水稻研究所 江苏红旗种业股份有限公司	2021.12.30
CNA018109G	CNA20201001758	水稻	辽粳2086	辽宁省水稻研究所	2021.12.30
CNA018110G	CNA20201001835	水稻	金香玉1号	江苏里下河地区农业科学研究所 江苏金土地种业有限公司	2021.12.30
CNA018111G	CNA20201001878	水稻	天隆粳314	天津天隆科技股份有限公司 国家粳稻工程技术研究中心	2021.12.30
CNA018112G	CNA20201001912	水稻	泰优1625	中国种子集团有限公司 湖南农业大学	2021.12.30
CNA018113G	CNA20201002058	水稻	荃优982	江苏丘陵地区镇江农业科学研究所	2021.12.30
CNA018114G	CNA20201002099	水稻	福两优1376	金华市农业科学研究院 福建省农业科学院水稻研究所	2021.12.30
CNA018115G	CNA20201002146	水稻	臻两优8612	湖南隆平高科种业科学研究院有限公司 袁隆平农业高科技股份有限公司 湖南亚华种业科学研究院	2021.12.30
CNA018116G	CNA20201002147	水稻	臻两优5438	袁隆平农业高科技股份有限公司 湖南隆平高科种业科学研究院有限公司 湖南亚华种业科学研究院	2021.12.30
CNA018117G	CNA20201002148	水稻	臻两优3703	湖南隆平高科种业科学研究院有限公司 袁隆平农业高科技股份有限公司 湖南亚华种业科学研究院	2021.12.30
CNA018118G	CNA20201002149	水稻	隆两优95	湖南隆平高科种业科学研究院有限公司 袁隆平农业高科技股份有限公司 湖南亚华种业科学研究院	2021.12.30
CNA018119G	CNA20201002150	水稻	隆两优1957	湖南隆平高科种业科学研究院有限公司 袁隆平农业高科技股份有限公司 湖南亚华种业科学研究院	2021.12.30
CNA018120G	CNA20201002151	水稻	隆两优华宝	袁隆平农业高科技股份有限公司 海南大学 湖南隆平高科种业科学研究院有限公司 湖南亚华种业科学研究院	2021.12.30
CNA018121G	CNA20201002152	水稻	隆晶优玛占	湖南隆平高科种业科学研究院有限公司 袁隆平农业高科技股份有限公司 湖南亚华种业科学研究院	2021.12.30
CNA018122G	CNA20201002155	水稻	华恢8549	袁隆平农业高科技股份有限公司 湖南隆平高科种业科学研究院有限公司 湖南亚华种业科学研究院	2021.12.30

公告号	品种权号	植物种类	品种名称	品种权人	授权日
CNA018123G	CNA20201002156	水稻	华恢4413	袁隆平农业高科技股份有限公司 湖南隆平高科种业科学研究院有限公司 湖南亚华种业科学研究院	2021.12.30
CNA018124G	CNA20201002158	水稻	泰丝	袁隆平农业高科技股份有限公司 湖南隆平高科种业科学研究院有限公司 湖南亚华种业科学研究院	2021.12.30
CNA018125G	CNA20201002160	水稻	华恢3228	袁隆平农业高科技股份有限公司 湖南隆平高科种业科学研究院有限公司 湖南亚华种业科学研究院	2021.12.30
CNA018126G	CNA20201002161	水稻	华恢3485	袁隆平农业高科技股份有限公司 湖南隆平高科种业科学研究院有限公司 湖南亚华种业科学研究院	2021.12.30
CNA018127G	CNA20201002177	水稻	隆晶优1273	湖南隆平高科种业科学研究院有限公司 袁隆平农业高科技股份有限公司 湖南亚华种业科学研究院	2021.12.30
CNA018128G	CNA20201002195	水稻	隆晶优4171	湖南隆平高科种业科学研究院有限公司 袁隆平农业高科技股份有限公司 湖南亚华种业科学研究院	2021.12.30
CNA018129G	CNA20201002201	水稻	隆锋优905	湖南隆平高科种业科学研究院有限公司 袁隆平农业高科技股份有限公司 湖南亚华种业科学研究院	2021.12.30
CNA018130G	CNA20201002216	水稻	玮两优1273	湖南隆平高科种业科学研究院有限公司 袁隆平农业高科技股份有限公司 湖南亚华种业科学研究院	2021.12.30
CNA018131G	CNA20201002217	水稻	玮两优1227	湖南隆平高科种业科学研究院有限公司 袁隆平农业高科技股份有限公司 湖南亚华种业科学研究院	2021.12.30
CNA018132G	CNA20201002218	水稻	玮两优1019	湖南隆平高科种业科学研究院有限公司 袁隆平农业高科技股份有限公司 湖南亚华种业科学研究院	2021.12.30
CNA018133G	CNA20201002229	水稻	D两优8612	袁隆平农业高科技股份有限公司 湖南隆平高科种业科学研究院有限公司 湖南亚华种业科学研究院	2021.12.30
CNA018134G	CNA20201002284	水稻	悦两优金4	袁隆平农业高科技股份有限公司 深圳市金谷美香实业有限公司 湖南隆平高科种业科学研究院有限公司 湖南亚华种业科学研究院 深圳隆平金谷种业有限公司	2021.12.30
CNA018135G	CNA20201002285	水稻	悦两优1672	袁隆平农业高科技股份有限公司 湖南隆平高科种业科学研究院有限公司 湖南亚华种业科学研究院	2021.12.30
CNA018136G	CNA20201002287	水稻	玮两优1206	袁隆平农业高科技股份有限公司 广东省农业科学院水稻研究所 湖南隆平高科种业科学研究院有限公司 湖南亚华种业科学研究院	2021.12.30
CNA018137G	CNA20201002298	水稻	悦两优美香 新占	袁隆平农业高科技股份有限公司 深圳市金谷美香实业有限公司 湖南隆平高科种业科学研究院有限公司 湖南亚华种业科学研究院 深圳隆平金谷种业有限公司	2021.12.30

公告号	品种权号	植物种类	品种名称	品种权人	授权日
CNA018138G	CNA20201002311	水稻	悦两优3189	湖南隆平高科种业科学研究院有限公司 袁隆平农业高科技股份有限公司 湖南亚华种业科学研究院	2021.12.30
CNA018139G	CNA20201002316	水稻	隆晶优蒂占	袁隆平农业高科技股份有限公司 湖南隆平高科种业科学研究院有限公司 湖南亚华种业科学研究院	2021.12.30
CNA018140G	CNA20201002372	水稻	绥粳112	黑龙江省农业科学院绥化分院	2021.12.30
CNA018141G	CNA20201002374	水稻	旌3优2115	四川农业大学 四川省农业科学院水稻高粱研究所 四川绿丹至诚种业有限公司	2021.12.30
CNA018142G	CNA20201002406	水稻	雅7优5049	四川农业大学 四川嘉禾种子有限公司	2021.12.30
CNA018143G	CNA20201002471	水稻	甬籼641	宁波市农业科学研究院	2021.12.30
CNA018144G	CNA20201002472	水稻	甬粳581	宁波市农业科学研究院	2021.12.30
CNA018145G	CNA20201002483	水稻	雅5优2199	四川农业大学	2021.12.30
CNA018146G	CNA20201002488	水稻	绥粳121	黑龙江省农业科学院绥化分院	2021.12.30
CNA018147G	CNA20201002489	水稻	绥粳137	黑龙江省农业科学院绥化分院	2021.12.30
CNA018148G	CNA20201002522	水稻	广糯1号	广西壮族自治区农业科学院	2021.12.30
CNA018149G	CNA20201002523	水稻	广福3号	广西壮族自治区农业科学院	2021.12.30
CNA018150G	CNA20201002524	水稻	广福2号	广西壮族自治区农业科学院	2021.12.30
CNA018151G	CNA20201002525	水稻	广福香丝苗	广西壮族自治区农业科学院	2021.12.30
CNA018152G	CNA20201002557	水稻	中广120	广西壮族自治区农业科学院	2021.12.30
CNA018153G	CNA20201002558	水稻	中广179	广西壮族自治区农业科学院	2021.12.30
CNA018154G	CNA20201002623	水稻	乐3优2275	四川农业大学 乐山市农业科学研究院	2021.12.30
CNA018155G	CNA20201002637	水稻	徽两优香丝苗	安徽兆和种业有限公司	2021.12.30
CNA018156G	CNA20201002677	水稻	九优粤禾丝苗	安徽荃银超大种业有限公司	2021.12.30
CNA018157G	CNA20201002707	水稻	香血稻515	江苏（武进）水稻研究所	2021.12.30
CNA018158G	CNA20201002719	水稻	广恢1521	广东省农业科学院水稻研究所	2021.12.30
CNA018159G	CNA20201002722	水稻	福恢702	福建省农业科学院水稻研究所	2021.12.30
CNA018160G	CNA20201002813	水稻	忠S	株洲市农业科学研究所	2021.12.30
CNA018161G	CNA20201002861	水稻	南粳01A	江苏省农业科学院	2021.12.30
CNA018162G	CNA20201002905	水稻	镇稻668	江苏丘陵地区镇江农业科学研究所 江苏丰源种业有限公司	2021.12.30
CNA018163G	CNA20201002910	水稻	钧香优2918	广西桂稻香农作物研究所有限公司	2021.12.30

公告号	品种权号	植物种类	品种名称	品种权人	授权日
CNA018164G	CNA20201002920	水稻	鸿源29	黑龙江孙斌鸿源农业开发集团有限责任公司	2021.12.30
CNA018165G	CNA20201003055	水稻	申优27	上海市农业科学院 复旦大学	2021.12.30
CNA018166G	CNA20201003060	水稻	泽两优8607	湖南隆平高科种业科学研究院有限公司 袁隆平农业高科技股份有限公司 湖南亚华种业科学研究院	2021.12.30
CNA018167G	CNA20201003106	水稻	荃优607	中国种子集团有限公司	2021.12.30
CNA018168G	CNA20201003175	水稻	宁两优1513	江苏明天种业科技股份有限公司	2021.12.30
CNA018169G	CNA20201003180	水稻	辽粳香2号	辽宁省水稻研究所	2021.12.30
CNA018170G	CNA20201003677	水稻	德1优3241	四川省农业科学院水稻高粱研究所	2021.12.30
CNA018171G	CNA20201003729	水稻	辽粳1758	辽宁省水稻研究所	2021.12.30
CNA018172G	CNA20201003955	水稻	辽粳1925	辽宁省水稻研究所	2021.12.30
CNA018173G	CNA20201004020	水稻	津粳优1619	天津市水稻研究所 江苏省金地种业科技有限公司	2021.12.30
CNA018174G	CNA20201004088	水稻	香丝5293	广东省农业科学院水稻研究所	2021.12.30
CNA018175G	CNA20201004350	水稻	秀厢A	广西壮族自治区农业科学院	2021.12.30
CNA018176G	CNA20201004437	水稻	旱优3015	上海市农业生物基因中心	2021.12.30
CNA018177G	CNA20201004541	水稻	绥香075206	黑龙江省农业科学院绥化分院	2021.12.30
CNA018178G	CNA20201005017	水稻	川优8459	四川省农业科学院作物研究所	2021.12.30
CNA018179G	CNA20140634.4	玉米	华皖602	安徽华皖种业有限公司	2021.12.30
CNA018180G	CNA20140779.9	玉米	BA702	河北巡天农业科技有限公司	2021.12.30
CNA018181G	CNA20140780.6	玉米	X24621	河北巡天农业科技有限公司	2021.12.30
CNA018182G	CNA20141466.5	玉米	荣玉8号	葫芦岛市农业新品种科技开发有限公司	2021.12.30
CNA018183G	CNA20141695.8	玉米	农大372	河北巡天农业科技有限公司	2021.12.30
CNA018184G	CNA20150195.4	玉米	恩喜爱1号	北票市兴业玉米高新技术研究所	2021.12.30
CNA018185G	CNA20150615.6	玉米	锦华299	李景生	2021.12.30
CNA018186G	CNA20151019.6	玉米	TY12211	北京屯玉种业有限责任公司	2021.12.30
CNA018187G	CNA20151080.0	玉米	ZT118	北京沃尔正泰农业科技有限公司	2021.12.30
CNA018188G	CNA20151294.2	玉米	13A1711	北京金色农华种业科技股份有限公司	2021.12.30
CNA018189G	CNA20151297.9	玉米	Y45VD	北京金色农华种业科技股份有限公司	2021.12.30
CNA018190G	CNA20151435.2	玉米	屿诚2号	黑龙江鹏程农业发展有限公司	2021.12.30
CNA018191G	CNA20151643.0	玉米	F13333	斯泰种业公司	2021.12.30
CNA018192G	CNA20151718.0	玉米	瑞甜	先正达参股股份有限公司	2021.12.30

公告号	品种权号	植物种类	品种名称	品种权人	授权日
CNA018193G	CNA20151747.5	玉米	CA11DH52	中国农业科学院作物科学研究所	2021.12.30
CNA018194G	CNA20151748.4	玉米	CA11DH58	中国农业科学院作物科学研究所	2021.12.30
CNA018195G	CNA20151750.9	玉米	CA11DH65	中国农业科学院作物科学研究所	2021.12.30
CNA018196G	CNA20151751.8	玉米	CA11DH108	中国农业科学院作物科学研究所	2021.12.30
CNA018197G	CNA20151752.7	玉米	CA11DH228	中国农业科学院作物科学研究所	2021.12.30
CNA018198G	CNA20151753.6	玉米	CA11DH231	中国农业科学院作物科学研究所	2021.12.30
CNA018199G	CNA20151755.4	玉米	CA13DH38	中国农业科学院作物科学研究所	2021.12.30
CNA018200G	CNA20151756.3	玉米	CA13DH53	中国农业科学院作物科学研究所	2021.12.30
CNA018201G	CNA20151757.2	玉米	CA13DH100	中国农业科学院作物科学研究所	2021.12.30
CNA018202G	CNA20151809.0	玉米	SX3527	山东鑫丰种业股份有限公司	2021.12.30
CNA018203G	CNA20151985.6	玉米	FK334	内蒙古丰垦种业有限责任公司	2021.12.30
CNA018204G	CNA20160038.4	玉米	鹏诚6号	黑龙江鹏程农业发展有限公司	2021.12.30
CNA018205G	CNA20160110.5	玉米	LJ15ha011	辽宁辽吉种业有限公司	2021.12.30
CNA018206G	CNA20160138.3	玉米	联创11号	北京联创种业有限公司	2021.12.30
CNA018207G	CNA20160149.0	玉米	Fox2	佛山科学技术学院	2021.12.30
CNA018208G	CNA20160345.2	玉米	合选05	黑龙江省农业科学院佳木斯分院	2021.12.30
CNA018209G	CNA20160346.1	玉米	合选07	黑龙江省农业科学院佳木斯分院	2021.12.30
CNA018210G	CNA20160347.0	玉米	合选09	黑龙江省农业科学院佳木斯分院	2021.12.30
CNA018211G	CNA20160348.9	玉米	合选11	黑龙江省农业科学院佳木斯分院	2021.12.30
CNA018212G	CNA20160554.8	玉米	安农102	安徽农业大学	2021.12.30
CNA018213G	CNA20160555.7	玉米	安农105	安徽农业大学	2021.12.30
CNA018214G	CNA20160602.0	玉米	SN188	山东农业大学	2021.12.30
CNA018215G	CNA20160737.8	玉米	SWL03	上海市农业科学院	2021.12.30
CNA018216G	CNA20160738.7	玉米	SWL04	上海市农业科学院	2021.12.30
CNA018217G	CNA20160855.4	玉米	ZD8827	中地种业（集团）有限公司	2021.12.30
CNA018218G	CNA20160882.1	玉米	xzy313	贵州新中一种业股份有限公司	2021.12.30
CNA018219G	CNA20161076.5	玉米	乾玉198	黑龙江省乾润农业科技有限公司	2021.12.30
CNA018220G	CNA20161077.4	玉米	北系10	黑龙江省乾润农业科技有限公司	2021.12.30
CNA018221G	CNA20161079.2	玉米	本7	黑龙江省乾润农业科技有限公司	2021.12.30
CNA018222G	CNA20161084.5	玉米	石玉11号	石家庄市农林科学研究院	2021.12.30
CNA018223G	CNA20161199.7	玉米	万鲜甜168	万农高科股份有限公司	2021.12.30
CNA018224G	CNA20161210.2	玉米	先达602	三北种业有限公司	2021.12.30

公告号	品种权号	植物种类	品种名称	品种权人	授权日
CNA018225G	CNA20161227.3	玉米	优旗199	吉林省鸿翔农业集团鸿翔种业有限公司	2021.12.30
CNA018226G	CNA20161228.2	玉米	F12	吉林省鸿翔农业集团鸿翔种业有限公司	2021.12.30
CNA018227G	CNA20161230.8	玉米	X923	吉林省鸿翔农业集团鸿翔种业有限公司 吉林省军育农业有限公司	2021.12.30
CNA018228G	CNA20161231.7	玉米	XY209	吉林省鸿翔农业集团鸿翔种业有限公司	2021.12.30
CNA018229G	CNA20161232.6	玉米	Y9507	吉林省鸿翔农业集团鸿翔种业有限公司	2021.12.30
CNA018230G	CNA20161263.8	玉米	欣煊22	沈阳市法库农业科学院	2021.12.30
CNA018231G	CNA20161264.7	玉米	F0721	沈阳市法库农业科学院	2021.12.30
CNA018232G	CNA20161265.6	玉米	法1729	沈阳市法库农业科学院	2021.12.30
CNA018233G	CNA20161266.5	玉米	F4574	沈阳市法库农业科学院	2021.12.30
CNA018234G	CNA20161281.6	玉米	NH17B1	北京金色农华种业科技股份有限公司	2021.12.30
CNA018235G	CNA20161282.5	玉米	NHW28	北京金色农华种业科技股份有限公司	2021.12.30
CNA018236G	CNA20161334.3	玉米	LB03	安徽隆平高科种业有限公司	2021.12.30
CNA018237G	CNA20161410.0	玉米	冀H521	河北省农林科学院粮油作物研究所	2021.12.30
CNA018238G	CNA20161416.4	玉米	先玉1360	先锋国际良种公司	2021.12.30
CNA018239G	CNA20161452.9	玉米	NP01181	利马格兰欧洲	2021.12.30
CNA018240G	CNA20161453.8	玉米	NP01271	利马格兰欧洲	2021.12.30
CNA018241G	CNA20161454.7	玉米	NP01371	利马格兰欧洲	2021.12.30
CNA018242G	CNA20161455.6	玉米	WCB142	利马格兰欧洲	2021.12.30
CNA018243G	CNA20161472.5	玉米	先玉1490	先锋国际良种公司	2021.12.30
CNA018244G	CNA20161473.4	玉米	先玉1525	先锋国际良种公司	2021.12.30
CNA018245G	CNA20161478.9	玉米	LAN1517	哈尔滨东北丰种子有限公司	2021.12.30
CNA018246G	CNA20161479.8	玉米	HSG199033	哈尔滨东北丰种子有限公司	2021.12.30
CNA018247G	CNA20161486.9	玉米	武科609	甘肃武科种业科技有限责任公司 武威市农业科学研究院	2021.12.30
CNA018248G	CNA20161487.8	玉米	武科12	甘肃武科种业科技有限责任公司 武威市农业科学研究院	2021.12.30
CNA018249G	CNA20161489.6	玉米	浚696	河南永优种业科技有限公司 鹤壁市农业科学院	2021.12.30
CNA018250G	CNA20161490.3	玉米	浚573	河南永优种业科技有限公司 鹤壁市农业科学院	2021.12.30
CNA018251G	CNA20161500.1	玉米	PHM6T	先锋国际良种公司	2021.12.30
CNA018252G	CNA20161538.7	玉米	赛博159	山西中农赛博种业有限公司	2021.12.30
CNA018253G	CNA20161541.2	玉米	泓丰66	北京新实泓丰种业有限公司	2021.12.30

2021年
农业植物新品种保护发展报告
NONGYE ZHIWU XINPINZHONG BAOHU FAZHAN BAOGAO

公告号	品种权号	植物种类	品种名称	品种权人	授权日
CNA018254G	CNA20161542.1	玉米	泓丰818	北京新实泓丰种业有限公司	2021.12.30
CNA018255G	CNA20161546.7	玉米	三北907	先正达参股股份有限公司	2021.12.30
CNA018256G	CNA20161547.6	玉米	NP5335	先正达参股股份有限公司	2021.12.30
CNA018257G	CNA20161548.5	玉米	NP5843	先正达参股股份有限公司	2021.12.30
CNA018258G	CNA20161549.4	玉米	NP5811	先正达参股股份有限公司	2021.12.30
CNA018259G	CNA20161550.0	玉米	NP5836	先正达参股股份有限公司	2021.12.30
CNA018260G	CNA20161570.6	玉米	KA105	西北农林科技大学	2021.12.30
CNA018261G	CNA20161572.4	玉米	陕单618	西北农林科技大学	2021.12.30
CNA018262G	CNA20161573.3	玉米	陕单622	西北农林科技大学	2021.12.30
CNA018263G	CNA20161586.8	玉米	渝213	重庆市农业科学院	2021.12.30
CNA018264G	CNA20161591.1	玉米	D1798Z	孟山都科技有限责任公司	2021.12.30
CNA018265G	CNA20161615.3	玉米	DHL8054	山东登海种业股份有限公司 辽宁登海种业有限公司	2021.12.30
CNA018266G	CNA20161616.2	玉米	登海NK66	山东登海种业股份有限公司	2021.12.30
CNA018267G	CNA20161620.6	玉米	MC738	北京市农林科学院	2021.12.30
CNA018268G	CNA20161633.1	玉米	耘甜8号	广东现代金穗种业有限公司	2021.12.30
CNA018269G	CNA20161669.8	玉米	沈农B1	沈阳农业大学	2021.12.30
CNA018270G	CNA20161686.7	玉米	雨禾6	葫芦岛市种业有限责任公司	2021.12.30
CNA018271G	CNA20161692.9	玉米	富民985	吉林省富民种业有限公司	2021.12.30
CNA018272G	CNA20161694.7	玉米	恒育898	吉林省恒昌农业开发有限公司	2021.12.30
CNA018273G	CNA20161699.2	玉米	沈玉801	沈阳市农业科学院 沈阳市农业科学院种业有限公司	2021.12.30
CNA018274G	CNA20161746.5	玉米	鲁糯002	山东省农业科学院玉米研究所	2021.12.30
CNA018275G	CNA20161747.4	玉米	LNX03	山东省农业科学院玉米研究所	2021.12.30
CNA018276G	CNA20161815.1	玉米	东单1331	辽宁东亚种业有限公司	2021.12.30
CNA018277G	CNA20161816.0	玉米	XB1621	辽宁东亚种业有限公司	2021.12.30
CNA018278G	CNA20161826.8	玉米	登海652	山东登海种业股份有限公司	2021.12.30
CNA018279G	CNA20161840.0	玉米	京英8号	北京登海种业有限公司	2021.12.30
CNA018280G	CNA20161842.8	玉米	JH0031	刘　莲	2021.12.30
CNA018281G	CNA20161848.2	玉米	NP5838	先正达参股股份有限公司	2021.12.30
CNA018282G	CNA20161849.1	玉米	A2107R	中国科学院遗传与发育生物学研究所	2021.12.30
CNA018283G	CNA20161850.7	玉米	A2117R	中国科学院遗传与发育生物学研究所	2021.12.30
CNA018284G	CNA20161851.6	玉米	B680	中国科学院遗传与发育生物学研究所	2021.12.30

公告号	品种权号	植物种类	品种名称	品种权人	授权日
CNA018285G	CNA20161855.2	玉米	P75P34R	中国科学院遗传与发育生物学研究所	2021.12.30
CNA018286G	CNA20161856.1	玉米	CR53R	中国科学院遗传与发育生物学研究所	2021.12.30
CNA018287G	CNA20161857.0	玉米	WF35	中国科学院遗传与发育生物学研究所	2021.12.30
CNA018288G	CNA20161858.9	玉米	P75P34W	中国科学院遗传与发育生物学研究所	2021.12.30
CNA018289G	CNA20161859.8	玉米	金来318	山东金来种业有限公司	2021.12.30
CNA018290G	CNA20161860.5	玉米	金来918	山东金来种业有限公司	2021.12.30
CNA018291G	CNA20161861.4	玉米	JLW523	山东金来种业有限公司	2021.12.30
CNA018292G	CNA20161862.3	玉米	JL005	山东金来种业有限公司	2021.12.30
CNA018293G	CNA20161866.9	玉米	登海378	山东登海种业股份有限公司	2021.12.30
CNA018294G	CNA20161914.1	玉米	HJ632	黑龙江省农业科学院佳木斯分院	2021.12.30
CNA018295G	CNA20161915.0	玉米	合玉27	黑龙江省农业科学院佳木斯分院	2021.12.30
CNA018296G	CNA20161928.5	玉米	金诚51	湖北扶轮农业科技开发有限公司	2021.12.30
CNA018297G	CNA20161938.3	玉米	FW2525	王洪艳	2021.12.30
CNA018298G	CNA20161939.2	玉米	FW2526	王洪艳	2021.12.30
CNA018299G	CNA20161940.9	玉米	FW2527	王洪艳	2021.12.30
CNA018300G	CNA20161941.8	玉米	FT002	王洪艳	2021.12.30
CNA018301G	CNA20161942.7	玉米	FT001	王洪艳	2021.12.30
CNA018302G	CNA20161945.4	玉米	沈391	沈阳市农业科学院 沈阳市农业科学院种业有限公司	2021.12.30
CNA018303G	CNA20161951.5	玉米	CF8210	山东科源种业有限公司	2021.12.30
CNA018304G	CNA20161952.4	玉米	D9121	山东省德发种业科技有限公司	2021.12.30
CNA018305G	CNA20161953.3	玉米	FY03	山东省德发种业科技有限公司	2021.12.30
CNA018306G	CNA20161954.2	玉米	FY533	山东省德发种业科技有限公司	2021.12.30
CNA018307G	CNA20161955.1	玉米	S8072	山东登海种业股份有限公司 辽宁登海种业有限公司	2021.12.30
CNA018308G	CNA20161956.0	玉米	S9154	山东登海种业股份有限公司 辽宁登海种业有限公司	2021.12.30
CNA018309G	CNA20161958.8	玉米	SH309	宝鸡迪兴农业科技有限公司	2021.12.30
CNA018310G	CNA20161959.7	玉米	德发5号	山东省德发种业科技有限公司	2021.12.30
CNA018311G	CNA20161961.3	玉米	登海377	山东登海种业股份有限公司	2021.12.30
CNA018312G	CNA20161962.2	玉米	润玉8号	济南士海农业科学研究所	2021.12.30
CNA018313G	CNA20161964.0	玉米	永优618	鹤壁市农业科学院	2021.12.30
CNA018314G	CNA20161966.8	玉米	中单122	中国农业科学院作物科学研究所	2021.12.30

2021年
农业植物新品种保护发展报告
NONGYE ZHIWU XINPINZHONG BAOHU FAZHAN BAOGAO

公告号	品种权号	植物种类	品种名称	品种权人	授权日
CNA018315G	CNA20162014.8	玉米	j2509	辽阳金刚种业有限公司	2021.12.30
CNA018316G	CNA20162055.8	玉米	KWS6336	科沃施种子欧洲股份两合公司	2021.12.30
CNA018317G	CNA20162057.6	玉米	J1590	吉林农业大学 长春明玉玉米研究所	2021.12.30
CNA018318G	CNA20162066.5	玉米	CM1	安徽农业大学	2021.12.30
CNA018319G	CNA20162081.6	玉米	省原98	吉林省省原种业有限公司	2021.12.30
CNA018320G	CNA20162085.2	玉米	A094	安徽隆平高科种业有限公司	2021.12.30
CNA018321G	CNA20162093.2	玉米	京321	北京市农林科学院	2021.12.30
CNA018322G	CNA20162094.1	玉米	京322	北京市农林科学院	2021.12.30
CNA018323G	CNA20162095.0	玉米	京5831	北京市农林科学院	2021.12.30
CNA018324G	CNA20162096.9	玉米	京5833	北京市农林科学院	2021.12.30
CNA018325G	CNA20162097.8	玉米	京72464	北京市农林科学院	2021.12.30
CNA018326G	CNA20162099.6	玉米	京92H	北京市农林科学院	2021.12.30
CNA018327G	CNA20162100.3	玉米	京B547	北京市农林科学院	2021.12.30
CNA018328G	CNA20162101.2	玉米	京DB520	北京市农林科学院	2021.12.30
CNA018329G	CNA20162109.4	玉米	机玉3号	河南亿佳和农业科技有限公司	2021.12.30
CNA018330G	CNA20162110.1	玉米	HP0351	河南亿佳和农业科技有限公司	2021.12.30
CNA018331G	CNA20162113.8	玉米	CM89	葫芦岛市明玉种业有限责任公司	2021.12.30
CNA018332G	CNA20162114.7	玉米	CM151	葫芦岛市明玉种业有限责任公司	2021.12.30
CNA018333G	CNA20162115.6	玉米	CM271	葫芦岛市明玉种业有限责任公司	2021.12.30
CNA018334G	CNA20162120.9	玉米	粮源糯1号	河南省粮源农业发展有限公司	2021.12.30
CNA018335G	CNA20162179.9	玉米	洛玉114	洛阳市中垦种业科技有限公司 洛阳农林科学院	2021.12.30
CNA018336G	CNA20162181.5	玉米	XM8172	内蒙古西蒙种业有限公司	2021.12.30
CNA018337G	CNA20162199.5	玉米	LM132	黑龙江齐山种业有限公司	2021.12.30
CNA018338G	CNA20162201.1	玉米	布鲁克1099	内蒙古宏博种业科技有限公司	2021.12.30
CNA018339G	CNA20162203.9	玉米	F1732	山东登海种业股份有限公司 黑龙江登海种业有限公司	2021.12.30
CNA018340G	CNA20162204.8	玉米	F10	山东登海种业股份有限公司 黑龙江登海种业有限公司	2021.12.30
CNA018341G	CNA20162205.7	玉米	泉银226	李震	2021.12.30
CNA018342G	CNA20162207.5	玉米	晟玉21	鹤壁禾博士晟农科技有限公司	2021.12.30
CNA018343G	CNA20162258.3	玉米	农华213	北京金色农华种业科技股份有限公司	2021.12.30
CNA018344G	CNA20162259.2	玉米	敦玉213	甘肃省敦煌种业股份有限公司	2021.12.30

公告号	品种权号	植物种类	品种名称	品种权人	授权日
CNA018345G	CNA20162303.8	玉米	苏科糯10号	江苏省农业科学院	2021.12.30
CNA018346G	CNA20162317.2	玉米	衡玉1182	河北省农林科学院旱作农业研究所	2021.12.30
CNA018347G	CNA20162320.7	玉米	H33	河北省农林科学院旱作农业研究所	2021.12.30
CNA018348G	CNA20162345.8	玉米	新合916	吉林乐盈农业科技有限公司	2021.12.30
CNA018349G	CNA20162348.5	玉米	M5814	沈阳农业大学 葫芦岛市明玉种业有限责任公司	2021.12.30
CNA018350G	CNA20162380.4	玉米	衡H14	河北省农林科学院旱作农业研究所	2021.12.30
CNA018351G	CNA20162414.4	玉米	兆育298	河北兆育种业有限公司 石家庄高新区源申科技有限公司	2021.12.30
CNA018352G	CNA20162422.4	玉米	HRG58	鸡东国大种业有限责任公司	2021.12.30
CNA018353G	CNA20162439.5	玉米	FZ218	沈阳市法库农业科学院	2021.12.30
CNA018354G	CNA20162454.5	玉米	泰049系	赵兴志	2021.12.30
CNA018355G	CNA20162456.3	玉米	DK229	金苑（北京）农业技术研究院有限公司	2021.12.30
CNA018356G	CNA20162457.2	玉米	JCY1652	金苑（北京）农业技术研究院有限公司	2021.12.30
CNA018357G	CNA20162458.1	玉米	JZ308	金苑（北京）农业技术研究院有限公司	2021.12.30
CNA018358G	CNA20162459.0	玉米	苏玉42	江苏徐淮地区淮阴农业科学研究所 江苏天丰种业有限公司	2021.12.30
CNA018359G	CNA20162474.1	玉米	FQ920	泸州金土地种业有限公司 罗富强	2021.12.30
CNA018360G	CNA20170002.5	玉米	SY1102	宿州市农业科学院	2021.12.30
CNA018361G	CNA20170003.4	玉米	垦丰101	宿州市农业科学院	2021.12.30
CNA018362G	CNA20170004.3	玉米	弘大216	安徽省弘大科技种业有限公司	2021.12.30
CNA018363G	CNA20170030.1	玉米	DK193	北京中农大康科技开发有限公司	2021.12.30
CNA018364G	CNA20170035.6	玉米	禾博士122	海南郑科农业科技有限公司	2021.12.30
CNA018365G	CNA20170036.5	玉米	禾博士126	河南商都种业有限公司	2021.12.30
CNA018366G	CNA20170048.1	玉米	B38113	何月秋	2021.12.30
CNA018367G	CNA20170067.7	玉米	JD318	河南省金囤种业有限公司	2021.12.30
CNA018368G	CNA20170073.9	玉米	昊青贮68	宁夏昊玉种业有限公司	2021.12.30
CNA018369G	CNA20170078.4	玉米	兆育322	河北兆育种业有限公司	2021.12.30
CNA018370G	CNA20170079.3	玉米	兆育517	河北兆育种业有限公司	2021.12.30
CNA018371G	CNA20170082.8	玉米	垦沃6号	科沃施种子欧洲股份两合公司	2021.12.30
CNA018372G	CNA20170091.7	玉米	M315B	中国农业大学	2021.12.30
CNA018373G	CNA20170111.3	玉米	东玉158	河北东昌种业有限公司 霍福堂	2021.12.30

2021年
农业植物新品种保护发展报告
NONGYE ZHIWU XINPINZHONG BAOHU FAZHAN BAOGAO

公告号	品种权号	植物种类	品种名称	品种权人	授权日
CNA018374G	CNA20170150.5	玉米	东农275	东北农业大学	2021.12.30
CNA018375G	CNA20170151.4	玉米	东农261	东北农业大学	2021.12.30
CNA018376G	CNA20170157.8	玉米	明天616	江苏明天种业科技股份有限公司	2021.12.30
CNA018377G	CNA20170158.7	玉米	明天636	江苏明天种业科技股份有限公司	2021.12.30
CNA018378G	CNA20170159.6	玉米	CB574	江苏明天种业科技股份有限公司	2021.12.30
CNA018379G	CNA20170160.3	玉米	明科玉33	江苏明天种业科技股份有限公司	2021.12.30
CNA018380G	CNA20170161.2	玉米	明科玉77	江苏明天种业科技股份有限公司	2021.12.30
CNA018381G	CNA20170162.1	玉米	天农16	抚顺天农种业有限公司	2021.12.30
CNA018382G	CNA20170163.0	玉米	万盛22	河北冠虎农业科技有限公司	2021.12.30
CNA018383G	CNA20170164.9	玉米	万盛89	河北冠虎农业科技有限公司	2021.12.30
CNA018384G	CNA20170165.8	玉米	万盛101	河北冠虎农业科技有限公司	2021.12.30
CNA018385G	CNA20170166.7	玉米	万盛103	河北冠虎农业科技有限公司	2021.12.30
CNA018386G	CNA20170195.2	玉米	保玉176	江苏保丰集团公司	2021.12.30
CNA018387G	CNA20170198.9	玉米	MD163	河南省农业科学院植物保护研究所	2021.12.30
CNA018388G	CNA20170199.8	玉米	MD1611	河南省农业科学院植物保护研究所	2021.12.30
CNA018389G	CNA20170212.1	玉米	B745	北京华农伟业种子科技有限公司	2021.12.30
CNA018390G	CNA20170214.9	玉米	恒丰628	北京华农伟业种子科技有限公司	2021.12.30
CNA018391G	CNA20170218.5	玉米	S京科968	北京市农林科学院	2021.12.30
CNA018392G	CNA20170219.4	玉米	京科甜307	北京市农林科学院 深圳农科玉种业有限公司	2021.12.30
CNA018393G	CNA20170222.9	玉米	京科糯625	北京市农林科学院 深圳农科玉种业有限公司	2021.12.30
CNA018394G	CNA20170223.8	玉米	京科糯2000E	北京市农林科学院 深圳农科玉种业有限公司	2021.12.30
CNA018395G	CNA20170224.7	玉米	L6207	北京市农林科学院	2021.12.30
CNA018396G	CNA20170229.2	玉米	正甜89	广东省农业科学院作物研究所	2021.12.30
CNA018397G	CNA20170230.9	玉米	DH31	贺东峰	2021.12.30
CNA018398G	CNA20170231.8	玉米	农星207	赵兴志	2021.12.30
CNA018399G	CNA20170237.2	玉米	京P008	北京市农林科学院	2021.12.30
CNA018400G	CNA20170248.9	玉米	YB1006	扬州大学 扬州市扬大康源乳业有限公司	2021.12.30
CNA018401G	CNA20170251.3	玉米	E5320	优利斯种业	2021.12.30
CNA018402G	CNA20170252.2	玉米	E6135	优利斯种业	2021.12.30
CNA018403G	CNA20170263.9	玉米	CT61253	河南隆平联创农业科技有限公司 北京联创种业有限公司	2021.12.30

公告号	品种权号	植物种类	品种名称	品种权人	授权日
CNA018404G	CNA20170264.8	玉米	CT66125	北京联创种业有限公司	2021.12.30
CNA018405G	CNA20170265.7	玉米	CT19453	河南隆平联创农业科技有限公司 北京联创种业有限公司	2021.12.30
CNA018406G	CNA20170266.6	玉米	CT1945	河南隆平联创农业科技有限公司 北京联创种业有限公司	2021.12.30
CNA018407G	CNA20170271.9	玉米	CT16957	北京联创种业有限公司	2021.12.30
CNA018408G	CNA20170312.0	玉米	W7516	山西强盛种业有限公司	2021.12.30
CNA018409G	CNA20170330.8	玉米	新安20	安徽省农业科学院烟草研究所	2021.12.30
CNA018410G	CNA20170354.9	玉米	蠡玉57	石家庄蠡玉科技开发有限公司	2021.12.30
CNA018411G	CNA20170429.0	玉米	广源7号	黑龙江广源农业发展有限公司	2021.12.30
CNA018412G	CNA20170458.4	玉米	B185	北京华农伟业种子科技有限公司	2021.12.30
CNA018413G	CNA20170459.3	玉米	B189	北京华农伟业种子科技有限公司	2021.12.30
CNA018414G	CNA20170461.9	玉米	B231	北京华农伟业种子科技有限公司	2021.12.30
CNA018415G	CNA20170462.8	玉米	B236	北京华农伟业种子科技有限公司	2021.12.30
CNA018416G	CNA20170463.7	玉米	B237	北京华农伟业种子科技有限公司	2021.12.30
CNA018417G	CNA20170464.6	玉米	B238	北京华农伟业种子科技有限公司	2021.12.30
CNA018418G	CNA20170474.4	玉米	TP08	山东中农天泰种业有限公司	2021.12.30
CNA018419G	CNA20170475.3	玉米	SM017	山东中农天泰种业有限公司	2021.12.30
CNA018420G	CNA20170478.0	玉米	京24KC72	北京市农林科学院	2021.12.30
CNA018421G	CNA20170480.6	玉米	京DH3345	北京市农林科学院	2021.12.30
CNA018422G	CNA20170481.5	玉米	SK1098	北京市农林科学院	2021.12.30
CNA018423G	CNA20170482.4	玉米	SK1099	北京市农林科学院	2021.12.30
CNA018424G	CNA20170483.3	玉米	京2418	北京市农林科学院	2021.12.30
CNA018425G	CNA20170512.8	玉米	J2651	吉林市宝丰种业有限公司	2021.12.30
CNA018426G	CNA20170533.3	玉米	荃甜1003	安徽荃银高科瓜菜种子有限公司	2021.12.30
CNA018427G	CNA20170534.2	玉米	荃糯1018	安徽荃银高科瓜菜种子有限公司	2021.12.30
CNA018428G	CNA20170545.9	玉米	A183	贾连璋	2021.12.30
CNA018429G	CNA20170546.8	玉米	H062	姜保荣	2021.12.30
CNA018430G	CNA20170554.7	玉米	T605	中林集团张掖金象种业有限公司	2021.12.30
CNA018431G	CNA20170587.8	玉米	裕丰288	承德裕丰种业有限公司	2021.12.30
CNA018432G	CNA20170590.3	玉米	承190	承德裕丰种业有限公司	2021.12.30
CNA018433G	CNA20170643.0	玉米	宁研518	山东诺种业有限公司 济宁市农业科学研究院	2021.12.30

公告号	品种权号	植物种类	品种名称	品种权人	授权日
CNA018434G	CNA20170707.3	玉米	MD167	河南省农业科学院植物保护研究所	2021.12.30
CNA018435G	CNA20170708.2	玉米	MD1620	河南省农业科学院植物保护研究所	2021.12.30
CNA018436G	CNA20170709.1	玉米	MD1628	河南省农业科学院植物保护研究所	2021.12.30
CNA018437G	CNA20170710.8	玉米	MD1632	河南省农业科学院植物保护研究所	2021.12.30
CNA018438G	CNA20170729.7	玉米	法218	沈阳市法库农业科学院	2021.12.30
CNA018439G	CNA20170739.5	玉米	大京九4059	北京大京九农业开发有限公司	2021.12.30
CNA018440G	CNA20170742.0	玉米	华玉丰685	郑州市粮丰农业科技有限公司	2021.12.30
CNA018441G	CNA20170743.9	玉米	豫FA3518	郑州市粮丰农业科技有限公司	2021.12.30
CNA018442G	CNA20170744.8	玉米	豫FA40	郑州市粮丰农业科技有限公司	2021.12.30
CNA018443G	CNA20170745.7	玉米	豫FB185	郑州市粮丰农业科技有限公司	2021.12.30
CNA018444G	CNA20170754.5	玉米	X7348	河南省豫玉种业股份有限公司	2021.12.30
CNA018445G	CNA20170767.0	玉米	科河30	内蒙古巴彦淖尔市科河种业有限公司	2021.12.30
CNA018446G	CNA20170781.2	玉米	CV99	张书申	2021.12.30
CNA018447G	CNA20170782.1	玉米	CV109	张书申	2021.12.30
CNA018448G	CNA20170783.0	玉米	WH424	张书申	2021.12.30
CNA018449G	CNA20170819.8	玉米	YN14	法国RAGT 2n SAS公司 哈尔滨市益农种业有限公司	2021.12.30
CNA018450G	CNA20170822.3	玉米	KW4M0805	科沃施种子欧洲股份两合公司	2021.12.30
CNA018451G	CNA20170823.2	玉米	KW4R1002	科沃施种子欧洲股份两合公司	2021.12.30
CNA018452G	CNA20170824.1	玉米	KW7M401	科沃施种子欧洲股份两合公司	2021.12.30
CNA018453G	CNA20170826.9	玉米	KW7X7009	科沃施种子欧洲股份两合公司	2021.12.30
CNA018454G	CNA20170855.3	玉米	龙单80	黑龙江省农业科学院玉米研究所	2021.12.30
CNA018455G	CNA20170856.2	玉米	中龙玉5号	黑龙江省农业科学院玉米研究所	2021.12.30
CNA018456G	CNA20170860.6	玉米	F166	山东农业大学	2021.12.30
CNA018457G	CNA20170869.7	玉米	济玉517	济南永丰种业有限公司	2021.12.30
CNA018458G	CNA20170875.9	玉米	德玉579	黑龙江省农业科学院玉米研究所 龙江县丰吉种业有限责任公司	2021.12.30
CNA018459G	CNA20170876.8	玉米	锋玉6	黑龙江省农业科学院玉米研究所 龙江县丰吉种业有限责任公司	2021.12.30
CNA018460G	CNA20170883.9	玉米	BQA117	郑州北青种业有限公司	2021.12.30
CNA018461G	CNA20170890.0	玉米	HC2163	河南怀川种业有限责任公司	2021.12.30
CNA018462G	CNA20170894.6	玉米	HC3211	河南怀川种业有限责任公司	2021.12.30
CNA018463G	CNA20170895.5	玉米	云台玉39	河南怀川种业有限责任公司	2021.12.30

公告号	品种权号	植物种类	品种名称	品种权人	授权日
CNA018464G	CNA20170896.4	玉米	HD35266	河南怀川种业有限责任公司	2021.12.30
CNA018465G	CNA20170897.3	玉米	HC1662	河南怀川种业有限责任公司	2021.12.30
CNA018466G	CNA20170901.7	玉米	农华312	北京金色丰度种业科技有限公司	2021.12.30
CNA018467G	CNA20170903.5	玉米	坤瑞28	北京金色丰度种业科技有限公司	2021.12.30
CNA018468G	CNA20170905.3	玉米	沁单311	北京金色丰度种业科技有限公司	2021.12.30
CNA018469G	CNA20170907.1	玉米	农华127	北京金色农华种业科技股份有限公司	2021.12.30
CNA018470G	CNA20170921.3	玉米	CT5844	河南隆平联创农业科技有限公司 北京联创种业有限公司	2021.12.30
CNA018471G	CNA20170945.5	玉米	荃玉128	安徽荃银高科种业股份有限公司	2021.12.30
CNA018472G	CNA20171023.8	玉米	耕耘白糯	广东现代金穗种业有限公司	2021.12.30
CNA018473G	CNA20171030.9	玉米	天玉197	哈尔滨市双城区丰禾玉米研究所	2021.12.30
CNA018474G	CNA20171038.1	玉米	宁玉438	江苏金华隆种子科技有限公司	2021.12.30
CNA018475G	CNA20171051.3	玉米	潍玉6号	山东省潍坊市农业科学院	2021.12.30
CNA018476G	CNA20171052.2	玉米	潍玉18	山东省潍坊市农业科学院	2021.12.30
CNA018477G	CNA20171125.5	玉米	YH601	河南省豫玉种业股份有限公司	2021.12.30
CNA018478G	CNA20171127.3	玉米	T4286Z	孟山都科技有限责任公司	2021.12.30
CNA018479G	CNA20171128.2	玉米	R2163Z	孟山都科技有限责任公司	2021.12.30
CNA018480G	CNA20171129.1	玉米	R1751Z	孟山都科技有限责任公司	2021.12.30
CNA018481G	CNA20171130.8	玉米	R5592Z	孟山都科技有限责任公司	2021.12.30
CNA018482G	CNA20171131.7	玉米	HCL437	孟山都科技有限责任公司	2021.12.30
CNA018483G	CNA20171132.6	玉米	HCL108	孟山都科技有限责任公司	2021.12.30
CNA018484G	CNA20171133.5	玉米	D3601Z	孟山都科技有限责任公司	2021.12.30
CNA018485G	CNA20171134.4	玉米	D6925Z	孟山都科技有限责任公司	2021.12.30
CNA018486G	CNA20171135.3	玉米	B3744Z	孟山都科技有限责任公司	2021.12.30
CNA018487G	CNA20171136.2	玉米	B2340Z	孟山都科技有限责任公司	2021.12.30
CNA018488G	CNA20171137.1	玉米	A6737Z	孟山都科技有限责任公司	2021.12.30
CNA018489G	CNA20171138.0	玉米	A3694Z	孟山都科技有限责任公司	2021.12.30
CNA018490G	CNA20171139.9	玉米	A0036Z	孟山都科技有限责任公司	2021.12.30
CNA018491G	CNA20171145.1	玉米	KW6Q1202	科沃施种子欧洲股份两合公司	2021.12.30
CNA018492G	CNA20171146.0	玉米	KW9F619	科沃施种子欧洲股份两合公司	2021.12.30
CNA018493G	CNA20171147.9	玉米	KW9Q1102	科沃施种子欧洲股份两合公司	2021.12.30
CNA018494G	CNA20171154.9	玉米	祥瑞339	黑龙江众鑫农业科技开发有限公司	2021.12.30

公告号	品种权号	植物种类	品种名称	品种权人	授权日
CNA018495G	CNA20171165.6	玉米	R4174Z	孟山都科技有限责任公司	2021.12.30
CNA018496G	CNA20171167.4	玉米	鼎玉928	安徽省农业科学院烟草研究所	2021.12.30
CNA018497G	CNA20171187.0	玉米	BCQ1127	河北奔诚种业有限公司	2021.12.30
CNA018498G	CNA20171192.3	玉米	G064	河北奔诚种业有限公司	2021.12.30
CNA018499G	CNA20171200.3	玉米	博赟88	河南耕誉农业科技有限公司	2021.12.30
CNA018500G	CNA20171208.5	玉米	九洋528	甘肃九洋农业发展有限公司 白银亿得丰农业科技研究所	2021.12.30
CNA018501G	CNA20171210.1	玉米	H019	姜保荣	2021.12.30
CNA018502G	CNA20171211.0	玉米	H047	姜保荣	2021.12.30
CNA018503G	CNA20171212.9	玉米	H061	姜保荣	2021.12.30
CNA018504G	CNA20171226.3	玉米	ZX01	安徽隆平高科种业有限公司	2021.12.30
CNA018505G	CNA20171233.4	玉米	承单813	河北省承德市农业科学研究所 河北德华种业有限公司	2021.12.30
CNA018506G	CNA20171263.7	玉米	星单3	哈尔滨明星农业科技开发有限公司	2021.12.30
CNA018507G	CNA20171280.6	玉米	LS838	河北科奥种业有限公司	2021.12.30
CNA018508G	CNA20171293.1	玉米	T2111	山东省农业科学院玉米研究所	2021.12.30
CNA018509G	CNA20171321.7	玉米	X302	邢台市农业科学研究院	2021.12.30
CNA018510G	CNA20171336.0	玉米	金戈11	安徽华安种业有限责任公司	2021.12.30
CNA018511G	CNA20171339.7	玉米	庐玉3122	安徽华安种业有限责任公司	2021.12.30
CNA018512G	CNA20171350.1	玉米	军88	赵洪军	2021.12.30
CNA018513G	CNA20171352.9	玉米	保收606	黑龙江省青园种业有限公司	2021.12.30
CNA018514G	CNA20171359.2	玉米	KW7X1410	科沃施种子欧洲股份两合公司	2021.12.30
CNA018515G	CNA20171364.5	玉米	PS239A	车勇安	2021.12.30
CNA018516G	CNA20171365.4	玉米	PS189	马胜福	2021.12.30
CNA018517G	CNA20171366.3	玉米	PS026	张巨峰	2021.12.30
CNA018518G	CNA20171367.2	玉米	KW4X1401	科沃施种子欧洲股份两合公司	2021.12.30
CNA018519G	CNA20171369.0	玉米	PS006	张巨峰	2021.12.30
CNA018520G	CNA20171370.7	玉米	PS182	马胜福	2021.12.30
CNA018521G	CNA20171400.1	玉米	BS1019	大竹县益民玉米研究所	2021.12.30
CNA018522G	CNA20171404.7	玉米	齐系2839	山东省农业科学院玉米研究所	2021.12.30
CNA018523G	CNA20171405.6	玉米	齐系502	山东省农业科学院玉米研究所	2021.12.30
CNA018524G	CNA20171406.5	玉米	齐系135	山东省农业科学院玉米研究所	2021.12.30
CNA018525G	CNA20171416.3	玉米	邯玉398	邯郸市农业科学院	2021.12.30

公告号	品种权号	植物种类	品种名称	品种权人	授权日
CNA018526G	CNA20171417.2	玉米	邯玉928	邯郸市农业科学院	2021.12.30
CNA018527G	CNA20171419.0	玉米	登海56	山东登海种业股份有限公司	2021.12.30
CNA018528G	CNA20171420.7	玉米	鲁星619	山东登海鲁丰种业有限公司	2021.12.30
CNA018529G	CNA20171432.3	玉米	申W74	上海市农业科学院	2021.12.30
CNA018530G	CNA20171441.2	玉米	西农672	西北农林科技大学	2021.12.30
CNA018531G	CNA20171459.1	玉米	PS279B	车勇安	2021.12.30
CNA018532G	CNA20171460.8	玉米	PSD1	寇宗林	2021.12.30
CNA018533G	CNA20171461.7	玉米	PSD2	寇宗林	2021.12.30
CNA018534G	CNA20171509.1	玉米	MC948	北京市农林科学院 河南省现代种业有限公司	2021.12.30
CNA018535G	CNA20171510.8	玉米	NK815	北京顺鑫农科种业科技有限公司 北京市农林科学院	2021.12.30
CNA018536G	CNA20171512.6	玉米	O2013	三北种业有限公司	2021.12.30
CNA018537G	CNA20171513.5	玉米	O3006	三北种业有限公司	2021.12.30
CNA018538G	CNA20171518.0	玉米	PH1828	先锋国际良种公司	2021.12.30
CNA018539G	CNA20171526.0	玉米	NS8103	北京金色农华种业科技股份有限公司	2021.12.30
CNA018540G	CNA20171558.1	玉米	龙垦糯1号	北大荒垦丰种业股份有限公司	2021.12.30
CNA018541G	CNA20171574.1	玉米	海玉617	安徽海配农业科技有限公司	2021.12.30
CNA018542G	CNA20171575.0	玉米	泉润56	安徽海配农业科技有限公司	2021.12.30
CNA018543G	CNA20171585.8	玉米	LN1335	新乡市粒丰农科有限公司	2021.12.30
CNA018544G	CNA20171622.3	玉米	冀玉19	河北冀丰种业有限责任公司 河北省农林科学院粮油作物研究所	2021.12.30
CNA018545G	CNA20171623.2	玉米	嫩H75121	黑龙江省农业科学院齐齐哈尔分院	2021.12.30
CNA018546G	CNA20171779.4	玉米	D5752Z	孟山都科技有限责任公司	2021.12.30
CNA018547G	CNA20171780.1	玉米	GT736Z	孟山都科技有限责任公司	2021.12.30
CNA018548G	CNA20171781.0	玉米	D9126Z	孟山都科技有限责任公司	2021.12.30
CNA018549G	CNA20171782.9	玉米	D9102Z	孟山都科技有限责任公司	2021.12.30
CNA018550G	CNA20171783.8	玉米	D9108Z	孟山都科技有限责任公司	2021.12.30
CNA018551G	CNA20171785.6	玉米	渝93	重庆市农业科学院	2021.12.30
CNA018552G	CNA20171786.5	玉米	渝954C	重庆市农业科学院	2021.12.30
CNA018553G	CNA20171790.9	玉米	GBM009	襄阳正大农业开发有限公司	2021.12.30
CNA018554G	CNA20171791.8	玉米	GBM192C	襄阳正大农业开发有限公司	2021.12.30
CNA018555G	CNA20171793.6	玉米	GBM019	襄阳正大农业开发有限公司	2021.12.30

公告号	品种权号	植物种类	品种名称	品种权人	授权日
CNA018556G	CNA20171794.5	玉米	GBM11C	襄阳正大农业开发有限公司	2021.12.30
CNA018557G	CNA20171806.1	玉米	La619158	河南省利奇种子有限公司	2021.12.30
CNA018558G	CNA20171820.3	玉米	PH1T8W	先锋国际良种公司	2021.12.30
CNA018559G	CNA20171821.2	玉米	PHWNR1	先锋国际良种公司	2021.12.30
CNA018560G	CNA20171822.1	玉米	PH1W2	先锋国际良种公司	2021.12.30
CNA018561G	CNA20171823.0	玉米	皖自A7016	安徽省农业科学院烟草研究所	2021.12.30
CNA018562G	CNA20171824.9	玉米	PHPM0	先锋国际良种公司	2021.12.30
CNA018563G	CNA20171924.8	玉米	CP5716	中种国际种子有限公司	2021.12.30
CNA018564G	CNA20171926.6	玉米	中智1号	中种国际种子有限公司	2021.12.30
CNA018565G	CNA20171952.3	玉米	利合629	利马格兰欧洲	2021.12.30
CNA018566G	CNA20171953.2	玉米	利单838	利马格兰欧洲	2021.12.30
CNA018567G	CNA20171960.3	玉米	CNXL933	利马格兰欧洲	2021.12.30
CNA018568G	CNA20171961.2	玉米	CNJMX1111	利马格兰欧洲	2021.12.30
CNA018569G	CNA20172006.7	玉米	豫禾358	河南省豫玉种业股份有限公司	2021.12.30
CNA018570G	CNA20172007.6	玉米	Y1586	河南省豫玉种业股份有限公司	2021.12.30
CNA018571G	CNA20172009.4	玉米	PQ231	河南省豫玉种业股份有限公司	2021.12.30
CNA018572G	CNA20172049.6	玉米	G7720Z	孟山都科技有限责任公司	2021.12.30
CNA018573G	CNA20172054.8	玉米	中种8991	中种国际种子有限公司	2021.12.30
CNA018574G	CNA20172066.4	玉米	宁单41号	宁夏农林科学院农作物研究所 宁夏科泰种业有限公司	2021.12.30
CNA018575G	CNA20172068.2	玉米	ChN1	山西大丰种业有限公司	2021.12.30
CNA018576G	CNA20172123.5	玉米	H229	河南黄泛区地神种业有限公司	2021.12.30
CNA018577G	CNA20172157.4	玉米	金糯88	安徽兴大种业有限公司	2021.12.30
CNA018578G	CNA20172193.0	玉米	南海88	河南省南海种子有限公司	2021.12.30
CNA018579G	CNA20172261.7	玉米	强盛377	山西省农业科学院作物科学研究所	2021.12.30
CNA018580G	CNA20172266.2	玉米	SN229	河南三农种业有限公司	2021.12.30
CNA018581G	CNA20172267.1	玉米	SN001	柳会创 杜东伟	2021.12.30
CNA018582G	CNA20172306.4	玉米	A26	黑龙江省依兰县依兰种业有限公司	2021.12.30
CNA018583G	CNA20172348.4	玉米	QB1013	贵州省旱粮研究所	2021.12.30
CNA018584G	CNA20172356.3	玉米	QB1923	贵州省旱粮研究所	2021.12.30
CNA018585G	CNA20172357.2	玉米	EY560	陈泽恩	2021.12.30
CNA018586G	CNA20172358.1	玉米	QB2398	贵州省旱粮研究所	2021.12.30

公告号	品种权号	植物种类	品种名称	品种权人	授权日
CNA018587G	CNA20172360.7	玉米	QB2182	贵州省旱粮研究所	2021.12.30
CNA018588G	CNA20172361.6	玉米	粤甜26号	广东省农业科学院作物研究所	2021.12.30
CNA018589G	CNA20172370.5	玉米	腾龙208	湖北腾龙种业有限公司	2021.12.30
CNA018590G	CNA20172391.0	玉米	先玉1505	先锋国际良种公司	2021.12.30
CNA018591G	CNA20172404.5	玉米	恩单116	恩施土家族苗族自治州农业科学院 武汉丰乐种业有限公司	2021.12.30
CNA018592G	CNA20172405.4	玉米	正大659	襄阳正大农业开发有限公司	2021.12.30
CNA018593G	CNA20172406.3	玉米	雄玉1689	襄阳正大农业开发有限公司	2021.12.30
CNA018594G	CNA20172423.2	玉米	JYX1	吉林吉农高新技术发展股份有限公司 吉林吉农高新技术发展股份有限公司 金长融玉米种业分公司	2021.12.30
CNA018595G	CNA20172424.1	玉米	吉农糯111	吉林吉农高新技术发展股份有限公司 吉林吉农高新技术发展股份有限公司 金长融玉米种业分公司	2021.12.30
CNA018596G	CNA20172436.7	玉米	LA505	河南富吉泰种业有限公司	2021.12.30
CNA018597G	CNA20172442.9	玉米	浚50X	鹤壁市农业科学院	2021.12.30
CNA018598G	CNA20172444.7	玉米	浚M9	鹤壁市农业科学院	2021.12.30
CNA018599G	CNA20172445.6	玉米	浚208	鹤壁市农业科学院	2021.12.30
CNA018600G	CNA20172446.5	玉米	浚96	鹤壁市农业科学院	2021.12.30
CNA018601G	CNA20172552.5	玉米	郑6722	河南省农业科学院	2021.12.30
CNA018602G	CNA20172571.2	玉米	XY7179	山东西由种业有限公司	2021.12.30
CNA018603G	CNA20172572.1	玉米	XY3569	山东西由种业有限公司	2021.12.30
CNA018604G	CNA20172573.0	玉米	XN986	山东西由种业有限公司	2021.12.30
CNA018605G	CNA20172583.8	玉米	高糯60	陕西高农种业有限公司	2021.12.30
CNA018606G	CNA20172636.5	玉米	V8633Z	孟山都科技有限责任公司	2021.12.30
CNA018607G	CNA20172637.4	玉米	HCL503	孟山都科技有限责任公司	2021.12.30
CNA018608G	CNA20172669.5	玉米	N7017	先正达参股股份有限公司	2021.12.30
CNA018609G	CNA20172708.8	玉米	FTS83	云南足丰种业有限公司	2021.12.30
CNA018610G	CNA20172709.7	玉米	FT304	云南足丰种业有限公司	2021.12.30
CNA018611G	CNA20172710.4	玉米	FTS230	云南足丰种业有限公司	2021.12.30
CNA018612G	CNA20172715.9	玉米	HT1409	厦门华泰五谷种苗有限公司	2021.12.30
CNA018613G	CNA20172716.8	玉米	HT1308	厦门华泰五谷种苗有限公司	2021.12.30
CNA018614G	CNA20172718.6	玉米	HT1107	厦门华泰五谷种苗有限公司	2021.12.30
CNA018615G	CNA20172725.7	玉米	垦单29	北大荒垦丰种业股份有限公司	2021.12.30

公告号	品种权号	植物种类	品种名称	品种权人	授权日
CNA018616G	CNA20172726.6	玉米	垦单30	北大荒垦丰种业股份有限公司	2021.12.30
CNA018617G	CNA20172742.6	玉米	登海H899	山东登海种业股份有限公司	2021.12.30
CNA018618G	CNA20172745.3	玉米	HCA18	滕州市科星种子有限公司	2021.12.30
CNA018619G	CNA20172758.7	玉米	宁单46号	宁夏农林科学院农作物研究所 宁夏润丰种业有限公司	2021.12.30
CNA018620G	CNA20172782.7	玉米	TH3R2	三北种业有限公司	2021.12.30
CNA018621G	CNA20172787.2	玉米	TH753	三北种业有限公司	2021.12.30
CNA018622G	CNA20172789.0	玉米	THA23	三北种业有限公司	2021.12.30
CNA018623G	CNA20172800.5	玉米	TH790	三北种业有限公司	2021.12.30
CNA018624G	CNA20173020.7	玉米	隆单1615	四川隆平高科种业有限公司	2021.12.30
CNA018625G	CNA20173021.6	玉米	SLZH216	四川隆平高科种业有限公司	2021.12.30
CNA018626G	CNA20173041.2	玉米	天和22	黑龙江华邦天合农业发展股份有限公司	2021.12.30
CNA018627G	CNA20173047.6	玉米	JCD122BR单15	河南金苑种业股份有限公司	2021.12.30
CNA018628G	CNA20173083.1	玉米	KWS1408CN	科沃施种子欧洲股份两合公司	2021.12.30
CNA018629G	CNA20173084.0	玉米	KWS1403CN	科沃施种子欧洲股份两合公司	2021.12.30
CNA018630G	CNA20173085.9	玉米	KW5F1570	科沃施种子欧洲股份两合公司	2021.12.30
CNA018631G	CNA20173086.8	玉米	KW7X1458	科沃施种子欧洲股份两合公司	2021.12.30
CNA018632G	CNA20173093.9	玉米	富中15号	河北富中种业有限公司 韩福忠 韩子辉	2021.12.30
CNA018633G	CNA20173100.0	玉米	HCL2021	孟山都科技有限责任公司	2021.12.30
CNA018634G	CNA20173101.9	玉米	R3414Z	孟山都科技有限责任公司	2021.12.30
CNA018635G	CNA20173102.8	玉米	A0095Z	孟山都科技有限责任公司	2021.12.30
CNA018636G	CNA20173103.7	玉米	W7230Z	孟山都科技有限责任公司	2021.12.30
CNA018637G	CNA20173130.4	玉米	富民108	吉林省富民种业有限公司	2021.12.30
CNA018638G	CNA20173136.8	玉米	省原92	吉林省省原种业有限公司	2021.12.30
CNA018639G	CNA20173137.7	玉米	吉A961	吉林省农业科学院	2021.12.30
CNA018640G	CNA20173138.6	玉米	吉A952	吉林省农业科学院	2021.12.30
CNA018641G	CNA20173158.1	玉米	中正331	黑龙江中正农业发展有限公司	2021.12.30
CNA018642G	CNA20173161.6	玉米	中垦玉21	优利斯种业 中农发种业集团股份有限公司	2021.12.30
CNA018643G	CNA20173162.5	玉米	中垦玉22	优利斯种业 中农发种业集团股份有限公司	2021.12.30

公告号	品种权号	植物种类	品种名称	品种权人	授权日
CNA018644G	CNA20173170.5	玉米	沃普911	黑龙江省普田种业有限公司农业科学研究院	2021.12.30
CNA018645G	CNA20173216.1	玉米	天玉88	扬州大学 江苏天丰种业有限公司	2021.12.30
CNA018646G	CNA20173276.8	玉米	浚M6968	鹤壁市农业科学院	2021.12.30
CNA018647G	CNA20173343.7	玉米	鄂玉32	湖北省农业科学院粮食作物研究所 宜昌市农业科学研究院	2021.12.30
CNA018648G	CNA20173347.3	玉米	泰合896	河北科泰种业有限公司	2021.12.30
CNA018649G	CNA20173398.1	玉米	吉海705	吉林登海种业有限公司	2021.12.30
CNA018650G	CNA20173399.0	玉米	莱科868	山东西由种业有限公司	2021.12.30
CNA018651G	CNA20173400.7	玉米	莱科黄糯818	山东西由种业有限公司	2021.12.30
CNA018652G	CNA20173413.2	玉米	华玉777	江苏红旗种业股份有限公司	2021.12.30
CNA018653G	CNA20173438.3	玉米	蜀玉336	四川省蜀玉科技农业发展有限公司	2021.12.30
CNA018654G	CNA20173460.4	玉米	农禾668	鹤壁禾博士晟农科技有限公司	2021.12.30
CNA018655G	CNA20173464.0	玉米	连胜2018	山东连胜种业有限公司	2021.12.30
CNA018656G	CNA20173465.9	玉米	连胜2025	山东连胜种业有限公司	2021.12.30
CNA018657G	CNA20173468.6	玉米	JD59	葫芦岛市种业有限责任公司	2021.12.30
CNA018658G	CNA20173488.2	玉米	东北丰0022	哈尔滨东北丰种子有限公司	2021.12.30
CNA018659G	CNA20173498.0	玉米	H6251	安徽隆平高科种业有限公司	2021.12.30
CNA018660G	CNA20173499.9	玉米	W696	安徽隆平高科种业有限公司	2021.12.30
CNA018661G	CNA20173501.5	玉米	LE213	安徽隆平高科种业有限公司	2021.12.30
CNA018662G	CNA20173502.4	玉米	LE220	安徽隆平高科种业有限公司	2021.12.30
CNA018663G	CNA20173504.2	玉米	LE279	安徽隆平高科种业有限公司	2021.12.30
CNA018664G	CNA20173506.0	玉米	LE236	安徽隆平高科种业有限公司	2021.12.30
CNA018665G	CNA20173518.6	玉米	金来377	山东金来种业有限公司	2021.12.30
CNA018666G	CNA20173552.3	玉米	NTF176	重庆农投种业农作物种子工程研究院有限责任公司	2021.12.30
CNA018667G	CNA20173553.2	玉米	高锐思4601	北京高锐思农业技术研究院	2021.12.30
CNA018668G	CNA20173554.1	玉米	S9170	鹤壁禾博士晟农科技有限公司	2021.12.30
CNA018669G	CNA20173555.0	玉米	ZH7821	鹤壁禾博士晟农科技有限公司	2021.12.30
CNA018670G	CNA20173556.9	玉米	S7332	鹤壁禾博士晟农科技有限公司	2021.12.30
CNA018671G	CNA20173557.8	玉米	H7898	鹤壁禾博士晟农科技有限公司	2021.12.30
CNA018672G	CNA20173571.0	玉米	奥玉768	北京奥瑞金种业股份有限公司	2021.12.30

公告号	品种权号	植物种类	品种名称	品种权人	授权日
CNA018673G	CNA20173575.6	玉米	奥玉708	北京奥瑞金种业股份有限公司	2021.12.30
CNA018674G	CNA20173577.4	玉米	奥玉710	北京奥瑞金种业股份有限公司	2021.12.30
CNA018675G	CNA20173579.2	玉米	奥玉716	北京奥瑞金种业股份有限公司	2021.12.30
CNA018676G	CNA20173585.4	玉米	82A182	安徽丰大种业股份有限公司	2021.12.30
CNA018677G	CNA20173586.3	玉米	PH45981	安徽丰大种业股份有限公司	2021.12.30
CNA018678G	CNA20173587.2	玉米	PH661S8221	安徽丰大种业股份有限公司	2021.12.30
CNA018679G	CNA20173588.1	玉米	M7FZ	安徽丰大种业股份有限公司	2021.12.30
CNA018680G	CNA20173589.0	玉米	LP6WC	安徽丰大种业股份有限公司	2021.12.30
CNA018681G	CNA20173590.7	玉米	LLW8	安徽丰大种业股份有限公司	2021.12.30
CNA018682G	CNA20173591.6	玉米	W3F	安徽丰大种业股份有限公司	2021.12.30
CNA018683G	CNA20173592.5	玉米	豫丰98	河南省豫丰种业有限公司	2021.12.30
CNA018684G	CNA20173601.4	玉米	dx65	宝鸡迪兴农业科技有限公司	2021.12.30
CNA018685G	CNA20173607.8	玉米	硕秋639	中种国际种子有限公司	2021.12.30
CNA018686G	CNA20173608.7	玉米	硕秋638	中种国际种子有限公司	2021.12.30
CNA018687G	CNA20173609.6	玉米	硕秋631	中种国际种子有限公司	2021.12.30
CNA018688G	CNA20173610.3	玉米	松玉426	中种国际种子有限公司	2021.12.30
CNA018689G	CNA20173611.2	玉米	硕秋701	中种国际种子有限公司	2021.12.30
CNA018690G	CNA20173614.9	玉米	松玉538	中种国际种子有限公司	2021.12.30
CNA018691G	CNA20173617.6	玉米	硕秋706	中种国际种子有限公司	2021.12.30
CNA018692G	CNA20173635.4	玉米	D12917S3111	安徽丰大种业股份有限公司	2021.12.30
CNA018693G	CNA20173636.3	玉米	YAG6WC	安徽丰大种业股份有限公司	2021.12.30
CNA018694G	CNA20173637.2	玉米	W1832S1211	安徽丰大种业股份有限公司	2021.12.30
CNA018695G	CNA20173638.1	玉米	W5M2	安徽丰大种业股份有限公司	2021.12.30
CNA018696G	CNA20173663.9	玉米	Y129	张掖市玉源农业科技研发中心	2021.12.30
CNA018697G	CNA20173692.4	玉米	沣甜糯1号	湖南省作物研究所	2021.12.30
CNA018698G	CNA20173706.8	玉米	胜丰157	鄂尔多斯市胜丰种业有限公司	2021.12.30
CNA018699G	CNA20173744.2	玉米	W4137Z	孟山都科技有限责任公司	2021.12.30
CNA018700G	CNA20173746.0	玉米	T7572Z	孟山都科技有限责任公司	2021.12.30
CNA018701G	CNA20173747.9	玉米	W3594Z	孟山都科技有限责任公司	2021.12.30
CNA018702G	CNA20173748.8	玉米	D9119Z	孟山都科技有限责任公司	2021.12.30
CNA018703G	CNA20173754.9	玉米	利禾6	内蒙古利禾农业科技发展有限公司	2021.12.30
CNA018704G	CNA20173757.6	玉米	通D969	通化市农业科学研究院	2021.12.30

公告号	品种权号	植物种类	品种名称	品种权人	授权日
CNA018705G	CNA20173761.0	玉米	粤甜415	广东省农业科学院作物研究所	2021.12.30
CNA018706G	CNA20173775.4	玉米	SWCB6601	青岛金妈妈农业科技有限公司	2021.12.30
CNA018707G	CNA20173782.5	玉米	鲁研103	中种国际种子有限公司	2021.12.30
CNA018708G	CNA20173793.2	玉米	C3SUD402	孟山都科技有限责任公司	2021.12.30
CNA018709G	CNA20173795.0	玉米	B2907Z	孟山都科技有限责任公司	2021.12.30
CNA018710G	CNA20173796.9	玉米	B7945Z	孟山都科技有限责任公司	2021.12.30
CNA018711G	CNA20173797.8	玉米	BM004Z	孟山都科技有限责任公司	2021.12.30
CNA018712G	CNA20173798.7	玉米	D0339Z	孟山都科技有限责任公司	2021.12.30
CNA018713G	CNA20173799.6	玉米	D0697Z	孟山都科技有限责任公司	2021.12.30
CNA018714G	CNA20173800.3	玉米	D9110Z	孟山都科技有限责任公司	2021.12.30
CNA018715G	CNA20173801.2	玉米	D9116Z	孟山都科技有限责任公司	2021.12.30
CNA018716G	CNA20173802.1	玉米	D9121Z	孟山都科技有限责任公司	2021.12.30
CNA018717G	CNA20173803.0	玉米	D9122Z	孟山都科技有限责任公司	2021.12.30
CNA018718G	CNA20173804.9	玉米	DF406Z	孟山都科技有限责任公司	2021.12.30
CNA018719G	CNA20173805.8	玉米	DJ773Z	孟山都科技有限责任公司	2021.12.30
CNA018720G	CNA20173807.6	玉米	G3920Z	孟山都科技有限责任公司	2021.12.30
CNA018721G	CNA20173808.5	玉米	G4519Z	孟山都科技有限责任公司	2021.12.30
CNA018722G	CNA20173809.4	玉米	GB341Z	孟山都科技有限责任公司	2021.12.30
CNA018723G	CNA20173810.1	玉米	H1799Z	孟山都科技有限责任公司	2021.12.30
CNA018724G	CNA20173811.0	玉米	J0463Z	孟山都科技有限责任公司	2021.12.30
CNA018725G	CNA20173824.5	玉米	HP111	河南省新乡市农业科学院	2021.12.30
CNA018726G	CNA20173825.4	玉米	S3599	河南省新乡市农业科学院	2021.12.30
CNA018727G	CNA20180016.8	玉米	粤鲜糯6号	广东省农业科学院作物研究所	2021.12.30
CNA018728G	CNA20180017.7	玉米	粤花糯1号	广东省农业科学院作物研究所	2021.12.30
CNA018729G	CNA20180169.3	玉米	大地916	河北大地种业有限公司	2021.12.30
CNA018730G	CNA20180204.0	玉米	WY9773	郑州伟程作物育种科技有限公司	2021.12.30
CNA018731G	CNA20180206.8	玉米	伟程602	郑州伟程作物育种科技有限公司	2021.12.30
CNA018732G	CNA20180208.6	玉米	伟程902	郑州伟程作物育种科技有限公司	2021.12.30
CNA018733G	CNA20180210.2	玉米	B3561	北京华农伟业种子科技有限公司	2021.12.30
CNA018734G	CNA20180239.9	玉米	S482	河南省新乡市农业科学院	2021.12.30
CNA018735G	CNA20180299.6	玉米	NUE12	中国农业大学	2021.12.30
CNA018736G	CNA20180300.3	玉米	NUE25	中国农业大学	2021.12.30

公告号	品种权号	植物种类	品种名称	品种权人	授权日
CNA018737G	CNA20180375.3	玉米	众玉016	黑龙江省普田种业有限公司	2021.12.30
CNA018738G	CNA20180430.6	玉米	K382	河南省新乡市农业科学院	2021.12.30
CNA018739G	CNA20180644.8	玉米	利合727	利马格兰欧洲	2021.12.30
CNA018740G	CNA20180667.0	玉米	DH54358	甘肃省敦煌种业集团股份有限公司	2021.12.30
CNA018741G	CNA20180668.9	玉米	敦玉758	甘肃省敦煌种业集团股份有限公司	2021.12.30
CNA018742G	CNA20180719.8	玉米	奥玉528	北京奥瑞金种业股份有限公司	2021.12.30
CNA018743G	CNA20180720.5	玉米	奥玉605	北京奥瑞金种业股份有限公司	2021.12.30
CNA018744G	CNA20180723.2	玉米	奥玉610	北京奥瑞金种业股份有限公司	2021.12.30
CNA018745G	CNA20180724.1	玉米	奥玉618	北京奥瑞金种业股份有限公司	2021.12.30
CNA018746G	CNA20180725.0	玉米	士惠621	北京奥瑞金种业股份有限公司	2021.12.30
CNA018747G	CNA20180726.9	玉米	士惠623	北京奥瑞金种业股份有限公司	2021.12.30
CNA018748G	CNA20180727.8	玉米	士惠628	北京奥瑞金种业股份有限公司	2021.12.30
CNA018749G	CNA20180765.1	玉米	CcmsA311	内蒙古巴彦淖尔市科河种业有限公司	2021.12.30
CNA018750G	CNA20180769.7	玉米	五谷164	甘肃五谷种业股份有限公司	2021.12.30
CNA018751G	CNA20180777.7	玉米	五谷638	甘肃五谷种业股份有限公司	2021.12.30
CNA018752G	CNA20180780.2	玉米	五谷661	甘肃五谷种业股份有限公司	2021.12.30
CNA018753G	CNA20180814.2	玉米	NG7404	北京新锐恒丰种子科技有限公司	2021.12.30
CNA018754G	CNA20180815.1	玉米	NG7508	北京新锐恒丰种子科技有限公司	2021.12.30
CNA018755G	CNA20180816.0	玉米	NG7509	北京新锐恒丰种子科技有限公司	2021.12.30
CNA018756G	CNA20180834.8	玉米	齐单828	山东鑫丰种业股份有限公司 山东省农业科学院玉米研究所	2021.12.30
CNA018757G	CNA20180941.8	玉米	机玉39	河南亿佳和农业科技有限公司	2021.12.30
CNA018758G	CNA20180942.7	玉米	福育237	河南亿佳和农业科技有限公司	2021.12.30
CNA018759G	CNA20181108.5	玉米	SCML0849	四川农业大学	2021.12.30
CNA018760G	CNA20181109.4	玉米	SCML8513	四川农业大学	2021.12.30
CNA018761G	CNA20181140.5	玉米	鑫博808	陕西高农种业有限公司	2021.12.30
CNA018762G	CNA20181190.4	玉米	SP221	广西壮族自治区农业科学院玉米研究所	2021.12.30
CNA018763G	CNA20181191.3	玉米	SM981	广西壮族自治区农业科学院玉米研究所	2021.12.30
CNA018764G	CNA20181264.5	玉米	GRL737	广西壮族自治区农业科学院玉米研究所	2021.12.30
CNA018765G	CNA20181265.4	玉米	GRL62491	广西壮族自治区农业科学院玉米研究所	2021.12.30
CNA018766G	CNA20181290.3	玉米	GRL21191	广西壮族自治区农业科学院玉米研究所	2021.12.30
CNA018767G	CNA20181407.3	玉米	美晟887	河北艾格瑞种业有限公司	2021.12.30

公告号	品种权号	植物种类	品种名称	品种权人	授权日
CNA018768G	CNA20181456.3	玉米	京707	北京新实泓丰种业有限公司	2021.12.30
CNA018769G	CNA20181464.3	玉米	H028	姜保荣	2021.12.30
CNA018770G	CNA20181465.2	玉米	H039	姜保荣	2021.12.30
CNA018771G	CNA20181467.0	玉米	H070	姜保荣	2021.12.30
CNA018772G	CNA20181469.8	玉米	H201	姜保荣	2021.12.30
CNA018773G	CNA20181470.5	玉米	H438	姜保荣	2021.12.30
CNA018774G	CNA20181472.3	玉米	菊城605	姜保荣	2021.12.30
CNA018775G	CNA20181476.9	玉米	华农T8	华南农业大学	2021.12.30
CNA018776G	CNA20181477.8	玉米	华农T176	华南农业大学	2021.12.30
CNA018777G	CNA20181487.6	玉米	登海鲁西1	山东登海鲁西种业有限公司	2021.12.30
CNA018778G	CNA20181488.5	玉米	登海鲁西2	山东登海鲁西种业有限公司	2021.12.30
CNA018779G	CNA20181534.9	玉米	济玉516	济南永丰种业有限公司	2021.12.30
CNA018780G	CNA20181664.1	玉米	JH0057	孙超锋	2021.12.30
CNA018781G	CNA20181719.6	玉米	A466	河南省豫丰种业有限公司	2021.12.30
CNA018782G	CNA20181720.3	玉米	MA105	河南省豫丰种业有限公司	2021.12.30
CNA018783G	CNA20181725.8	玉米	LTH378	北京金色谷雨种业科技有限公司	2021.12.30
CNA018784G	CNA20181726.7	玉米	LIH2195	北京金色谷雨种业科技有限公司	2021.12.30
CNA018785G	CNA20181739.2	玉米	新单58	河南省新乡市农业科学院	2021.12.30
CNA018786G	CNA20181920.1	玉米	PH698	先锋国际良种公司	2021.12.30
CNA018787G	CNA20181952.2	玉米	伟程313	郑州伟程作物育种科技有限公司	2021.12.30
CNA018788G	CNA20182044.0	玉米	桂糯529	广西壮族自治区农业科学院玉米研究所	2021.12.30
CNA018789G	CNA20182111.8	玉米	中玉997	吉林省中玉农业有限公司	2021.12.30
CNA018790G	CNA20182112.7	玉米	XY2	中林集团张掖金象种业有限公司 沈 杰	2021.12.30
CNA018791G	CNA20182155.5	玉米	Z658	长春金苑种业有限公司	2021.12.30
CNA018792G	CNA20182222.4	玉米	胶玉1号	青岛胶研种苗有限公司	2021.12.30
CNA018793G	CNA20182267.0	玉米	珺玉6号	石家庄高新区源申科技有限公司	2021.12.30
CNA018794G	CNA20182268.9	玉米	源育133	石家庄高新区源申科技有限公司	2021.12.30
CNA018795G	CNA20182320.5	玉米	豫单903	河南农业大学	2021.12.30
CNA018796G	CNA20182345.6	玉米	科腾918	河南省金囤种业有限公司	2021.12.30
CNA018797G	CNA20182393.7	玉米	金糯1607	北京金农科种子科技有限公司	2021.12.30
CNA018798G	CNA20182426.8	玉米	dx69	宝鸡迪兴农业科技有限公司	2021.12.30

公告号	品种权号	植物种类	品种名称	品种权人	授权日
CNA018799G	CNA20182612.2	玉米	豫单983	河南农业大学	2021.12.30
CNA018800G	CNA20182613.1	玉米	dx58	宝鸡迪兴农业科技有限公司	2021.12.30
CNA018801G	CNA20182662.1	玉米	D9107Z	孟山都科技有限责任公司	2021.12.30
CNA018802G	CNA20182816.6	玉米	CH7	内蒙古蓝海新农农业发展有限公司	2021.12.30
CNA018803G	CNA20182847.9	玉米	dx692	宝鸡迪兴农业科技有限公司	2021.12.30
CNA018804G	CNA20182986.0	玉米	美豫5168	河南省豫玉种业股份有限公司	2021.12.30
CNA018805G	CNA20182989.7	玉米	美豫3088	河南省豫玉种业股份有限公司	2021.12.30
CNA018806G	CNA20182990.4	玉米	美豫2388	河南省豫玉种业股份有限公司	2021.12.30
CNA018807G	CNA20183205.3	玉米	沣甜糯3号	湖南省作物研究所	2021.12.30
CNA018808G	CNA20183376.6	玉米	嘉图369	河南省豫玉种业股份有限公司	2021.12.30
CNA018809G	CNA20183378.4	玉米	悦良739	河南省豫玉种业股份有限公司	2021.12.30
CNA018810G	CNA20183390.8	玉米	北玉9955	沈阳北玉种子科技有限公司	2021.12.30
CNA018811G	CNA20183508.7	玉米	DT3972	云南大天种业有限公司	2021.12.30
CNA018812G	CNA20183510.3	玉米	DT1503	云南大天种业有限公司	2021.12.30
CNA018813G	CNA20183514.9	玉米	DT663	云南大天种业有限公司	2021.12.30
CNA018814G	CNA20183515.8	玉米	DT455	云南大天种业有限公司	2021.12.30
CNA018815G	CNA20183516.7	玉米	DT395	云南大天种业有限公司	2021.12.30
CNA018816G	CNA20183517.6	玉米	DT277	云南大天种业有限公司	2021.12.30
CNA018817G	CNA20183518.5	玉米	DT335	云南大天种业有限公司	2021.12.30
CNA018818G	CNA20183534.5	玉米	DT16311	云南大天种业有限公司	2021.12.30
CNA018819G	CNA20183535.4	玉米	DT7011	云南大天种业有限公司	2021.12.30
CNA018820G	CNA20183536.3	玉米	DT673122	云南大天种业有限公司	2021.12.30
CNA018821G	CNA20183742.3	玉米	伟程303	郑州伟程作物育种科技有限公司	2021.12.30
CNA018822G	CNA20183743.2	玉米	澳甜糯65	北方嘉业（天津）鲜食玉米科技有限公司	2021.12.30
CNA018823G	CNA20183744.1	玉米	澳甜糯75	北方嘉业（天津）鲜食玉米科技有限公司	2021.12.30
CNA018824G	CNA20183929.8	玉米	斯达糯46	北京中农斯达农业科技开发有限公司	2021.12.30
CNA018825G	CNA20184005.3	玉米	CT16691	河南隆平联创农业科技有限公司 北京联创种业有限公司	2021.12.30
CNA018826G	CNA20184006.2	玉米	CT16687	北京联创种业有限公司	2021.12.30
CNA018827G	CNA20184013.3	玉米	伟程319	郑州伟程作物育种科技有限公司	2021.12.30
CNA018828G	CNA20184118.7	玉米	QT801	四川奥力星农业科技有限公司	2021.12.30

公告号	品种权号	植物种类	品种名称	品种权人	授权日
CNA018829G	CNA20184131.0	玉米	华美玉336	河北华茂种业有限公司	2021.12.30
CNA018830G	CNA20184143.6	玉米	科沃8901	科沃施种子欧洲股份两合公司	2021.12.30
CNA018831G	CNA20184144.5	玉米	科沃868	科沃施种子欧洲股份两合公司	2021.12.30
CNA018832G	CNA20184389.9	玉米	CHB323	中国科学院遗传与发育生物学研究所	2021.12.30
CNA018833G	CNA20184496.9	玉米	高科168	杨凌农业高科技发展股份有限公司	2021.12.30
CNA018834G	CNA20184588.8	玉米	大京九156	河南省大京九种业有限公司	2021.12.30
CNA018835G	CNA20184589.7	玉米	大京九166	河南省大京九种业有限公司	2021.12.30
CNA018836G	CNA20184590.4	玉米	大京九4703	河南省大京九种业有限公司	2021.12.30
CNA018837G	CNA20184661.8	玉米	A54	内蒙古利禾农业科技发展有限公司	2021.12.30
CNA018838G	CNA20184662.7	玉米	LH0034	内蒙古利禾农业科技发展有限公司	2021.12.30
CNA018839G	CNA20184682.3	玉米	斯达甜230	北京中农斯达农业科技开发有限公司	2021.12.30
CNA018840G	CNA20184712.7	玉米	科沃8907	科沃施种子欧洲股份两合公司	2021.12.30
CNA018841G	CNA20184718.1	玉米	科沃7906	科沃施种子欧洲股份两合公司	2021.12.30
CNA018842G	CNA20184719.0	玉米	科沃848	科沃施种子欧洲股份两合公司	2021.12.30
CNA018843G	CNA20191000161	玉米	斯达甜216	北京中农斯达农业科技开发有限公司	2021.12.30
CNA018844G	CNA20191000192	玉米	斯达糯50	北京中农斯达农业科技开发有限公司	2021.12.30
CNA018845G	CNA20191000194	玉米	斯达甜222	北京中农斯达农业科技开发有限公司	2021.12.30
CNA018846G	CNA20191000855	玉米	中垦玉561	江苏省高科种业科技有限公司	2021.12.30
CNA018847G	CNA20191001073	玉米	耕玉505	中地种业（集团）有限公司	2021.12.30
CNA018848G	CNA20191001152	玉米	佳玉8号	郑州伟科作物育种科技有限公司	2021.12.30
CNA018849G	CNA20191001292	玉米	玉丰612	承德裕丰种业有限公司	2021.12.30
CNA018850G	CNA20191001320	玉米	粤白甜糯7号	广东省农业科学院作物研究所	2021.12.30
CNA018851G	CNA20191001384	玉米	LP171	南通新禾生物技术有限公司	2021.12.30
CNA018852G	CNA20191001423	玉米	16LMM093	南通新禾生物技术有限公司	2021.12.30
CNA018853G	CNA20191001557	玉米	美珍208	北京宝丰种子有限公司	2021.12.30
CNA018854G	CNA20191001746	玉米	瑞丰168	山西瑞德丰种业有限公司	2021.12.30
CNA018855G	CNA20191001747	玉米	瑞丰188	山西瑞德丰种业有限公司	2021.12.30
CNA018856G	CNA20191001838	玉米	奇农5	河北冀农种业有限责任公司	2021.12.30
CNA018857G	CNA20191001942	玉米	冀农707	河北冀农种业有限责任公司	2021.12.30
CNA018858G	CNA20191002232	玉米	密甜糯15号	北京中农斯达农业科技开发有限公司	2021.12.30
CNA018859G	CNA20191002268	玉米	斯达糯52	北京中农斯达农业科技开发有限公司	2021.12.30
CNA018860G	CNA20191002391	玉米	DF20	山西大丰种业有限公司	2021.12.30

公告号	品种权号	植物种类	品种名称	品种权人	授权日
CNA018861G	CNA20191002393	玉米	隆平781	安徽隆平高科种业有限公司	2021.12.30
CNA018862G	CNA20191002395	玉米	隆平783	安徽隆平高科种业有限公司	2021.12.30
CNA018863G	CNA20191002498	玉米	金娃娃635	河南秋乐种业科技股份有限公司	2021.12.30
CNA018864G	CNA20191002564	玉米	浚研0998	王怀苹 浚县丰黎种业有限公司	2021.12.30
CNA018865G	CNA20191002643	玉米	VK22	河北沃土种业股份有限公司	2021.12.30
CNA018866G	CNA20191002644	玉米	M51	河北沃土种业股份有限公司	2021.12.30
CNA018867G	CNA20191002658	玉米	协玉901	绵阳市农业科学研究院 北京联创种业有限公司	2021.12.30
CNA018868G	CNA20191002871	玉米	DF899	山西大丰种业有限公司	2021.12.30
CNA018869G	CNA20191002974	玉米	增信817	山西大丰种业有限公司	2021.12.30
CNA018870G	CNA20191003055	玉米	太玉807	山西中农赛博种业有限公司	2021.12.30
CNA018871G	CNA20191003159	玉米	赛博168	山西中农赛博种业有限公司	2021.12.30
CNA018872G	CNA20191003166	玉米	太玉219	山西中农赛博种业有限公司	2021.12.30
CNA018873G	CNA20191003508	玉米	赛博169	山西中农赛博种业有限公司	2021.12.30
CNA018874G	CNA20191003509	玉米	太玉808	山西中农赛博种业有限公司	2021.12.30
CNA018875G	CNA20191003529	玉米	龙辐玉20	黑龙江省农业科学院玉米研究所	2021.12.30
CNA018876G	CNA20191003909	玉米	丹玉818	丹东农业科学院	2021.12.30
CNA018877G	CNA20191004000	玉米	隆创310	河南隆平联创农业科技有限公司 北京联创种业有限公司	2021.12.30
CNA018878G	CNA20191004032	玉米	泰棒111	北京联创种业有限公司	2021.12.30
CNA018879G	CNA20191004105	玉米	中地89	中地种业（集团）有限公司	2021.12.30
CNA018880G	CNA20191004106	玉米	金博士908	河南金博士种业股份有限公司	2021.12.30
CNA018881G	CNA20191004369	玉米	宝玉883	南宁润和佳种业有限公司	2021.12.30
CNA018882G	CNA20191004376	玉米	金糯1801	北京金农科种子科技有限公司	2021.12.30
CNA018883G	CNA20191004677	玉米	吉玉18	湖北康农种业股份有限公司	2021.12.30
CNA018884G	CNA20191004878	玉米	富尔2233	齐齐哈尔市富尔农艺有限公司	2021.12.30
CNA018885G	CNA20191004935	玉米	康农玉868	湖北康农种业股份有限公司	2021.12.30
CNA018886G	CNA20191005042	玉米	春光7501	河北德华种业有限公司	2021.12.30
CNA018887G	CNA20191005059	玉米	屯玉899	中林集团张掖金象种业有限公司	2021.12.30
CNA018888G	CNA20191005070	玉米	祥玉19	河北德华种业有限公司 牡丹江市祥禾农业科学研究所	2021.12.30
CNA018889G	CNA20191005085	玉米	海玉5403	河北德华种业有限公司	2021.12.30
CNA018890G	CNA20191005093	玉米	技丰336	河南技丰种业集团有限公司	2021.12.30

公告号	品种权号	植物种类	品种名称	品种权人	授权日
CNA018891G	CNA20191005208	玉米	中单107	中国农业科学院作物科学研究所	2021.12.30
CNA018892G	CNA20191005209	玉米	中单123	中国农业科学院作物科学研究所	2021.12.30
CNA018893G	CNA20191005222	玉米	丹玉631	丹东农业科学院	2021.12.30
CNA018894G	CNA20191005272	玉米	科腾580	昆山科腾生物科技有限公司 河北科腾生物科技有限公司	2021.12.30
CNA018895G	CNA20191005465	玉米	龙翔16	昆山科腾生物科技有限公司 河北科腾生物科技有限公司	2021.12.30
CNA018896G	CNA20191005471	玉米	科玉520	昆山科腾生物科技有限公司 河北科腾生物科技有限公司	2021.12.30
CNA018897G	CNA20191005572	玉米	科大698	河南科技大学	2021.12.30
CNA018898G	CNA20191005717	玉米	周玉2	沈阳北玉种子科技有限公司	2021.12.30
CNA018899G	CNA20191005810	玉米	龙科玉301	黑龙江省龙科种业集团有限公司	2021.12.30
CNA018900G	CNA20191005842	玉米	禾育157	吉林省禾冠种业有限公司	2021.12.30
CNA018901G	CNA20191005863	玉米	丰鼎475	山西丰鼎源农业科技有限公司	2021.12.30
CNA018902G	CNA20191005892	玉米	禾育165	吉林省禾冠种业有限公司	2021.12.30
CNA018903G	CNA20191006069	玉米	天泰366	山东中农天泰种业有限公司	2021.12.30
CNA018904G	CNA20191006125	玉米	郑品玉928	河南金苑种业股份有限公司	2021.12.30
CNA018905G	CNA20191006178	玉米	智研917	安徽隆平高科种业有限公司	2021.12.30
CNA018906G	CNA20191006181	玉米	隆平937	安徽隆平高科种业有限公司	2021.12.30
CNA018907G	CNA20191006203	玉米	华皖763	安徽隆平高科种业有限公司	2021.12.30
CNA018908G	CNA20191006229	玉米	斯达糯51	北京中农斯达农业科技开发有限公司	2021.12.30
CNA018909G	CNA20191006312	玉米	郑原玉976	河南金苑种业股份有限公司	2021.12.30
CNA018910G	CNA20191006423	玉米	优迪529	沈阳市现代农业研发服务中心（沈阳市农业科学院） 吉林省鸿翔农业集团鸿翔种业有限公司	2021.12.30
CNA018911G	CNA20191006434	玉米	龙翔18	昆山科腾生物科技有限公司 河北科腾生物科技有限公司	2021.12.30
CNA018912G	CNA20191006512	玉米	金赛608	河南金赛种子有限公司	2021.12.30
CNA018913G	CNA20191006525	玉米	垦科玉5号	黑龙江省农垦科学院	2021.12.30
CNA018914G	CNA20191006663	玉米	浙甜19	浙江省农业科学院	2021.12.30
CNA018915G	CNA20191006795	玉米	禾育57	吉林省禾冠种业有限公司	2021.12.30
CNA018916G	CNA20191006799	玉米	禾育56	吉林省禾冠种业有限公司	2021.12.30
CNA018917G	CNA20191006850	玉米	兰德玉22	河北兰德泽农种业有限公司	2021.12.30
CNA018918G	CNA20191006862	玉米	敦玉260	甘肃省敦种作物种子研究有限公司	2021.12.30
CNA018919G	CNA20191006878	玉米	石玉348	石家庄市农林科学研究院	2021.12.30

公告号	品种权号	植物种类	品种名称	品种权人	授权日
CNA018920G	CNA20191006935	玉米	敦玉49	甘肃省敦种作物种子研究有限公司	2021.12.30
CNA018921G	CNA20191006936	玉米	敦玉606	甘肃省敦种作物种子研究有限公司	2021.12.30
CNA018922G	CNA20201000012	玉米	禾丰饲玉3号	山东理工大学 淄博禾丰种业科技股份有限公司	2021.12.30
CNA018923G	CNA20201000056	玉米	荣丰620	新疆荣丰种业有限公司	2021.12.30
CNA018924G	CNA20201000133	玉米	MC8728	北京市农林科学院	2021.12.30
CNA018925G	CNA20201000138	玉米	奉美佳72	海南奉美佳农业发展有限公司	2021.12.30
CNA018926G	CNA20201000159	玉米	SM38	湖北康农种业股份有限公司	2021.12.30
CNA018927G	CNA20201000181	玉米	航星12	河南名鼎农业科技有限公司	2021.12.30
CNA018928G	CNA20201000182	玉米	航星188	河南名鼎农业科技有限公司	2021.12.30
CNA018929G	CNA20201000192	玉米	桓丰601	淄博博信农业科技有限公司	2021.12.30
CNA018930G	CNA20201000231	玉米	春光99号	吉林省春光种业有限公司	2021.12.30
CNA018931G	CNA20201000268	玉米	NG1408	北京新实泓丰种业有限公司	2021.12.30
CNA018932G	CNA20201000300	玉米	吉丰玉9号	公主岭市范家屯镇丰华农作物研究所	2021.12.30
CNA018933G	CNA20201000329	玉米	蓝鹰8号	河北蓝鹰种业有限公司	2021.12.30
CNA018934G	CNA20201000332	玉米	SK4517	北京市农林科学院	2021.12.30
CNA018935G	CNA20201000336	玉米	京农科729	北京市农林科学院	2021.12.30
CNA018936G	CNA20201000337	玉米	京农科737	北京市农林科学院	2021.12.30
CNA018937G	CNA20201000342	玉米	硕育551	鹤壁禾博士晟农科技有限公司	2021.12.30
CNA018938G	CNA20201000393	玉米	阿单1623	阿坝藏族羌族自治州农业科学技术研究所	2021.12.30
CNA018939G	CNA20201000530	玉米	斯达甜228	北京中农斯达农业科技开发有限公司	2021.12.30
CNA018940G	CNA20201000533	玉米	斯达甜231	北京中农斯达农业科技开发有限公司	2021.12.30
CNA018941G	CNA20201000670	玉米	沃玉21号	河北沃土种业股份有限公司	2021.12.30
CNA018942G	CNA20201000710	玉米	京科999	北京市农林科学院	2021.12.30
CNA018943G	CNA20201000720	玉米	硕育172	鹤壁禾博士晟农科技有限公司	2021.12.30
CNA018944G	CNA20201000733	玉米	硕育173	鹤壁禾博士晟农科技有限公司	2021.12.30
CNA018945G	CNA20201000736	玉米	敦玉209	甘肃省敦种作物种子研究有限公司	2021.12.30
CNA018946G	CNA20201000780	玉米	承玉48	承德裕丰种业有限公司	2021.12.30
CNA018947G	CNA20201000786	玉米	玉丰820	承德裕丰种业有限公司	2021.12.30
CNA018948G	CNA20201000787	玉米	玉丰822	承德裕丰种业有限公司	2021.12.30
CNA018949G	CNA20201000792	玉米	裕丰801	承德裕丰种业有限公司	2021.12.30
CNA018950G	CNA20201000816	玉米	隆平182	安徽隆平高科种业有限公司	2021.12.30

公告号	品种权号	植物种类	品种名称	品种权人	授权日
CNA018951G	CNA20201000828	玉米	隆平956	安徽隆平高科种业有限公司	2021.12.30
CNA018952G	CNA20201000829	玉米	隆平243	安徽隆平高科种业有限公司	2021.12.30
CNA018953G	CNA20201000831	玉米	桓丰102	淄博博信农业科技有限公司 李平路	2021.12.30
CNA018954G	CNA20201000838	玉米	白甜糯玉景	南京理想农业科技有限公司	2021.12.30
CNA018955G	CNA20201000841	玉米	红花玉景	南京理想农业科技有限公司	2021.12.30
CNA018956G	CNA20201000950	玉米	桂单660	广西壮族自治区农业科学院玉米研究所	2021.12.30
CNA018957G	CNA20201000999	玉米	郑原玉437	河南金苑种业股份有限公司	2021.12.30
CNA018958G	CNA20201001000	玉米	兰德玉13	河北兰德泽农种业有限公司	2021.12.30
CNA018959G	CNA20201001016	玉米	福盛园98	山西福盛园科技发展有限公司	2021.12.30
CNA018960G	CNA20201001057	玉米	咸科602	新疆荣丰种业有限公司	2021.12.30
CNA018961G	CNA20201001058	玉米	荣丰701	新疆荣丰种业有限公司	2021.12.30
CNA018962G	CNA20201001062	玉米	鲁星702	山东登海鲁丰种业有限公司	2021.12.30
CNA018963G	CNA20201001087	玉米	科育192	中国科学院遗传与发育生物学研究所	2021.12.30
CNA018964G	CNA20201001115	玉米	金瑞716	云南金瑞种业有限公司	2021.12.30
CNA018965G	CNA20201001116	玉米	金瑞702	云南金瑞种业有限公司	2021.12.30
CNA018966G	CNA20201001146	玉米	松科709	内蒙古利禾农业科技发展有限公司	2021.12.30
CNA018967G	CNA20201001149	玉米	同丰161	北京中农同丰农业科技有限公司	2021.12.30
CNA018968G	CNA20201001151	玉米	辰诺502	内蒙古利禾农业科技发展有限公司	2021.12.30
CNA018969G	CNA20201001208	玉米	金苑玉650	河南金苑种业股份有限公司	2021.12.30
CNA018970G	CNA20201001274	玉米	郑原玉435	河南金苑种业股份有限公司	2021.12.30
CNA018971G	CNA20201001304	玉米	郑原玉986	河南金苑种业股份有限公司	2021.12.30
CNA018972G	CNA20201001308	玉米	荣丰711	新疆荣丰种业有限公司	2021.12.30
CNA018973G	CNA20201001309	玉米	泽奥712	吉林省宏泽现代农业有限公司	2021.12.30
CNA018974G	CNA20201001312	玉米	斯达甜236	北京中农斯达农业科技开发有限公司	2021.12.30
CNA018975G	CNA20201001372	玉米	屯玉591	中林集团张掖金象种业有限公司	2021.12.30
CNA018976G	CNA20201001373	玉米	屯玉7931	中林集团张掖金象种业有限公司	2021.12.30
CNA018977G	CNA20201001410	玉米	金苑玉272	河南金苑种业股份有限公司	2021.12.30
CNA018978G	CNA20201001412	玉米	郑品玉678	河南金苑种业股份有限公司	2021.12.30
CNA018979G	CNA20201001414	玉米	隆平957	安徽隆平高科种业有限公司	2021.12.30
CNA018980G	CNA20201001421	玉米	陇研588	甘肃金源种业股份有限公司	2021.12.30
CNA018981G	CNA20201001422	玉米	丰德存玉11	河南丰德康种业股份有限公司	2021.12.30

公告号	品种权号	植物种类	品种名称	品种权人	授权日
CNA018982G	CNA20201001447	玉米	桂单673	广西壮族自治区农业科学院玉米研究所	2021.12.30
CNA018983G	CNA20201001469	玉米	斯达糯53	北京中农斯达农业科技开发有限公司	2021.12.30
CNA018984G	CNA20201001485	玉米	丰乐365	合肥丰乐种业股份有限公司	2021.12.30
CNA018985G	CNA20201001491	玉米	沃玉111	河北沃土种业股份有限公司	2021.12.30
CNA018986G	CNA20201001493	玉米	泽玉821	吉林省宏泽现代农业有限公司	2021.12.30
CNA018987G	CNA20201001494	玉米	泽奥718	吉林省宏泽现代农业有限公司	2021.12.30
CNA018988G	CNA20201001510	玉米	云瑞1818	云南省农业科学院粮食作物研究所	2021.12.30
CNA018989G	CNA20201001530	玉米	正美四号	东方正大种子有限公司	2021.12.30
CNA018990G	CNA20201001532	玉米	承玉88	承德裕丰种业有限公司	2021.12.30
CNA018991G	CNA20201001540	玉米	弥玉889	云南米玉种子科技有限公司	2021.12.30
CNA018992G	CNA20201001555	玉米	承玉42	承德裕丰种业有限公司	2021.12.30
CNA018993G	CNA20201001558	玉米	金冠597	北京四海种业有限责任公司	2021.12.30
CNA018994G	CNA20201001562	玉米	凌科6号	杨凌国瑞农业科技有限公司	2021.12.30
CNA018995G	CNA20201001637	玉米	鸿泰66	甘肃鸿泰种业股份有限公司	2021.12.30
CNA018996G	CNA20201001639	玉米	云瑞151	云南田瑞种业有限公司	2021.12.30
CNA018997G	CNA20201001659	玉米	邯玉1604	邯郸市农业科学院	2021.12.30
CNA018998G	CNA20201001671	玉米	邯玉金环九号	邯郸市农业科学院	2021.12.30
CNA018999G	CNA20201001709	玉米	纪元156	河北新纪元种业有限公司	2021.12.30
CNA019000G	CNA20201001717	玉米	山农209	山东农业大学	2021.12.30
CNA019001G	CNA20201001735	玉米	登海122	山东登海种业股份有限公司	2021.12.30
CNA019002G	CNA20201001736	玉米	登海128	山东登海种业股份有限公司	2021.12.30
CNA019003G	CNA20201001737	玉米	登海539	山东登海种业股份有限公司	2021.12.30
CNA019004G	CNA20201001765	玉米	现代567	北京市农林科学院 河南省现代种业有限公司	2021.12.30
CNA019005G	CNA20201001769	玉米	吉科糯18	吉林农业科技学院	2021.12.30
CNA019006G	CNA20201001796	玉米	京科252	河南省现代种业有限公司	2021.12.30
CNA019007G	CNA20201001805	玉米	MC875	北京市农林科学院 河南省现代种业有限公司	2021.12.30
CNA019008G	CNA20201001875	玉米	万盛102	河北万盛种业有限公司 河北冠虎农业科技有限公司	2021.12.30
CNA019009G	CNA20201001884	玉米	登海173	山东登海种业股份有限公司	2021.12.30
CNA019010G	CNA20201001885	玉米	登海857	山东登海种业股份有限公司	2021.12.30
CNA019011G	CNA20201001888	玉米	登海695	山东登海种业股份有限公司	2021.12.30

公告号	品种权号	植物种类	品种名称	品种权人	授权日
CNA019012G	CNA20201001917	玉米	京糯832	北京四海种业有限责任公司	2021.12.30
CNA019013G	CNA20201001933	玉米	金娃娃626	河南秋乐种业科技股份有限公司	2021.12.30
CNA019014G	CNA20201001980	玉米	豫单1878	河南农业大学	2021.12.30
CNA019015G	CNA20201002016	玉米	登海101	山东登海种业股份有限公司	2021.12.30
CNA019016G	CNA20201002040	玉米	曲辰28号	云南曲辰种业股份有限公司	2021.12.30
CNA019017G	CNA20201002085	玉米	保玉615	江苏保丰集团公司	2021.12.30
CNA019018G	CNA20201002107	玉米	桂单903	广西壮族自治区农业科学院玉米研究所	2021.12.30
CNA019019G	CNA20201002121	玉米	裕丰802	承德裕丰种业有限公司	2021.12.30
CNA019020G	CNA20201002189	玉米	雪甜7401	先正达农作物保护股份有限公司	2021.12.30
CNA019021G	CNA20201002235	玉米	金博士1839	河南金博士种业股份有限公司	2021.12.30
CNA019022G	CNA20201002236	玉米	金博士1828	河南金博士种业股份有限公司	2021.12.30
CNA019023G	CNA20201002237	玉米	金博士912	河南金博士种业股份有限公司	2021.12.30
CNA019024G	CNA20201002238	玉米	农力1号	河南金博士种业股份有限公司	2021.12.30
CNA019025G	CNA20201002240	玉米	金博士W88	河南金博士种业股份有限公司	2021.12.30
CNA019026G	CNA20201002242	玉米	金博士919	河南金博士种业股份有限公司	2021.12.30
CNA019027G	CNA20201002244	玉米	金博士737	河南金博士种业股份有限公司	2021.12.30
CNA019028G	CNA20201002247	玉米	金博士686	河南金博士种业股份有限公司	2021.12.30
CNA019029G	CNA20201002264	玉米	万盛106	河北万盛种业有限公司 河北冠虎农业科技有限公司	2021.12.30
CNA019030G	CNA20201002272	玉米	隆玉1609	四川隆平玉米种子有限公司	2021.12.30
CNA019031G	CNA20201002300	玉米	金苹658	武威金苹果农业股份有限公司	2021.12.30
CNA019032G	CNA20201002379	玉米	金冠220	北京四海种业有限责任公司	2021.12.30
CNA019033G	CNA20201002388	玉米	鼎优161	河南鼎优农业科技有限公司 长葛鼎研泽田农业科技开发有限公司	2021.12.30
CNA019034G	CNA20201002424	玉米	春风886	盐城神农大丰种业科技有限公司	2021.12.30
CNA019035G	CNA20201002428	玉米	JH8828y9121	莱州市金海种业有限公司	2021.12.30
CNA019036G	CNA20201002431	玉米	隆单1701	四川隆平玉米种子有限公司	2021.12.30
CNA019037G	CNA20201002433	玉米	JH522	莱州市金海种业有限公司	2021.12.30
CNA019038G	CNA20201002435	玉米	JH8828y1988	莱州市金海种业有限公司	2021.12.30
CNA019039G	CNA20201002480	玉米	泰隆19	广汉泰利隆农作物研究所	2021.12.30
CNA019040G	CNA20201002505	玉米	JH8828y9421	莱州市金海种业有限公司	2021.12.30
CNA019041G	CNA20201002509	玉米	盛单868	大连盛世种业有限公司	2021.12.30
CNA019042G	CNA20201002510	玉米	盛世1595	大连盛世种业有限公司	2021.12.30

公告号	品种权号	植物种类	品种名称	品种权人	授权日
CNA019043G	CNA20201002529	玉米	金海138	莱州市金海种业有限公司	2021.12.30
CNA019044G	CNA20201002537	玉米	JH8828y9856	莱州市金海种业有限公司	2021.12.30
CNA019045G	CNA20201002546	玉米	天玉818	新疆天玉种业有限责任公司 丹东农业科学院	2021.12.30
CNA019046G	CNA20201002567	玉米	年年丰1号	河南年年丰种业有限公司	2021.12.30
CNA019047G	CNA20201002569	玉米	龙翔88	昆山科腾生物科技有限公司 河北科腾生物科技有限公司	2021.12.30
CNA019048G	CNA20201002603	玉米	京甜糯807	北京四海种业有限责任公司	2021.12.30
CNA019049G	CNA20201002604	玉米	奔诚17	河北奔诚种业有限公司	2021.12.30
CNA019050G	CNA20201002608	玉米	珺玉106	河南珺中种业有限公司	2021.12.30
CNA019051G	CNA20201002628	玉米	济玉1627	济南永丰种业有限公司	2021.12.30
CNA019052G	CNA20201002647	玉米	德科833	德农种业股份公司	2021.12.30
CNA019053G	CNA20201002653	玉米	德科766	德农种业股份公司	2021.12.30
CNA019054G	CNA20201002683	玉米	商都188	海南郑科农业科技有限公司 河南商都种业有限公司	2021.12.30
CNA019055G	CNA20201002690	玉米	海玉99	河南省南海种子有限公司	2021.12.30
CNA019056G	CNA20201002702	玉米	龙单97	黑龙江省农业科学院玉米研究所	2021.12.30
CNA019057G	CNA20201002723	玉米	东单806	辽宁东亚种业有限公司	2021.12.30
CNA019058G	CNA20201002725	玉米	秀青862	武汉湖广农业科技股份有限公司	2021.12.30
CNA019059G	CNA20201002734	玉米	中选777	中国农业科学院棉花研究所	2021.12.30
CNA019060G	CNA20201002790	玉米	云瑞4011	云南省农业科学院粮食作物研究所	2021.12.30
CNA019061G	CNA20201002793	玉米	浩玉188	河南浩迪农业科技有限公司	2021.12.30
CNA019062G	CNA20201002812	玉米	泽玉611	吉林省宏泽现代农业有限公司	2021.12.30
CNA019063G	CNA20201002814	玉米	曲辰40号	云南曲辰种业股份有限公司	2021.12.30
CNA019064G	CNA20201002820	玉米	珺中706	河北珺中农业科技有限公司	2021.12.30
CNA019065G	CNA20201002862	玉米	德单188	德农种业股份公司	2021.12.30
CNA019066G	CNA20201002874	玉米	先玉1871	先锋国际良种公司	2021.12.30
CNA019067G	CNA20201002875	玉米	先玉1713	先锋国际良种公司	2021.12.30
CNA019068G	CNA20201002893	玉米	利禾217	内蒙古利禾农业科技发展有限公司	2021.12.30
CNA019069G	CNA20201002895	玉米	辰诺201	内蒙古利禾农业科技发展有限公司	2021.12.30
CNA019070G	CNA20201002896	玉米	金K986	内蒙古利禾农业科技发展有限公司	2021.12.30
CNA019071G	CNA20201002897	玉米	五A716	内蒙古利禾农业科技发展有限公司	2021.12.30
CNA019072G	CNA20201002900	玉米	先玉1795	先锋国际良种公司	2021.12.30

公告号	品种权号	植物种类	品种名称	品种权人	授权日
CNA019073G	CNA20201002941	玉米	先玉1802	先锋国际良种公司	2021.12.30
CNA019074G	CNA20201002952	玉米	先玉1729	先锋国际良种公司	2021.12.30
CNA019075G	CNA20201002961	玉米	登海先锋170	先锋国际良种公司 山东登海种业股份有限公司	2021.12.30
CNA019076G	CNA20201002966	玉米	先玉1773	先锋国际良种公司	2021.12.30
CNA019077G	CNA20201003003	玉米	先玉1780	先锋国际良种公司	2021.12.30
CNA019078G	CNA20201003050	玉米	浚NQ33	鹤壁市农业科学院	2021.12.30
CNA019079G	CNA20201003053	玉米	先玉1850	先锋国际良种公司	2021.12.30
CNA019080G	CNA20201003054	玉米	先玉1735	先锋国际良种公司	2021.12.30
CNA019081G	CNA20201003061	玉米	先玉1723	先锋国际良种公司	2021.12.30
CNA019082G	CNA20201003063	玉米	先玉1720	先锋国际良种公司	2021.12.30
CNA019083G	CNA20201003096	玉米	先玉1756	先锋国际良种公司	2021.12.30
CNA019084G	CNA20201003139	玉米	乐农108	河南金博士种业股份有限公司	2021.12.30
CNA019085G	CNA20201003140	玉米	云瑞152	云南田瑞种业有限公司	2021.12.30
CNA019086G	CNA20201003163	玉米	先玉1801	先锋国际良种公司	2021.12.30
CNA019087G	CNA20201003164	玉米	先玉1808	先锋国际良种公司	2021.12.30
CNA019088G	CNA20201003167	玉米	先玉1826	先锋国际良种公司	2021.12.30
CNA019089G	CNA20201003252	玉米	先玉1852	先锋国际良种公司	2021.12.30
CNA019090G	CNA20201003253	玉米	先玉1839	先锋国际良种公司	2021.12.30
CNA019091G	CNA20201003278	玉米	源育175	石家庄高新区源申科技有限公司	2021.12.30
CNA019092G	CNA20201003347	玉米	大唐9号	陕西大唐种业股份有限公司	2021.12.30
CNA019093G	CNA20201003360	玉米	先玉1830	先锋国际良种公司	2021.12.30
CNA019094G	CNA20201003361	玉米	先玉1828	先锋国际良种公司	2021.12.30
CNA019095G	CNA20201003533	玉米	龙垦1136	北京垦丰龙源种业科技有限公司 北大荒垦丰种业股份有限公司	2021.12.30
CNA019096G	CNA20201003534	玉米	龙垦1140	北京垦丰龙源种业科技有限公司 北大荒垦丰种业股份有限公司	2021.12.30
CNA019097G	CNA20201003552	玉米	郑单6123	河南省农业科学院	2021.12.30
CNA019098G	CNA20201003555	玉米	郑单6122	河南省农业科学院	2021.12.30
CNA019099G	CNA20201003811	玉米	康瑞104	河南鲲玉种业有限公司	2021.12.30
CNA019100G	CNA20201003987	玉米	富华10号	云南滇玉种业有限公司	2021.12.30
CNA019101G	CNA20201004004	玉米	郑单6119	河南省农业科学院	2021.12.30
CNA019102G	CNA20201004013	玉米	郑单6095	河南省农业科学院	2021.12.30

公告号	品种权号	植物种类	品种名称	品种权人	授权日
CNA019103G	CNA20201004024	玉米	DK58	北京中农大康科技开发有限公司	2021.12.30
CNA019104G	CNA20201004066	玉米	金穗甜11号	广东现代金穗种业有限公司	2021.12.30
CNA019105G	CNA20201004133	玉米	先玉1892	先锋国际良种公司	2021.12.30
CNA019106G	CNA20201004135	玉米	金农338	黑龙江大海农业有限公司	2021.12.30
CNA019107G	CNA20201004205	玉米	利合939	利马格兰欧洲	2021.12.30
CNA019108G	CNA20201004334	玉米	浚NY65	鹤壁市农业科学院	2021.12.30
CNA019109G	CNA20201004342	玉米	晋彩糯1号	山西大丰种业有限公司	2021.12.30
CNA019110G	CNA20201004439	玉米	龙垦1141	北京垦丰龙源种业科技有限公司 北大荒垦丰种业股份有限公司	2021.12.30
CNA019111G	CNA20201004440	玉米	龙垦1142	北京垦丰龙源种业科技有限公司 北大荒垦丰种业股份有限公司	2021.12.30
CNA019112G	CNA20201004456	玉米	龙垦1753	北京垦丰龙源种业科技有限公司 北大荒垦丰种业股份有限公司	2021.12.30
CNA019113G	CNA20201004554	玉米	华福甜10号	广东现代金穗种业有限公司	2021.12.30
CNA019114G	CNA20201004588	玉米	先玉1819	先锋国际良种公司	2021.12.30
CNA019115G	CNA20201004705	玉米	登海653	山东登海种业股份有限公司	2021.12.30
CNA019116G	CNA20201004711	玉米	强盛281	山西强盛种业有限公司	2021.12.30
CNA019117G	CNA20201004712	玉米	强盛232	山西强盛种业有限公司	2021.12.30
CNA019118G	CNA20201004717	玉米	利合956	利马格兰欧洲	2021.12.30
CNA019119G	CNA20201004732	玉米	利合989	利马格兰欧洲	2021.12.30
CNA019120G	CNA20201004752	玉米	桂单203	广西壮族自治区农业科学院玉米研究所	2021.12.30
CNA019121G	CNA20201005100	玉米	华福甜844	广东现代金穗种业有限公司	2021.12.30
CNA019122G	CNA20201005109	玉米	先玉1809	先锋国际良种公司	2021.12.30
CNA019123G	CNA20201005110	玉米	先玉1810	先锋国际良种公司	2021.12.30
CNA019124G	CNA20201005111	玉米	先玉1761	先锋国际良种公司	2021.12.30
CNA019125G	CNA20201005547	玉米	云瑞905	云南省农业科学院粮食作物研究所	2021.12.30
CNA019126G	CNA20201005556	玉米	云瑞971	云南省农业科学院粮食作物研究所	2021.12.30
CNA019127G	CNA20201005557	玉米	云瑞408	云南省农业科学院粮食作物研究所	2021.12.30
CNA019128G	CNA20201005558	玉米	云瑞22	云南省农业科学院粮食作物研究所	2021.12.30
CNA019129G	CNA20201005559	玉米	云瑞16	云南省农业科学院粮食作物研究所	2021.12.30
CNA019130G	CNA20141004.4	普通小麦	克春7号	黑龙江省农业科学院克山分院	2021.12.30
CNA019131G	CNA20151287.1	普通小麦	存麦11号	河南丰德康种业有限公司	2021.12.30
CNA019132G	CNA20151290.6	普通小麦	丰德存麦20号	河南丰德康种业有限公司	2021.12.30

公告号	品种权号	植物种类	品种名称	品种权人	授权日
CNA019133G	CNA20160682.3	普通小麦	济麦44	山东省农业科学院作物研究所 山东鲁研农业良种有限公司	2021.12.30
CNA019134G	CNA20161313.8	普通小麦	新麦39	河南省新乡市农业科学院	2021.12.30
CNA019135G	CNA20161393.1	普通小麦	苏麦2016	江苏焦点农业科技有限公司	2021.12.30
CNA019136G	CNA20161428.0	普通小麦	周麦38号	周口市农业科学院	2021.12.30
CNA019137G	CNA20161429.9	普通小麦	周麦39号	周口市农业科学院	2021.12.30
CNA019138G	CNA20161431.5	普通小麦	周麦41号	周口市农业科学院	2021.12.30
CNA019139G	CNA20161607.3	普通小麦	濮麦053	濮阳市农业科学院	2021.12.30
CNA019140G	CNA20161623.3	普通小麦	北麦15	北大荒垦丰种业股份有限公司	2021.12.30
CNA019141G	CNA20161625.1	普通小麦	垦红23	北大荒垦丰种业股份有限公司	2021.12.30
CNA019142G	CNA20161725.0	普通小麦	扬辐麦8号	江苏里下河地区农业科学研究所 江苏金土地种业有限公司	2021.12.30
CNA019143G	CNA20161736.7	普通小麦	俊达104	刘俊亮 河南俊达种业有限公司	2021.12.30
CNA019144G	CNA20161947.2	普通小麦	邯麦17	邯郸市农业科学院	2021.12.30
CNA019145G	CNA20162008.6	普通小麦	中育1428	中国农业科学院棉花研究所	2021.12.30
CNA019146G	CNA20162187.9	普通小麦	邯麦24	邯郸市农业科学院	2021.12.30
CNA019147G	CNA20162248.6	普通小麦	淄麦29	淄博市农业科学研究院 河南丰行农业科技有限公司	2021.12.30
CNA019148G	CNA20162280.5	普通小麦	郑麦158	河南省农业科学院	2021.12.30
CNA019149G	CNA20162281.4	普通小麦	郑麦132	河南省农业科学院	2021.12.30
CNA019150G	CNA20162308.3	普通小麦	邯农7131	王新民 赵振芳 祁耀正	2021.12.30
CNA019151G	CNA20170056.0	普通小麦	徽研56	安徽新世纪农业有限公司	2021.12.30
CNA019152G	CNA20170119.5	普通小麦	泉麦890	河南开泉农业科学研究所有限公司	2021.12.30
CNA019153G	CNA20170152.3	普通小麦	新冬48号	石河子农业科学研究院	2021.12.30
CNA019154G	CNA20170156.9	普通小麦	齐民7号	淄博禾丰种业农业科学研究院	2021.12.30
CNA019155G	CNA20170305.9	普通小麦	宁春54号	永宁县农作物种子育繁所	2021.12.30
CNA019156G	CNA20170426.3	普通小麦	轮选53	中国农业科学院作物科学研究所	2021.12.30
CNA019157G	CNA20170428.1	普通小麦	轮选310	中国农业科学院作物科学研究所	2021.12.30
CNA019158G	CNA20170446.9	普通小麦	石4366	石家庄市农林科学研究院	2021.12.30
CNA019159G	CNA20170613.6	普通小麦	龙辐麦22	黑龙江省农业科学院作物育种研究所	2021.12.30
CNA019160G	CNA20170683.1	普通小麦	新冬50号	新疆金丰源种业股份有限公司	2021.12.30
CNA019161G	CNA20171004.1	普通小麦	徐麦36	江苏徐淮地区徐州农业科学研究所	2021.12.30

公告号	品种权号	植物种类	品种名称	品种权人	授权日
CNA019162G	CNA20171035.4	普通小麦	陇鉴111	甘肃省农业科学院旱地农业研究所	2021.12.30
CNA019163G	CNA20171330.6	普通小麦	伟隆123	陕西杨凌伟隆农业科技有限公司	2021.12.30
CNA019164G	CNA20171433.2	普通小麦	烟农1212	山东省烟台市农业科学研究院	2021.12.30
CNA019165G	CNA20171442.1	普通小麦	西农943	西北农林科技大学	2021.12.30
CNA019166G	CNA20171502.8	普通小麦	华麦1168	华中农业大学	2021.12.30
CNA019167G	CNA20171505.5	普通小麦	AN01	山东爱农种业有限公司	2021.12.30
CNA019168G	CNA20171607.2	普通小麦	赛德麦6号	河南赛德种业有限公司	2021.12.30
CNA019169G	CNA20171608.1	普通小麦	赛德麦5号	河南赛德种业有限公司	2021.12.30
CNA019170G	CNA20171609.0	普通小麦	赛德麦7号	河南赛德种业有限公司	2021.12.30
CNA019171G	CNA20171825.8	普通小麦	乐麦207	安徽省农业科学院作物研究所 合肥丰乐种业股份有限公司	2021.12.30
CNA019172G	CNA20171826.7	普通小麦	科遗6259	中国科学院遗传与发育生物学研究所	2021.12.30
CNA019173G	CNA20171827.6	普通小麦	科糯1号	中国科学院遗传与发育生物学研究所	2021.12.30
CNA019174G	CNA20171828.5	普通小麦	科糯2号	中国科学院遗传与发育生物学研究所 石家庄市农林科学研究院	2021.12.30
CNA019175G	CNA20171829.4	普通小麦	科糯3号	中国科学院遗传与发育生物学研究所	2021.12.30
CNA019176G	CNA20171830.1	普通小麦	科糯4号	中国科学院遗传与发育生物学研究所	2021.12.30
CNA019177G	CNA20171886.4	普通小麦	百农8822	河南科技学院	2021.12.30
CNA019178G	CNA20171887.3	普通小麦	百农AK59	河南科技学院 河南金蕾种苗有限公司	2021.12.30
CNA019179G	CNA20171888.2	普通小麦	百农普偃58	河南科技学院	2021.12.30
CNA019180G	CNA20171912.2	普通小麦	中麦122	中国农业科学院作物科学研究所	2021.12.30
CNA019181G	CNA20171913.1	普通小麦	中麦93	中国农业科学院作物科学研究所	2021.12.30
CNA019182G	CNA20172024.5	普通小麦	蓟冬95	天津蓟县康恩伟泰种子有限公司	2021.12.30
CNA019183G	CNA20172080.6	普通小麦	糖寿麦1号	西安恒创农业科技有限公司	2021.12.30
CNA019184G	CNA20172082.4	普通小麦	稷麦66	河南远航种业有限公司 陈文超	2021.12.30
CNA019185G	CNA20172098.6	普通小麦	冀资麦4号	河北省农林科学院粮油作物研究所	2021.12.30
CNA019186G	CNA20172241.2	普通小麦	硅谷829	河北省硅谷农业科学研究院	2021.12.30
CNA019187G	CNA20172301.9	普通小麦	安农1589	安徽农业大学 安徽隆平高科种业有限公司	2021.12.30
CNA019188G	CNA20172305.5	普通小麦	昌麦32	凉山州西昌农业科学研究所	2021.12.30
CNA019189G	CNA20172342.0	普通小麦	山淄QH152	山东农业大学	2021.12.30
CNA019190G	CNA20172346.6	普通小麦	SH478	山东农业大学	2021.12.30

公告号	品种权号	植物种类	品种名称	品种权人	授权日
CNA019191G	CNA20172347.5	普通小麦	山农QH001	山东农业大学	2021.12.30
CNA019192G	CNA20172399.2	普通小麦	衡H6098	河北省农林科学院旱作农业研究所	2021.12.30
CNA019193G	CNA20172464.2	普通小麦	浚5366	侯志伟 李源	2021.12.30
CNA019194G	CNA20172584.7	普通小麦	致胜5号	陕西高农种业有限公司	2021.12.30
CNA019195G	CNA20172702.4	普通小麦	冀资麦6号	河北省农林科学院粮油作物研究所	2021.12.30
CNA019196G	CNA20172895.1	普通小麦	中紫麦3号	河北众人信农业科技股份有限公司	2021.12.30
CNA019197G	CNA20172896.0	普通小麦	众信7398	河北众人信农业科技股份有限公司	2021.12.30
CNA019198G	CNA20172897.9	普通小麦	众信6285	河北众人信农业科技股份有限公司	2021.12.30
CNA019199G	CNA20172909.5	普通小麦	浚麦118	浚县丰黎种业有限公司	2021.12.30
CNA019200G	CNA20173126.0	普通小麦	汶农56号	泰安市汶农种业有限责任公司	2021.12.30
CNA019201G	CNA20173220.5	普通小麦	小偃155	中国科学院遗传与发育生物学研究所	2021.12.30
CNA019202G	CNA20173253.5	普通小麦	众信656	河北众人信农业科技股份有限公司	2021.12.30
CNA019203G	CNA20173254.4	普通小麦	皇斤麦7	河北众人信农业科技股份有限公司	2021.12.30
CNA019204G	CNA20173255.3	普通小麦	众信5158	河北众人信农业科技股份有限公司	2021.12.30
CNA019205G	CNA20173256.2	普通小麦	成麦296	河北众人信农业科技股份有限公司	2021.12.30
CNA019206G	CNA20173259.9	普通小麦	众信7665	河北众人信农业科技股份有限公司	2021.12.30
CNA019207G	CNA20173295.5	普通小麦	武农988	杨凌职业技术学院	2021.12.30
CNA019208G	CNA20173458.8	普通小麦	新开1号	新乡市新开种子有限公司	2021.12.30
CNA019209G	CNA20173489.1	普通小麦	科农1002	中国科学院遗传与发育生物学研究所 农业资源研究中心	2021.12.30
CNA019210G	CNA20173490.8	普通小麦	科农8162	中国科学院遗传与发育生物学研究所 农业资源研究中心	2021.12.30
CNA019211G	CNA20173596.1	普通小麦	先麦19	河南先天下种业有限公司 西北农林科技大学	2021.12.30
CNA019212G	CNA20173597.0	普通小麦	宛麦66	河南先天下种业有限公司 河南大方种业科技有限公司	2021.12.30
CNA019213G	CNA20173679.1	普通小麦	KT01	中国农业科学院作物科学研究所	2021.12.30
CNA019214G	CNA20173688.0	普通小麦	郑麦128	河南省农业科学院	2021.12.30
CNA019215G	CNA20173689.9	普通小麦	郑麦151	河南省农业科学院	2021.12.30
CNA019216G	CNA20173690.6	普通小麦	郑麦173	河南省农业科学院	2021.12.30
CNA019217G	CNA20173691.5	普通小麦	郑麦518	河南省作物分子育种研究院 河南中育分子育种研究院有限公司	2021.12.30
CNA019218G	CNA20180168.4	普通小麦	石农956	河北大地种业有限公司	2021.12.30
CNA019219G	CNA20180189.9	普通小麦	邯麦22	邯郸市农业科学院	2021.12.30

公告号	品种权号	植物种类	品种名称	品种权人	授权日
CNA019220G	CNA20180190.6	普通小麦	邯134568	邯郸市农业科学院	2021.12.30
CNA019221G	CNA20180192.4	普通小麦	邯078069	邯郸市农业科学院	2021.12.30
CNA019222G	CNA20180193.3	普通小麦	邯026018	邯郸市农业科学院	2021.12.30
CNA019223G	CNA20180263.8	普通小麦	信麦69	信阳市农业科学院	2021.12.30
CNA019224G	CNA20180527.0	普通小麦	泰科麦32	泰安市农业科学研究院	2021.12.30
CNA019225G	CNA20180528.9	普通小麦	黔科麦2号	贵州省旱粮研究所	2021.12.30
CNA019226G	CNA20180731.2	普通小麦	岱麦316	山东岱农农业科技有限公司	2021.12.30
CNA019227G	CNA20180732.1	普通小麦	岱麦366	山东岱农农业科技有限公司	2021.12.30
CNA019228G	CNA20180733.0	普通小麦	岱麦4620	山东岱农农业科技有限公司	2021.12.30
CNA019229G	CNA20180734.9	普通小麦	岱麦728	山东岱农农业科技有限公司	2021.12.30
CNA019230G	CNA20180890.9	普通小麦	鑫瑞麦29	济南鑫瑞种业科技有限公司	2021.12.30
CNA019231G	CNA20180945.4	普通小麦	郑麦22	河南省农业科学院小麦研究所	2021.12.30
CNA019232G	CNA20181248.6	普通小麦	青农7号	山东省青丰种子有限公司	2021.12.30
CNA019233G	CNA20181374.2	普通小麦	川麦82	四川省农业科学院作物研究所	2021.12.30
CNA019234G	CNA20181418.0	普通小麦	鸿麦519	河南丰源种子有限公司	2021.12.30
CNA019235G	CNA20181425.1	普通小麦	豫同106	河南省科学院同位素研究所有限责任公司 河南大学	2021.12.30
CNA019236G	CNA20181536.7	普通小麦	许麦318	许昌市农业科学研究所	2021.12.30
CNA019237G	CNA20181537.6	普通小麦	昌麦9号	许昌市农业科学研究所	2021.12.30
CNA019238G	CNA20181785.5	普通小麦	瑞华麦516	江苏瑞华农业科技有限公司	2021.12.30
CNA019239G	CNA20181975.5	普通小麦	郑育麦16	河南郑育农业科技有限公司	2021.12.30
CNA019240G	CNA20181977.3	普通小麦	好日子6158	莱州好日子种业有限公司	2021.12.30
CNA019241G	CNA20182042.2	普通小麦	隆平899	安徽华皖种业有限公司	2021.12.30
CNA019242G	CNA20182043.1	普通小麦	财源2号	济源市财源种业有限公司 河南商都种业有限公司	2021.12.30
CNA019243G	CNA20182148.5	普通小麦	豪麦16	安徽国豪农业科技有限公司	2021.12.30
CNA019244G	CNA20182226.0	普通小麦	胶麦525	青岛胶研种苗有限公司	2021.12.30
CNA019245G	CNA20182374.0	普通小麦	新麦38	河南省新乡市农业科学院	2021.12.30
CNA019246G	CNA20182376.8	普通小麦	新麦45	河南省新乡市农业科学院	2021.12.30
CNA019247G	CNA20182501.6	普通小麦	金海169	莱州市金海作物研究所有限公司	2021.12.30
CNA019248G	CNA20182628.4	普通小麦	中科1336	中国科学院遗传与发育生物学研究所	2021.12.30
CNA019249G	CNA20182629.3	普通小麦	中科1878	中国科学院遗传与发育生物学研究所	2021.12.30

公告号	品种权号	植物种类	品种名称	品种权人	授权日
CNA019250G	CNA20182630.0	普通小麦	中科78	中国科学院遗传与发育生物学研究所	2021.12.30
CNA019251G	CNA20182631.9	普通小麦	中科187	中国科学院遗传与发育生物学研究所	2021.12.30
CNA019252G	CNA20182633.7	普通小麦	中科545	中国科学院遗传与发育生物学研究所	2021.12.30
CNA019253G	CNA20182634.6	普通小麦	中科6	中国科学院遗传与发育生物学研究所 邢台市农业科学研究院	2021.12.30
CNA019254G	CNA20182635.5	普通小麦	中科12	中国科学院遗传与发育生物学研究所 邢台市农业科学研究院	2021.12.30
CNA019255G	CNA20182637.3	普通小麦	中科166	中国科学院遗传与发育生物学研究所	2021.12.30
CNA019256G	CNA20182638.2	普通小麦	宁麦资218	江苏省农业科学院	2021.12.30
CNA019257G	CNA20182710.3	普通小麦	国红12	合肥国丰农业科技有限公司	2021.12.30
CNA019258G	CNA20182759.5	普通小麦	天麦160	河南天存种业科技有限公司	2021.12.30
CNA019259G	CNA20182904.9	普通小麦	隆垦麦1号	安徽源隆生态农业有限公司	2021.12.30
CNA019260G	CNA20183007.3	普通小麦	并麦3号	山西省农业科学院作物科学研究所	2021.12.30
CNA019261G	CNA20183009.1	普通小麦	济麦0435	山东省农业科学院作物研究所	2021.12.30
CNA019262G	CNA20183143.8	普通小麦	中植麦13号	中国农业科学院植物保护研究所	2021.12.30
CNA019263G	CNA20183596.0	普通小麦	鲁研373	山东鲁研农业良种有限公司 山东省农业科学院原子能农业应用研究所 山东省农业科学院农产品研究所	2021.12.30
CNA019264G	CNA20183950.0	普通小麦	西农369	西北农林科技大学	2021.12.30
CNA019265G	CNA20184104.3	普通小麦	浚麦802	浚县丰黎种业有限公司	2021.12.30
CNA019266G	CNA20184105.2	普通小麦	浚麦8105	浚县丰黎种业有限公司 王怀苹	2021.12.30
CNA019267G	CNA20184182.8	普通小麦	陕禾1028	宝鸡迪兴农业科技有限公司 陕西登海迪兴种业有限公司	2021.12.30
CNA019268G	CNA20184528.1	普通小麦	华皖麦1号	安徽华皖种业有限公司	2021.12.30
CNA019269G	CNA20184671.6	普通小麦	墩麦88	河南商道种业有限公司	2021.12.30
CNA019270G	CNA20191000592	普通小麦	万丰269	杨超锋 郑玉新	2021.12.30
CNA019271G	CNA20191000783	普通小麦	中麦255	中国农业科学院棉花研究所 中国农业科学院作物科学研究所	2021.12.30
CNA019272G	CNA20191002242	普通小麦	中麦121	中国农业科学院作物科学研究所	2021.12.30
CNA019273G	CNA20191002453	普通小麦	百农1316	河南科技学院	2021.12.30
CNA019274G	CNA20191003218	普通小麦	中麦1312	中国农业科学院作物科学研究所	2021.12.30
CNA019275G	CNA20191003482	普通小麦	军麦518	河南地丰种业有限公司	2021.12.30
CNA019276G	CNA20191003880	普通小麦	周麦49号	周口市农业科学院	2021.12.30

公告号	品种权号	植物种类	品种名称	品种权人	授权日
CNA019277G	CNA20191004159	普通小麦	驻麦256	驻马店市农业科学院	2021.12.30
CNA019278G	CNA20191004515	普通小麦	春晓186	河南春晓种业有限公司	2021.12.30
CNA019279G	CNA20191004841	普通小麦	泊麦7号	泊头市蔬宝种业有限公司	2021.12.30
CNA019280G	CNA20191005069	普通小麦	凯麦1778	安徽凯利种业有限公司	2021.12.30
CNA019281G	CNA20191005360	普通小麦	国红9号	合肥国丰农业科技有限公司	2021.12.30
CNA019282G	CNA20191005837	普通小麦	创麦58	山东圣丰种业科技有限公司	2021.12.30
CNA019283G	CNA20191005870	普通小麦	淮麦50	江苏徐淮地区淮阴农业科学研究所	2021.12.30
CNA019284G	CNA20191006113	普通小麦	圣麦105	山东圣丰种业科技有限公司	2021.12.30
CNA019285G	CNA20191006114	普通小麦	圣麦131	山东圣丰种业科技有限公司	2021.12.30
CNA019286G	CNA20191006269	普通小麦	周麦37号	周口市农业科学院	2021.12.30
CNA019287G	CNA20191006430	普通小麦	济紫麦2号	山东省农业科学院作物研究所	2021.12.30
CNA019288G	CNA20191006443	普通小麦	淮麦55	江苏徐淮地区淮阴农业科学研究所	2021.12.30
CNA019289G	CNA20191006881	普通小麦	克春18号	黑龙江省农业科学院克山分院	2021.12.30
CNA019290G	CNA20191006897	普通小麦	永丰103	濮阳市永丰农业科技有限公司	2021.12.30
CNA019291G	CNA20191006899	普通小麦	永丰108	濮阳市永丰农业科技有限公司	2021.12.30
CNA019292G	CNA20191006901	普通小麦	永丰106	濮阳市永丰农业科技有限公司	2021.12.30
CNA019293G	CNA20201000097	普通小麦	太1305	山西省农业科学院作物科学研究所	2021.12.30
CNA019294G	CNA20201000210	普通小麦	晋太1508	山西省农业科学院作物科学研究所	2021.12.30
CNA019295G	CNA20201000302	普通小麦	河农2063	河北农业大学	2021.12.30
CNA019296G	CNA20201000638	普通小麦	安农15210	安徽农业大学	2021.12.30
CNA019297G	CNA20201000639	普通小麦	安农1580	安徽农业大学	2021.12.30
CNA019298G	CNA20201000778	普通小麦	晋太1515	山西省农业科学院作物科学研究所	2021.12.30
CNA019299G	CNA20201000936	普通小麦	川麦1546	四川省农业科学院作物研究所	2021.12.30
CNA019300G	CNA20201001731	普通小麦	信麦1168	信阳市农业科学院	2021.12.30
CNA019301G	CNA20201002044	普通小麦	镇麦19	江苏丘陵地区镇江农业科学研究所	2021.12.30
CNA019302G	CNA20201002086	普通小麦	陇春42号	甘肃省农业科学院小麦研究所	2021.12.30
CNA019303G	CNA20201003345	普通小麦	神舟麦216	河南省神舟种业有限公司	2021.12.30
CNA019304G	CNA20201004003	普通小麦	洛麦27	洛阳农林科学院	2021.12.30
CNA019305G	CNA20201006757	普通小麦	中麦86	中国农业科学院作物科学研究所	2021.12.30
CNA019306G	CNA20160279.2	大麦属	垦啤麦13	黑龙江省农垦总局红兴隆农业科学研究所	2021.12.30
CNA019307G	CNA20160280.9	大麦属	垦啤麦14	黑龙江省农垦总局红兴隆农业科学研究所	2021.12.30

公告号	品种权号	植物种类	品种名称	品种权人	授权日
CNA019308G	CNA20161899.0	大麦属	甘垦啤8号	甘肃省农业工程技术研究院	2021.12.30
CNA019309G	CNA20170565.4	大麦属	浙早麦1号	浙江省农业科学院	2021.12.30
CNA019310G	CNA20173081.3	大麦属	康青10号	甘孜藏族自治州农业科学研究所	2021.12.30
CNA019311G	CNA20173434.7	大麦属	苏啤13号	江苏沿海地区农业科学研究所	2021.12.30
CNA019312G	CNA20191006836	大麦属	金瑞AK68	盐城金瑞农业生产资料有限公司	2021.12.30
CNA019313G	CNA20160930.3	高粱	赤杂107	赤峰市农牧科学研究院	2021.12.30
CNA019314G	CNA20160931.2	高粱	赤杂109	赤峰市农牧科学研究院	2021.12.30
CNA019315G	CNA20160932.1	高粱	赤杂110	内蒙古蒙龙种业科技有限公司	2021.12.30
CNA019316G	CNA20162289.6	高粱	峰杂6	内蒙古蒙龙种业科技有限公司	2021.12.30
CNA019317G	CNA20171327.1	高粱	赤粱10号	朱国成	2021.12.30
CNA019318G	CNA20191005362	高粱	吉糯7号	吉林省农业科学院	2021.12.30
CNA019319G	CNA20191006003	小豆	笑金豆红一号	北京农联双创科技有限公司 甘南县农联航育种业有限公司	2021.12.30
CNA019320G	CNA20160144.5	大豆	奎鲜2号	铁岭市维奎大豆科学研究所 开原市雨农种业有限公司	2021.12.30
CNA019321G	CNA20160145.4	大豆	奎鲜5号	铁岭市维奎大豆科学研究所 开原市雨农种业有限公司	2021.12.30
CNA019322G	CNA20160146.3	大豆	雨农豆6号	铁岭市维奎大豆科学研究所 开原市雨农种业有限公司	2021.12.30
CNA019323G	CNA20162231.5	大豆	雁育豆3号	敦化市雁鸣湖种业专业农场	2021.12.30
CNA019324G	CNA20173381.0	大豆	绿珍珠	苏若成	2021.12.30
CNA019325G	CNA20173820.9	大豆	登科13号	黑龙江省五大连池市富民种子集团有限公司	2021.12.30
CNA019326G	CNA20180789.3	大豆	湘春2701	湖南省作物研究所	2021.12.30
CNA019327G	CNA20181409.1	大豆	通豆07195	江苏沿江地区农业科学研究所	2021.12.30
CNA019328G	CNA20181539.4	大豆	权宝绿	开原市权成种业有限公司	2021.12.30
CNA019329G	CNA20181579.5	大豆	长农33	长春市农业科学院	2021.12.30
CNA019330G	CNA20181580.2	大豆	长农38	长春市农业科学院	2021.12.30
CNA019331G	CNA20181581.1	大豆	长农39	长春市农业科学院	2021.12.30
CNA019332G	CNA20181601.7	大豆	中黄313	中国农业科学院作物科学研究所	2021.12.30
CNA019333G	CNA20181608.0	大豆	吉恢500	吉林省农业科学院	2021.12.30
CNA019334G	CNA20181609.9	大豆	吉恢501	吉林省农业科学院	2021.12.30
CNA019335G	CNA20181615.1	大豆	齐农21号	黑龙江省农业科学院齐齐哈尔分院	2021.12.30
CNA019336G	CNA20181616.0	大豆	齐农22号	黑龙江省农业科学院齐齐哈尔分院	2021.12.30

公告号	品种权号	植物种类	品种名称	品种权人	授权日
CNA019337G	CNA20181617.9	大豆	齐农23号	黑龙江省农业科学院齐齐哈尔分院	2021.12.30
CNA019338G	CNA20181618.8	大豆	齐农26号	黑龙江省农业科学院齐齐哈尔分院	2021.12.30
CNA019339G	CNA20181634.8	大豆	吉育111	吉林省农业科学院	2021.12.30
CNA019340G	CNA20181635.7	大豆	吉育113	吉林省农业科学院	2021.12.30
CNA019341G	CNA20181636.6	大豆	吉育255	吉林省农业科学院	2021.12.30
CNA019342G	CNA20181637.5	大豆	吉育257	吉林省农业科学院	2021.12.30
CNA019343G	CNA20181638.4	大豆	吉育259	吉林省农业科学院	2021.12.30
CNA019344G	CNA20181639.3	大豆	吉育260	吉林省农业科学院	2021.12.30
CNA019345G	CNA20181640.0	大豆	吉育299	吉林省农业科学院	2021.12.30
CNA019346G	CNA20181641.9	大豆	吉育441	吉林省农业科学院	2021.12.30
CNA019347G	CNA20181642.8	大豆	吉育481	吉林省农业科学院	2021.12.30
CNA019348G	CNA20181655.2	大豆	H10109	黑龙江省农业科学院佳木斯分院 吉林省农业科学院	2021.12.30
CNA019349G	CNA20181656.1	大豆	合恢20	黑龙江省农业科学院佳木斯分院	2021.12.30
CNA019350G	CNA20181877.4	大豆	嘉豆2号	嘉祥县祥丰种业农业良种研究所	2021.12.30
CNA019351G	CNA20181879.2	大豆	嘉豆4号	山东祥丰种业有限责任公司	2021.12.30
CNA019352G	CNA20181887.2	大豆	吉密豆4号	吉林省农业科学院	2021.12.30
CNA019353G	CNA20182033.3	大豆	绥恢2号	黑龙江省农业科学院绥化分院	2021.12.30
CNA019354G	CNA20182970.8	大豆	权豆3号	黑龙江天权农业科技有限公司	2021.12.30
CNA019355G	CNA20183880.5	大豆	沃豆5	黑龙江省普田种业有限公司农业科学研究院	2021.12.30
CNA019356G	CNA20191000763	大豆	皖宿061	宿州市农业科学院	2021.12.30
CNA019357G	CNA20191001613	大豆	南夏豆30	南充市农业科学院	2021.12.30
CNA019358G	CNA20191001630	大豆	南夏豆35	南充市农业科学院	2021.12.30
CNA019359G	CNA20191001637	大豆	南春豆36	南充市农业科学院	2021.12.30
CNA019360G	CNA20191002424	大豆	南夏豆34	南充市农业科学院	2021.12.30
CNA019361G	CNA20191003308	大豆	克豆31号	黑龙江省农业科学院克山分院	2021.12.30
CNA019362G	CNA20191003811	大豆	吉育633	黑龙江省农业科学院佳木斯分院	2021.12.30
CNA019363G	CNA20191003983	大豆	克豆48号	黑龙江省农业科学院克山分院	2021.12.30
CNA019364G	CNA20191004370	大豆	神州豆2号	连云港神州种业有限公司	2021.12.30
CNA019365G	CNA20191005306	大豆	圣豆105	山东圣丰种业科技有限公司	2021.12.30
CNA019366G	CNA20191005307	大豆	圣豆127	山东圣丰种业科技有限公司	2021.12.30
CNA019367G	CNA20191005428	大豆	圣豆4号	山东圣丰种业科技有限公司	2021.12.30

公告号	品种权号	植物种类	品种名称	品种权人	授权日
CNA019368G	CNA20191005857	大豆	圣豆18	山东圣丰种业科技有限公司	2021.12.30
CNA019369G	CNA20191005858	大豆	圣豆32	山东圣丰种业科技有限公司	2021.12.30
CNA019370G	CNA20191005984	大豆	圣豆26	山东圣丰种业科技有限公司	2021.12.30
CNA019371G	CNA20191006002	大豆	笑金豆黄二号	北京农联双创科技有限公司 甘南县农联航育种业有限公司	2021.12.30
CNA019372G	CNA20191006172	大豆	笑金豆黑一号	北京农联双创科技有限公司 甘南县农联航育种业有限公司	2021.12.30
CNA019373G	CNA20191006177	大豆	笑金豆黄三号	北京农联双创科技有限公司 甘南县农联航育种业有限公司	2021.12.30
CNA019374G	CNA20201000314	大豆	沃豆1号	黑龙江省普田种业有限公司	2021.12.30
CNA019375G	CNA20201001017	大豆	吉育627	吉林省农业科学院	2021.12.30
CNA019376G	CNA20201001021	大豆	吉育626	吉林省农业科学院	2021.12.30
CNA019377G	CNA20201001150	大豆	五毛豆1号	黑龙江省五大连池市富民种子集团有限公司	2021.12.30
CNA019378G	CNA20201001198	大豆	龙垦348	北大荒垦丰种业股份有限公司	2021.12.30
CNA019379G	CNA20201001199	大豆	龙垦314	北大荒垦丰种业股份有限公司	2021.12.30
CNA019380G	CNA20201001285	大豆	齐农30	黑龙江省农业科学院齐齐哈尔分院	2021.12.30
CNA019381G	CNA20201001286	大豆	齐农15号	黑龙江省农业科学院齐齐哈尔分院	2021.12.30
CNA019382G	CNA20201001287	大豆	齐农29	黑龙江省农业科学院齐齐哈尔分院	2021.12.30
CNA019383G	CNA20201001288	大豆	齐农28号	黑龙江省农业科学院齐齐哈尔分院	2021.12.30
CNA019384G	CNA20201001289	大豆	齐农25号	黑龙江省农业科学院齐齐哈尔分院	2021.12.30
CNA019385G	CNA20201001388	大豆	桂春1607	广西壮族自治区农业科学院经济作物研究所	2021.12.30
CNA019386G	CNA20201001389	大豆	南农71	南京农业大学	2021.12.30
CNA019387G	CNA20201001390	大豆	南农70	南京农业大学	2021.12.30
CNA019388G	CNA20201001391	大豆	南农68	南京农业大学	2021.12.30
CNA019389G	CNA20201001392	大豆	南农67	南京农业大学	2021.12.30
CNA019390G	CNA20201001393	大豆	南农66	南京农业大学	2021.12.30
CNA019391G	CNA20201001394	大豆	南农65	南京农业大学	2021.12.30
CNA019392G	CNA20201001395	大豆	南农69	南京农业大学	2021.12.30
CNA019393G	CNA20201001396	大豆	南农64	南京农业大学	2021.12.30
CNA019394G	CNA20201001459	大豆	长农43	长春市农业科学院	2021.12.30
CNA019395G	CNA20201001461	大豆	长农50	长春市农业科学院	2021.12.30
CNA019396G	CNA20201001480	大豆	桂春1601	广西壮族自治区农业科学院经济作物研究所	2021.12.30

2021年 农业植物新品种保护发展报告 NONGYE ZHIWU XINPINZHONG BAOHU FAZHAN BAOGAO

公告号	品种权号	植物种类	品种名称	品种权人	授权日
CNA019397G	CNA20201001483	大豆	华夏1724	华南农业大学	2021.12.30
CNA019398G	CNA20201001484	大豆	华夏1800	华南农业大学	2021.12.30
CNA019399G	CNA20201001546	大豆	华夏26	华南农业大学	2021.12.30
CNA019400G	CNA20201001550	大豆	华春21	华南农业大学 海南鲲信油料作物研究中心有限责任公司	2021.12.30
CNA019401G	CNA20201001551	大豆	华夏27	华南农业大学 海南鲲信油料作物研究中心有限责任公司	2021.12.30
CNA019402G	CNA20201001553	大豆	华夏29	华南农业大学 海南鲲信油料作物研究中心有限责任公司	2021.12.30
CNA019403G	CNA20201001554	大豆	华夏30	华南农业大学	2021.12.30
CNA019404G	CNA20201001590	大豆	吉育435	吉林省农业科学院	2021.12.30
CNA019405G	CNA20201001592	大豆	吉育338	吉林省农业科学院	2021.12.30
CNA019406G	CNA20201001593	大豆	吉育318	吉林省农业科学院	2021.12.30
CNA019407G	CNA20201001605	大豆	吉育643	吉林省农业科学院	2021.12.30
CNA019408G	CNA20201001606	大豆	吉育641	吉林省农业科学院	2021.12.30
CNA019409G	CNA20201001607	大豆	吉育637	吉林省农业科学院	2021.12.30
CNA019410G	CNA20201001751	大豆	桂夏1702	广西壮族自治区农业科学院经济作物研究所	2021.12.30
CNA019411G	CNA20201001763	大豆	云黄20	云南省农业科学院粮食作物研究所	2021.12.30
CNA019412G	CNA20201001772	大豆	中黄222	中国农业科学院作物科学研究所	2021.12.30
CNA019413G	CNA20201001773	大豆	中黄223	中国农业科学院作物科学研究所	2021.12.30
CNA019414G	CNA20201001774	大豆	中黄224	中国农业科学院作物科学研究所	2021.12.30
CNA019415G	CNA20201001827	大豆	中黄225	中国农业科学院作物科学研究所	2021.12.30
CNA019416G	CNA20201001828	大豆	中黄226	中国农业科学院作物科学研究所	2021.12.30
CNA019417G	CNA20201001829	大豆	中黄227	中国农业科学院作物科学研究所	2021.12.30
CNA019418G	CNA20201001830	大豆	中黄231	中国农业科学院作物科学研究所	2021.12.30
CNA019419G	CNA20201002103	大豆	中黄929	中国农业科学院作物科学研究所 山东圣丰种业科技有限公司	2021.12.30
CNA019420G	CNA20201002169	大豆	中黄926	中国农业科学院作物科学研究所 山东圣丰种业科技有限公司	2021.12.30
CNA019421G	CNA20201002259	大豆	南春豆39	南充市农业科学院	2021.12.30
CNA019422G	CNA20201002260	大豆	南春豆37	南充市农业科学院	2021.12.30
CNA019423G	CNA20201002290	大豆	中黄334	中国农业科学院作物科学研究所 山东圣丰种业科技有限公司	2021.12.30

公告号	品种权号	植物种类	品种名称	品种权人	授权日
CNA019424G	CNA20201002358	大豆	中黄331	中国农业科学院作物科学研究所 山东圣丰种业科技有限公司	2021.12.30
CNA019425G	CNA20201002360	大豆	田友2986	黑龙江田友种业有限公司	2021.12.30
CNA019426G	CNA20201002363	大豆	中黄343	中国农业科学院作物科学研究所 山东圣丰种业科技有限公司	2021.12.30
CNA019427G	CNA20201002423	大豆	中黄330	中国农业科学院作物科学研究所 山东圣丰种业科技有限公司	2021.12.30
CNA019428G	CNA20201002426	大豆	长农42	长春市农业科学院	2021.12.30
CNA019429G	CNA20201002463	大豆	桂春18号	广西壮族自治区农业科学院经济作物 研究所	2021.12.30
CNA019430G	CNA20201002473	大豆	桂夏10号	广西壮族自治区农业科学院经济作物 研究所	2021.12.30
CNA019431G	CNA20201002575	大豆	中黄110	中国农业科学院作物科学研究所	2021.12.30
CNA019432G	CNA20201002592	大豆	克豆44	黑龙江省农业科学院克山分院	2021.12.30
CNA019433G	CNA20201002613	大豆	沧豆0734	沧州市农林科学院	2021.12.30
CNA019434G	CNA20201002648	大豆	吉育2512	吉林省农业科学院	2021.12.30
CNA019435G	CNA20201002649	大豆	吉育3511	吉林省农业科学院	2021.12.30
CNA019436G	CNA20201002650	大豆	吉育5512	吉林省农业科学院	2021.12.30
CNA019437G	CNA20201002841	大豆	云黄18	云南省农业科学院粮食作物研究所	2021.12.30
CNA019438G	CNA20201002842	大豆	云黄17	云南省农业科学院粮食作物研究所	2021.12.30
CNA019439G	CNA20201002843	大豆	云黄19	云南省农业科学院粮食作物研究所	2021.12.30
CNA019440G	CNA20201003861	大豆	洛1304	洛阳农林科学院 河南大学	2021.12.30
CNA019441G	CNA20201004795	大豆	龙达137	北安市大龙种业有限责任公司	2021.12.30
CNA019442G	CNA20201005010	大豆	龙达130	北安市大龙种业有限责任公司	2021.12.30
CNA019443G	CNA20201005445	大豆	克豆57	黑龙江省农业科学院克山分院	2021.12.30
CNA019444G	CNA20152068.4	甘蓝型油菜	浙油51	浙江省农业科学院 浙江勿忘农种业股份有限公司	2021.12.30
CNA019445G	CNA20173196.5	甘蓝型油菜	宁杂1838	江苏省农业科学院	2021.12.30
CNA019446G	CNA20180428.0	甘蓝型油菜	青杂12号	青海省农林科学院 青海昆仑种业集团有限公司	2021.12.30
CNA019447G	CNA20180429.9	甘蓝型油菜	青杂17号	青海省农林科学院 青海昆仑种业集团有限公司	2021.12.30
CNA019448G	CNA20180638.6	甘蓝型油菜	陇油杂1号	甘肃省农业科学院作物研究所	2021.12.30
CNA019449G	CNA20181212.8	甘蓝型油菜	德徽油88	安徽金培因科技有限公司	2021.12.30
CNA019450G	CNA20181459.0	甘蓝型油菜	中油硒薹 1号	中国农业科学院油料作物研究所	2021.12.30

公告号	品种权号	植物种类	品种名称	品种权人	授权日
CNA019451G	CNA20181460.7	甘蓝型油菜	中油维薹1号	中国农业科学院油料作物研究所	2021.12.30
CNA019452G	CNA20181820.2	甘蓝型油菜	油苔927	常德市农林科学研究院	2021.12.30
CNA019453G	CNA20182107.4	甘蓝型油菜	中油硒薹2号	中国农业科学院油料作物研究所	2021.12.30
CNA019454G	CNA20182149.4	甘蓝型油菜	豪油58	安徽国豪农业科技有限公司	2021.12.30
CNA019455G	CNA20182172.4	甘蓝型油菜	徽豪油10号	安徽国豪农业科技有限公司	2021.12.30
CNA019456G	CNA20182194.8	甘蓝型油菜	沈选1号	临澧县农村实用技术研究所	2021.12.30
CNA019457G	CNA20182246.6	甘蓝型油菜	宁矮Ed1	江苏省农业科学院	2021.12.30
CNA019458G	CNA20191004958	甘蓝型油菜	青杂15号	青海大学 青海省农林科学院 青海昆仑种业集团有限公司	2021.12.30
CNA019459G	CNA20191005965	甘蓝型油菜	中油硒薹3号	中国农业科学院油料作物研究所	2021.12.30
CNA019460G	CNA20191005967	甘蓝型油菜	中油硒薹4号	中国农业科学院油料作物研究所	2021.12.30
CNA019461G	CNA20201000275	甘蓝型油菜	秦油558	陕西省杂交油菜研究中心	2021.12.30
CNA019462G	CNA20201000744	甘蓝型油菜	秦优1618	陕西省杂交油菜研究中心	2021.12.30
CNA019463G	CNA20201001492	甘蓝型油菜	秦优1699	陕西省杂交油菜研究中心	2021.12.30
CNA019464G	CNA20201001833	甘蓝型油菜	中油杂39	中国农业科学院油料作物研究所	2021.12.30
CNA019465G	CNA20201004606	甘蓝型油菜	OR88	中国农业科学院油料作物研究所	2021.12.30
CNA019466G	CNA20151418.3	花生	粤油黑1号	广东省农业科学院作物研究所	2021.12.30
CNA019467G	CNA20173644.3	花生	粤花217	广东江茂源粮油有限公司	2021.12.30
CNA019468G	CNA20173646.1	花生	粤油302	广东省农业科学院作物研究所	2021.12.30
CNA019469G	CNA20173650.4	花生	粤油261	广东省农业科学院作物研究所	2021.12.30
CNA019470G	CNA20173652.2	花生	粤油271	广东省农业科学院作物研究所	2021.12.30
CNA019471G	CNA20180013.1	花生	赣油10	赣州国盛种子有限公司	2021.12.30
CNA019472G	CNA20180014.0	花生	赣油28	赣州国盛种子有限公司	2021.12.30
CNA019473G	CNA20180582.2	花生	桂花黑1号	广西壮族自治区农业科学院经济作物研究所	2021.12.30
CNA019474G	CNA20180583.1	花生	桂花红198	广西壮族自治区农业科学院经济作物研究所	2021.12.30
CNA019475G	CNA20180586.8	花生	桂花36	广西壮族自治区农业科学院经济作物研究所	2021.12.30
CNA019476G	CNA20180587.7	花生	桂花37	广西壮族自治区农业科学院经济作物研究所	2021.12.30
CNA019477G	CNA20180588.6	花生	桂花39	广西壮族自治区农业科学院经济作物研究所	2021.12.30
CNA019478G	CNA20180589.5	花生	桂花40	广西壮族自治区农业科学院经济作物研究所	2021.12.30

公告号	品种权号	植物种类	品种名称	品种权人	授权日
CNA019479G	CNA20181430.4	花生	桂花41	广西壮族自治区农业科学院经济作物研究所	2021.12.30
CNA019480G	CNA20181431.3	花生	桂花43	广西壮族自治区农业科学院经济作物研究所	2021.12.30
CNA019481G	CNA20183624.6	花生	汕油121	汕头市农业科学研究所	2021.12.30
CNA019482G	CNA20191005766	花生	双英2号	双辽市双英种业有限公司	2021.12.30
CNA019483G	CNA20201001749	花生	周科花19	河南天存种业科技有限公司	2021.12.30
CNA019484G	CNA20201005046	花生	双英6号	双辽市双英种业有限公司	2021.12.30
CNA019485G	CNA20191000054	甘薯	徐薯38	江苏徐淮地区徐州农业科学研究所	2021.12.30
CNA019486G	CNA20191000334	甘薯	徐薯37	江苏徐淮地区徐州农业科学研究所	2021.12.30
CNA019487G	CNA20191000365	甘薯	徐薯39	江苏徐淮地区徐州农业科学研究所	2021.12.30
CNA019488G	CNA20191005798	甘薯	苏薯36	江苏省农业科学院	2021.12.30
CNA019489G	CNA20191005816	甘薯	苏薯35	江苏省农业科学院	2021.12.30
CNA019490G	CNA20191006087	甘薯	苏薯34	江苏省农业科学院	2021.12.30
CNA019491G	CNA20191006088	甘薯	宁菜薯4号	江苏省农业科学院	2021.12.30
CNA019492G	CNA20201001702	甘薯	广薯72	广东省农业科学院作物研究所	2021.12.30
CNA019493G	CNA20201001703	甘薯	广菜薯7号	广东省农业科学院作物研究所	2021.12.30
CNA019494G	CNA20201001704	甘薯	广薯金叶	广东省农业科学院作物研究所	2021.12.30
CNA019495G	CNA20201001705	甘薯	广菜薯6号	广东省农业科学院作物研究所	2021.12.30
CNA019496G	CNA20201001707	甘薯	广紫薯9号	广东省农业科学院作物研究所	2021.12.30
CNA019497G	CNA20201001708	甘薯	广紫薯10号	广东省农业科学院作物研究所	2021.12.30
CNA019498G	CNA20201002777	甘薯	济薯31	山东省农业科学院作物研究所	2021.12.30
CNA019499G	CNA20201002778	甘薯	济薯32	山东省农业科学院作物研究所	2021.12.30
CNA019500G	CNA20160797.5	马铃薯	萨罗迪	荷兰赛美农公司	2021.12.30
CNA019501G	CNA20173238.5	马铃薯	闽薯2号	福建省农业科学院作物研究所	2021.12.30
CNA019502G	CNA20173239.4	马铃薯	闽薯3号	福建省农业科学院作物研究所	2021.12.30
CNA019503G	CNA20183004.6	马铃薯	土岩2号	敦化市雁鸣湖种业专业农场	2021.12.30
CNA019504G	CNA20183005.5	马铃薯	土岩4号	敦化市雁鸣湖种业专业农场	2021.12.30
CNA019505G	CNA20184853.6	木薯	华南18号	中国热带农业科学院热带作物品种资源研究所	2021.12.30
CNA019506G	CNA20191000037	木薯	华南19号	中国热带农业科学院热带作物品种资源研究所	2021.12.30
CNA019507G	CNA20191000038	木薯	华南20号	中国热带农业科学院热带作物品种资源研究所	2021.12.30

2021年
农业植物新品种保护发展报告
NONGYE ZHIWU XINPINZHONG BAOHU FAZHAN BAOGAO

公告号	品种权号	植物种类	品种名称	品种权人	授权日
CNA019508G	CNA20161565.3	棉属	创1010	创世纪种业有限公司	2021.12.30
CNA019509G	CNA20183804.8	棉属	冀棉521	河北省农林科学院棉花研究所	2021.12.30
CNA019510G	CNA20184244.4	棉属	太优棉1号	太仓市农业技术推广中心 南京农业大学	2021.12.30
CNA019511G	CNA20191002352	棉属	金垦1441	新疆农垦科学院	2021.12.30
CNA019512G	CNA20191003925	棉属	冀棉803	河北省农林科学院棉花研究所	2021.12.30
CNA019513G	CNA20201001254	棉属	H163	新疆巴音郭楞蒙古自治州农业科学研究院	2021.12.30
CNA019514G	CNA20201002756	棉属	中棉612	中棉种业科技股份有限公司	2021.12.30
CNA019515G	CNA20201002757	棉属	中杂棉108	中棉种业科技股份有限公司	2021.12.30
CNA019516G	CNA20161698.3	普通结球甘蓝	京甘611	北京市农林科学院 京研益农（北京）种业科技有限公司	2021.12.30
CNA019517G	CNA20162404.6	普通结球甘蓝	邢甘24	邢台市蔬菜种子公司 申志彬 申志恒	2021.12.30
CNA019518G	CNA20162405.5	普通结球甘蓝	邢甘26	邢台市蔬菜种子公司 申志恒 申志彬	2021.12.30
CNA019519G	CNA20162406.4	普通结球甘蓝	邢甘30	邢台市蔬菜种子公司 申志恒 申志彬	2021.12.30
CNA019520G	CNA20162407.3	普通结球甘蓝	邢甘45	邢台市蔬菜种子公司 申志彬 申志恒	2021.12.30
CNA019521G	CNA20162408.2	普通结球甘蓝	伯爵	邢台市蔬菜种子公司 申志恒 申志彬	2021.12.30
CNA019522G	CNA20170099.9	普通结球甘蓝	先甘035	先正达种苗（北京）有限公司	2021.12.30
CNA019523G	CNA20170255.9	普通结球甘蓝	捷甘20	河北捷如美农业科技开发有限公司	2021.12.30
CNA019524G	CNA20170519.1	普通结球甘蓝	绿嘉229	河北捷如美农业科技开发有限公司	2021.12.30
CNA019525G	CNA20171453.7	普通结球甘蓝	满月518	北京华耐农业发展有限公司	2021.12.30
CNA019526G	CNA20172312.6	普通结球甘蓝	先甘802	先正达参股股份有限公司	2021.12.30
CNA019527G	CNA20172313.5	普通结球甘蓝	先甘009	先正达参股股份有限公司	2021.12.30
CNA019528G	CNA20172314.4	普通结球甘蓝	先甘028	先正达参股股份有限公司	2021.12.30

公告号	品种权号	植物种类	品种名称	品种权人	授权日
CNA019529G	CNA20172322.4	普通结球甘蓝	先甘809	先正达参股股份有限公司	2021.12.30
CNA019530G	CNA20180249.7	普通结球甘蓝	春秋秀美	江苏省农业科学院	2021.12.30
CNA019531G	CNA20180253.0	普通结球甘蓝	春秋臻美	江苏省农业科学院	2021.12.30
CNA019532G	CNA20180254.9	普通结球甘蓝	春秋婷美	江苏省农业科学院	2021.12.30
CNA019533G	CNA20180826.8	普通结球甘蓝	申丰六号	上海申耕农业发展有限公司	2021.12.30
CNA019534G	CNA20182062.7	普通结球甘蓝	捷甘250	北京捷利亚种业有限公司	2021.12.30
CNA019535G	CNA20161145.2	不结球白菜	广府1号	广东省良种引进服务公司	2021.12.30
CNA019536G	CNA20170374.5	不结球白菜	夏爽	山东省华盛农业股份有限公司	2021.12.30
CNA019537G	CNA20170375.4	不结球白菜	玉玲珑	山东省华盛农业股份有限公司	2021.12.30
CNA019538G	CNA20170827.8	不结球白菜	夏闪1号	上海菲托种子有限公司	2021.12.30
CNA019539G	CNA20170832.1	不结球白菜	铮青1号	上海菲托种子有限公司	2021.12.30
CNA019540G	CNA20171562.5	不结球白菜	正源51号	广东和利农种业股份有限公司	2021.12.30
CNA019541G	CNA20171563.4	不结球白菜	正源31号	广东和利农种业股份有限公司	2021.12.30
CNA019542G	CNA20172063.7	不结球白菜	夏苏青	上海长征蔬菜种子公司	2021.12.30
CNA019543G	CNA20180457.4	不结球白菜	青苔一号	福建金品农业科技股份有限公司	2021.12.30
CNA019544G	CNA20180460.9	不结球白菜	金品1628	福建金品农业科技股份有限公司	2021.12.30
CNA019545G	CNA20180461.8	不结球白菜	金品1622	福建金品农业科技股份有限公司	2021.12.30
CNA019546G	CNA20180463.6	不结球白菜	金品丽雅	福建金品农业科技股份有限公司	2021.12.30
CNA019547G	CNA20180511.8	不结球白菜	金品501	福建金品农业科技股份有限公司	2021.12.30
CNA019548G	CNA20180512.7	不结球白菜	金品543	福建金品农业科技股份有限公司	2021.12.30
CNA019549G	CNA20180515.4	不结球白菜	金品582	福建金品农业科技股份有限公司	2021.12.30
CNA019550G	CNA20180617.1	不结球白菜	金品506	福建金品农业科技股份有限公司	2021.12.30
CNA019551G	CNA20180618.0	不结球白菜	金品冬春30	福建金品农业科技股份有限公司	2021.12.30
CNA019552G	CNA20180619.9	不结球白菜	金品540	福建金品农业科技股份有限公司	2021.12.30
CNA019553G	CNA20180620.6	不结球白菜	金品568	福建金品农业科技股份有限公司	2021.12.30
CNA019554G	CNA20180621.5	不结球白菜	金品585	福建金品农业科技股份有限公司	2021.12.30
CNA019555G	CNA20180622.4	不结球白菜	金品586	福建金品农业科技股份有限公司	2021.12.30
CNA019556G	CNA20180623.3	不结球白菜	金品588	福建金品农业科技股份有限公司	2021.12.30
CNA019557G	CNA20180624.2	不结球白菜	金品589	福建金品农业科技股份有限公司	2021.12.30

2021年
农业植物新品种保护发展报告
NONGYE ZHIWU XINPINZHONG BAOHU FAZHAN BAOGAO

公告号	品种权号	植物种类	品种名称	品种权人	授权日
CNA019558G	CNA20180642.0	不结球白菜	苏青1号	苏州市蔬菜研究所	2021.12.30
CNA019559G	CNA20180829.5	不结球白菜	青山	上海申耕农业发展有限公司	2021.12.30
CNA019560G	CNA20180831.1	不结球白菜	迷你青	上海申耕农业发展有限公司	2021.12.30
CNA019561G	CNA20181193.1	不结球白菜	嘉藤	上海惠和种业有限公司	2021.12.30
CNA019562G	CNA20182389.3	不结球白菜	德高苏珊娜	德州市德高蔬菜种苗研究所	2021.12.30
CNA019563G	CNA20182390.0	不结球白菜	德高黑旋风	德州市德高蔬菜种苗研究所	2021.12.30
CNA019564G	CNA20182451.6	不结球白菜	华尔兹428	德州市德高蔬菜种苗研究所	2021.12.30
CNA019565G	CNA20191002276	不结球白菜	春时青1号	江苏省农业科学院	2021.12.30
CNA019566G	CNA20172243.0	普通番茄	圣宴1523	荷兰纽内姆种子公司	2021.12.30
CNA019567G	CNA20172246.7	普通番茄	纽内姆1718	纽内姆（北京）种子有限公司	2021.12.30
CNA019568G	CNA20173004.7	普通番茄	粉端一号	西安市番茄研究所	2021.12.30
CNA019569G	CNA20173005.6	普通番茄	粉端二号	西安市番茄研究所	2021.12.30
CNA019570G	CNA20173078.8	普通番茄	中青红1号	中国科学院遗传与发育生物学研究所 青岛市农业科学研究院	2021.12.30
CNA019571G	CNA20173079.7	普通番茄	中青樱粉1号	中国科学院遗传与发育生物学研究所 青岛市农业科学研究院	2021.12.30
CNA019572G	CNA20173383.8	普通番茄	金喜	广西田阳家得乐农业开发有限公司	2021.12.30
CNA019573G	CNA20173473.9	普通番茄	爱吉佳丽	江苏绿港现代农业发展有限公司	2021.12.30
CNA019574G	CNA20173602.3	普通番茄	京鲁4号	寿光市鲁盛农业科技发展有限公司	2021.12.30
CNA019575G	CNA20173621.0	普通番茄	JF763	宁波微萌种业有限公司	2021.12.30
CNA019576G	CNA20173699.7	普通番茄	金陵小玉	江苏省农业科学院	2021.12.30
CNA019577G	CNA20173755.8	普通番茄	金陵靓玉	江苏省农业科学院	2021.12.30
CNA019578G	CNA20173771.8	普通番茄	萌珠二号	宁波微萌种业有限公司	2021.12.30
CNA019579G	CNA20173818.3	普通番茄	金陵黛玉	江苏省农业科学院	2021.12.30
CNA019580G	CNA20173827.2	普通番茄	京鲁6号	寿光市鲁盛农业科技发展有限公司	2021.12.30
CNA019581G	CNA20180180.8	普通番茄	中番7号	首佳优品（北京）国际农业科技有限公司	2021.12.30
CNA019582G	CNA20180181.7	普通番茄	中番9号	首佳优品（北京）国际农业科技有限公司	2021.12.30
CNA019583G	CNA20180244.2	普通番茄	青恋521	郑州市蔬菜研究所	2021.12.30
CNA019584G	CNA20180298.7	普通番茄	辽粉185	辽宁省农业科学院	2021.12.30
CNA019585G	CNA20180538.7	普通番茄	金陵妙玉	江苏省农业科学院	2021.12.30
CNA019586G	CNA20180539.6	普通番茄	露比	江苏省农业科学院	2021.12.30
CNA019587G	CNA20180540.3	普通番茄	金陵雨露	江苏省农业科学院	2021.12.30

公告号	品种权号	植物种类	品种名称	品种权人	授权日
CNA019588G	CNA20180541.2	普通番茄	金陵名玉	江苏省农业科学院	2021.12.30
CNA019589G	CNA20180877.6	普通番茄	金陵巧玉	江苏省农业科学院	2021.12.30
CNA019590G	CNA20180883.8	普通番茄	苏粉17号	江苏省农业科学院	2021.12.30
CNA019591G	CNA20180884.7	普通番茄	阳光	江苏省农业科学院	2021.12.30
CNA019592G	CNA20180988.2	普通番茄	田纳喜	先正达参股股份有限公司	2021.12.30
CNA019593G	CNA20180989.1	普通番茄	茱丽2号	先正达参股股份有限公司	2021.12.30
CNA019594G	CNA20181062.9	普通番茄	粉贵妃292	寿光市新世纪种苗有限公司	2021.12.30
CNA019595G	CNA20181063.8	普通番茄	亨得利192	寿光市新世纪种苗有限公司	2021.12.30
CNA019596G	CNA20181215.5	普通番茄	安第斯	先正达参股股份有限公司	2021.12.30
CNA019597G	CNA20181240.4	普通番茄	东圣1306B	陕西东圣种业有限责任公司	2021.12.30
CNA019598G	CNA20181446.6	普通番茄	惠福	圣尼斯蔬菜种子有限公司	2021.12.30
CNA019599G	CNA20181922.9	普通番茄	金粉1515	广东省农业科学院蔬菜研究所	2021.12.30
CNA019600G	CNA20182036.0	普通番茄	柏蒂斯	圣尼斯蔬菜种子有限公司	2021.12.30
CNA019601G	CNA20182351.7	普通番茄	台农1268	山东威尔种子有限公司	2021.12.30
CNA019602G	CNA20182664.9	普通番茄	绽红6415	荷兰纽内姆种子公司	2021.12.30
CNA019603G	CNA20182665.8	普通番茄	红璞6420	荷兰纽内姆种子公司	2021.12.30
CNA019604G	CNA20183287.4	普通番茄	傲美	天津市农业生物技术研究中心	2021.12.30
CNA019605G	CNA20183314.1	普通番茄	津杂218	天津市农业生物技术研究中心	2021.12.30
CNA019606G	CNA20201000571	普通番茄	17Q107	山东永盛农业发展有限公司	2021.12.30
CNA019607G	CNA20201004735	普通番茄	申粉20	上海市农业科学院	2021.12.30
CNA019608G	CNA20184743.0	茄子	杭茄2010	杭州市农业科学研究院	2021.12.30
CNA019609G	CNA20160909.0	辣椒属	星火一号	荷兰纽内姆种子公司	2021.12.30
CNA019610G	CNA20161733.0	辣椒属	红龙12号	新疆天椒红安农业科技有限责任公司	2021.12.30
CNA019611G	CNA20161789.3	辣椒属	长欢	山东省寿光市三木种苗有限公司	2021.12.30
CNA019612G	CNA20162062.9	辣椒属	红素4号	镇江市镇研种业有限公司	2021.12.30
CNA019613G	CNA20172127.1	辣椒属	国福909	北京市农林科学院 京研益农（北京）种业科技有限公司	2021.12.30
CNA019614G	CNA20172128.0	辣椒属	国福428	北京市农林科学院 京研益农（北京）种业科技有限公司	2021.12.30
CNA019615G	CNA20191002128	辣椒属	zy080832	镇江市镇研种业有限公司	2021.12.30
CNA019616G	CNA20191002130	辣椒属	zy080815	镇江市镇研种业有限公司	2021.12.30
CNA019617G	CNA20191006053	辣椒属	天红星	青岛市农业科学研究院	2021.12.30
CNA019618G	CNA20191006054	辣椒属	红宝塔	青岛市农业科学研究院	2021.12.30

公告号	品种权号	植物种类	品种名称	品种权人	授权日
CNA019619G	CNA20172293.9	黄瓜	青龙1号	南京农业大学	2021.12.30
CNA019620G	CNA20172296.6	黄瓜	南水6号	南京农业大学	2021.12.30
CNA019621G	CNA20172629.4	黄瓜	现代153	广东现代金穗种业有限公司	2021.12.30
CNA019622G	CNA20173248.3	黄瓜	德瑞特65	天津德瑞特种业有限公司	2021.12.30
CNA019623G	CNA20173249.2	黄瓜	德瑞特620	天津德瑞特种业有限公司	2021.12.30
CNA019624G	CNA20173250.8	黄瓜	德瑞特2A	天津德瑞特种业有限公司	2021.12.30
CNA019625G	CNA20173251.7	黄瓜	德瑞特76	天津德瑞特种业有限公司	2021.12.30
CNA019626G	CNA20173776.3	黄瓜	13C609	毛乃伟 李风杰	2021.12.30
CNA019627G	CNA20173777.2	黄瓜	13C6016	毛乃伟 李风杰	2021.12.30
CNA019628G	CNA20173778.1	黄瓜	13C607	毛乃伟 李风杰	2021.12.30
CNA019629G	CNA20173779.0	黄瓜	CH7	毛乃伟 李风杰	2021.12.30
CNA019630G	CNA20173780.7	黄瓜	13S613	毛乃伟 李风杰	2021.12.30
CNA019631G	CNA20173781.6	黄瓜	13S68	毛乃伟 李风杰	2021.12.30
CNA019632G	CNA20173792.3	黄瓜	翠玉新星	毛乃伟 李风杰	2021.12.30
CNA019633G	CNA20180184.4	黄瓜	粤丰	广东省农业科学院蔬菜研究所	2021.12.30
CNA019634G	CNA20181524.1	黄瓜	翠白三号	付　强	2021.12.30
CNA019635G	CNA20181851.4	黄瓜	童瓜	东北农业大学	2021.12.30
CNA019636G	CNA20182688.1	黄瓜	津绿48号	天津市绿丰园艺新技术开发有限公司	2021.12.30
CNA019637G	CNA20182689.0	黄瓜	津绿67号	天津市绿丰园艺新技术开发有限公司	2021.12.30
CNA019638G	CNA20182690.7	黄瓜	津绿83号	天津市绿丰园艺新技术开发有限公司	2021.12.30
CNA019639G	CNA20182691.6	黄瓜	津绿97号	天津市绿丰园艺新技术开发有限公司	2021.12.30
CNA019640G	CNA20183817.3	黄瓜	中农58号	中国农业科学院蔬菜花卉研究所	2021.12.30
CNA019641G	CNA20183819.1	黄瓜	中农脆绿1号	中国农业科学院蔬菜花卉研究所	2021.12.30
CNA019642G	CNA20191003498	黄瓜	寿育1号	山东三木现代种业有限公司 山东省寿光市三木种苗有限公司	2021.12.30
CNA019643G	CNA20191003499	黄瓜	寿育2号	山东三木现代种业有限公司 山东省寿光市三木种苗有限公司	2021.12.30
CNA019644G	CNA20191003500	黄瓜	寿育3号	山东三木现代种业有限公司 山东省寿光市三木种苗有限公司	2021.12.30

公告号	品种权号	植物种类	品种名称	品种权人	授权日
CNA019645G	CNA20191003501	黄瓜	寿育4号	山东三木现代种业有限公司 山东省寿光市三木种苗有限公司	2021.12.30
CNA019646G	CNA20191003502	黄瓜	寿育5号	山东省寿光市三木种苗有限公司 山东三木现代种业有限公司	2021.12.30
CNA019647G	CNA20191003538	黄瓜	沪杂18号	上海市农业科学院	2021.12.30
CNA019648G	CNA20191003539	黄瓜	长靓1号	上海市农业科学院	2021.12.30
CNA019649G	CNA20191003540	黄瓜	一口瓜2号	上海市农业科学院	2021.12.30
CNA019650G	CNA20191004080	黄瓜	沪杂11号	上海市农业科学院	2021.12.30
CNA019651G	CNA20191004344	黄瓜	寿育7号	山东省寿光市三木种苗有限公司 山东三木现代种业有限公司	2021.12.30
CNA019652G	CNA20191004375	黄瓜	寿育6号	山东省寿光市三木种苗有限公司 山东三木现代种业有限公司	2021.12.30
CNA019653G	CNA20161991.7	花椰菜	东方之紫	上海市农业科学院 上海科园种子有限公司	2021.12.30
CNA019654G	CNA20171932.8	花椰菜	春雪八号	天津科润农业科技股份有限公司	2021.12.30
CNA019655G	CNA20171934.6	花椰菜	春雪七号	天津科润农业科技股份有限公司	2021.12.30
CNA019656G	CNA20180830.2	花椰菜	银冠100	上海申耕农业发展有限公司	2021.12.30
CNA019657G	CNA20181308.3	花椰菜	优松60	天津科润农业科技股份有限公司蔬菜研究所	2021.12.30
CNA019658G	CNA20181781.9	花椰菜	浙农松花70	浙江省农业科学院	2021.12.30
CNA019659G	CNA20191005917	花椰菜	沪松85	上海市农业科学院	2021.12.30
CNA019660G	CNA20173491.7	莴苣	翡翠香莴	济南山农恒达种业有限公司	2021.12.30
CNA019661G	CNA20173599.8	莴苣	耐热先锋	济南山农恒达种业有限公司	2021.12.30
CNA019662G	CNA20181843.5	莴苣	红运当头	段正涛	2021.12.30
CNA019663G	CNA20181844.4	莴苣	红顶贵人	段正涛	2021.12.30
CNA019664G	CNA20181845.3	莴苣	翡翠寒莴	段正涛	2021.12.30
CNA019665G	CNA20181863.0	莴苣	库斯托	瑞克斯旺种子种苗集团公司	2021.12.30
CNA019666G	CNA20162471.4	豇豆	绵紫豇1号	绵阳市农业科学研究院	2021.12.30
CNA019667G	CNA20201001237	豌豆	中秦3号	中国农业科学院作物科学研究所	2021.12.30
CNA019668G	CNA20172712.2	胡萝卜	H14212	中国农业科学院蔬菜花卉研究所	2021.12.30
CNA019669G	CNA20172713.1	胡萝卜	H1504	中国农业科学院蔬菜花卉研究所	2021.12.30
CNA019670G	CNA20191001418	苦瓜	青脆1号	上海市农业科学院	2021.12.30
CNA019671G	CNA20170364.7	西葫芦	秀玉4362	山东省华盛农业股份有限公司	2021.12.30
CNA019672G	CNA20170365.6	西葫芦	秀玉4363	山东省华盛农业股份有限公司	2021.12.30
CNA019673G	CNA20173466.8	西葫芦	绿福31	江苏绿港现代农业发展有限公司	2021.12.30

公告号	品种权号	植物种类	品种名称	品种权人	授权日
CNA019674G	CNA20181667.8	西葫芦	舜禾2582	诸城市舜耕种业有限公司	2021.12.30
CNA019675G	CNA20181668.7	西葫芦	舜禾3065	诸城市舜耕种业有限公司	2021.12.30
CNA019676G	CNA20182208.2	西葫芦	翠葫336	京研益农（北京）种业科技有限公司 北京市农林科学院 京研益农（寿光）种业科技有限公司	2021.12.30
CNA019677G	CNA20182337.6	西葫芦	RDS002A	杨吉德	2021.12.30
CNA019678G	CNA20182339.4	西葫芦	RDS236A	杨吉德	2021.12.30
CNA019679G	CNA20182344.7	西葫芦	RDS200B	杨吉德	2021.12.30
CNA019680G	CNA20182606.0	西葫芦	三禾908	杨吉德 闫秀霞	2021.12.30
CNA019681G	CNA20184315.8	西葫芦	东葫20号	山西省农业科学院棉花研究所	2021.12.30
CNA019682G	CNA20161668.9	普通西瓜	开优绿宝	开封市农林科学研究院	2021.12.30
CNA019683G	CNA20191003422	普通西瓜	潍研38号	山东三木现代种业有限公司 山东省寿光市三木种苗有限公司	2021.12.30
CNA019684G	CNA20191003423	普通西瓜	潍研40号	山东三木现代种业有限公司 山东省寿光市三木种苗有限公司	2021.12.30
CNA019685G	CNA20191003426	普通西瓜	潍研29号	山东三木现代种业有限公司 山东省寿光市三木种苗有限公司	2021.12.30
CNA019686G	CNA20191003429	普通西瓜	潍研36号	山东省寿光市三木种苗有限公司 山东三木现代种业有限公司	2021.12.30
CNA019687G	CNA20191003432	普通西瓜	潍研25号	山东三木现代种业有限公司 山东省寿光市三木种苗有限公司	2021.12.30
CNA019688G	CNA20191003435	普通西瓜	潍研28号	山东三木现代种业有限公司 山东省寿光市三木种苗有限公司	2021.12.30
CNA019689G	CNA20172206.5	甜瓜	寿研8号	山东省寿光市三木种苗有限公司	2021.12.30
CNA019690G	CNA20173474.8	甜瓜	春蕾二号	江苏绿港现代农业发展有限公司	2021.12.30
CNA019691G	CNA20180104.1	甜瓜	SM2016	河北双星种业股份有限公司	2021.12.30
CNA019692G	CNA20180105.0	甜瓜	黑惊喜	河北双星种业股份有限公司	2021.12.30
CNA019693G	CNA20180106.9	甜瓜	敦88D	河北双星种业股份有限公司	2021.12.30
CNA019694G	CNA20180107.8	甜瓜	07001F238S	河北双星种业股份有限公司	2021.12.30
CNA019695G	CNA20180108.7	甜瓜	238D	河北双星种业股份有限公司	2021.12.30
CNA019696G	CNA20180812.4	甜瓜	香瑞7号	青冈县瑞雪农业有限责任公司	2021.12.30
CNA019697G	CNA20180813.3	甜瓜	香瑞本色	青冈县瑞雪农业有限责任公司	2021.12.30
CNA019698G	CNA20181056.7	甜瓜	鹤丰春早	齐齐哈尔市鹤丰瓜菜科研有限公司	2021.12.30
CNA019699G	CNA20181192.2	甜瓜	华蜜三号	上海惠和种业有限公司	2021.12.30
CNA019700G	CNA20181525.0	甜瓜	黑羊角脆1号	付　强	2021.12.30

(续)

公告号	品种权号	植物种类	品种名称	品种权人	授权日
CNA019701G	CNA20182843.3	甜瓜	开甜九号	开封市农林科学研究院	2021.12.30
CNA019702G	CNA20182892.3	甜瓜	白皮脆	洛阳市农发农业科技有限公司	2021.12.30
CNA019703G	CNA20183107.2	甜瓜	众云22	河南省农业科学院园艺研究所	2021.12.30
CNA019704G	CNA20183344.5	甜瓜	锦绣脆玉	河南省农业科学院园艺研究所 开封市农林科学研究院	2021.12.30
CNA019705G	CNA20183755.7	甜瓜	JXYF320	宁波微萌种业有限公司	2021.12.30
CNA019706G	CNA20183756.6	甜瓜	CTF298	宁波微萌种业有限公司	2021.12.30
CNA019707G	CNA20183916.3	甜瓜	酥灿一号	宁波微萌种业有限公司 吴小荀	2021.12.30
CNA019708G	CNA20183917.2	甜瓜	初见月一号	宁波微萌种业有限公司 吴小荀	2021.12.30
CNA019709G	CNA20183922.5	甜瓜	味萌一号	宁波微萌种业有限公司 吴小荀	2021.12.30
CNA019710G	CNA20183973.3	甜瓜	甬甜55	宁波市农业科学研究院	2021.12.30
CNA019711G	CNA20191001417	甜瓜	金蜜一号	上海市农业科学院	2021.12.30
CNA019712G	CNA20171489.5	兰属	君玉兰	英德君泓兰花股份有限公司 华南农业大学	2021.12.30
CNA019713G	CNA20191003856	兰属	摩耶翠晶兰	华南农业大学	2021.12.30
CNA019714G	CNA20191004198	兰属	CH1592	无锡向山兰园科技有限公司	2021.12.30
CNA019715G	CNA20191004637	兰属	玉澄兰	华南农业大学	2021.12.30
CNA019716G	CNA20191004720	兰属	摩耶紫晶兰	华南农业大学 广州花卉研究中心	2021.12.30
CNA019717G	CNA20191004806	兰属	粉墨玉兔兰	华南农业大学 广州花卉研究中心	2021.12.30
CNA019718G	CNA20191005283	兰属	黄逸	南京林业大学 浙江省农业科学院	2021.12.30
CNA019719G	CNA20191005337	兰属	昭君	无锡向山兰园科技有限公司	2021.12.30
CNA019720G	CNA20162197.7	蝴蝶兰属	珐伊库迪	荷兰安祖公司	2021.12.30
CNA019721G	CNA20162284.1	蝴蝶兰属	牛记柔鱼王子	牛记兰花科技股份有限公司	2021.12.30
CNA019722G	CNA20173167.0	蝴蝶兰属	缤纷喜悦	中山缤纷园艺有限公司	2021.12.30
CNA019723G	CNA20182909.4	蝴蝶兰属	缤纷吉豆豆	中山缤纷园艺有限公司	2021.12.30
CNA019724G	CNA20182917.4	蝴蝶兰属	缤纷神话	中山缤纷园艺有限公司	2021.12.30
CNA019725G	CNA20182920.9	蝴蝶兰属	缤纷童趣	中山缤纷园艺有限公司	2021.12.30
CNA019726G	CNA20183144.7	蝴蝶兰属	梦幻情人	厦门和鸣花卉科技有限公司	2021.12.30
CNA019727G	CNA20183745.0	蝴蝶兰属	JB3133	漳州钜宝生物科技有限公司 黄瑞宝	2021.12.30

184

公告号	品种权号	植物种类	品种名称	品种权人	授权日
CNA019728G	CNA20183746.9	蝴蝶兰属	JB3685	漳州钜宝生物科技有限公司 黄瑞宝	2021.12.30
CNA019729G	CNA20183759.3	蝴蝶兰属	科隆茂盛 CL122	科隆国际生物科技股份有限公司	2021.12.30
CNA019730G	CNA20183760.0	蝴蝶兰属	科隆维纳斯 CL243	科隆国际生物科技股份有限公司	2021.12.30
CNA019731G	CNA20184559.3	蝴蝶兰属	FM1301梦 幻婚礼	珠海市悦顺生物科技有限公司	2021.12.30
CNA019732G	CNA20191000621	蝴蝶兰属	绿圣小蝴蝶	山东绿圣兰业花卉科技股份有限公司	2021.12.30
CNA019733G	CNA20191000622	蝴蝶兰属	绿圣香妃	山东绿圣兰业花卉科技股份有限公司	2021.12.30
CNA019734G	CNA20191000625	蝴蝶兰属	米老鼠1号	漳州钜宝生物科技有限公司	2021.12.30
CNA019735G	CNA20191000627	蝴蝶兰属	米老鼠4号	漳州钜宝生物科技有限公司	2021.12.30
CNA019736G	CNA20191000660	蝴蝶兰属	JB3259	漳州钜宝生物科技有限公司	2021.12.30
CNA019737G	CNA20191000664	蝴蝶兰属	小美人	漳州钜宝生物科技有限公司	2021.12.30
CNA019738G	CNA20191000689	蝴蝶兰属	钜宝叮铛	漳州钜宝生物科技有限公司	2021.12.30
CNA019739G	CNA20191000695	蝴蝶兰属	绿圣彩蝶	山东绿圣兰业花卉科技股份有限公司	2021.12.30
CNA019740G	CNA20191000696	蝴蝶兰属	绿圣彩斑	山东绿圣兰业花卉科技股份有限公司	2021.12.30
CNA019741G	CNA20191000995	蝴蝶兰属	东方红	广州生辉园艺有限公司	2021.12.30
CNA019742G	CNA20191001084	蝴蝶兰属	牛记奔放	牛记兰花科技股份有限公司	2021.12.30
CNA019743G	CNA20191001153	蝴蝶兰属	JB3660	漳州钜宝生物科技有限公司	2021.12.30
CNA019744G	CNA20191001171	蝴蝶兰属	JB3158	漳州钜宝生物科技有限公司	2021.12.30
CNA019745G	CNA20191002034	蝴蝶兰属	珐法思维	荷兰安祖公司	2021.12.30
CNA019746G	CNA20191002041	蝴蝶兰属	珐尔费米	荷兰安祖公司	2021.12.30
CNA019747G	CNA20191002461	蝴蝶兰属	珐弗尼文	荷兰安祖公司	2021.12.30
CNA019748G	CNA20191002462	蝴蝶兰属	珐弗泰克	荷兰安祖公司	2021.12.30
CNA019749G	CNA20191002706	蝴蝶兰属	珐弗布莱	荷兰安祖公司	2021.12.30
CNA019750G	CNA20191002707	蝴蝶兰属	珐弗斯比	荷兰安祖公司	2021.12.30
CNA019751G	CNA20191002738	蝴蝶兰属	珐弗祖朴	荷兰安祖公司	2021.12.30
CNA019752G	CNA20191002739	蝴蝶兰属	珐格拉杂	荷兰安祖公司	2021.12.30
CNA019753G	CNA20191002744	蝴蝶兰属	珐宫达尔	荷兰安祖公司	2021.12.30
CNA019754G	CNA20191002745	蝴蝶兰属	珐皋维基	荷兰安祖公司	2021.12.30
CNA019755G	CNA20191002888	蝴蝶兰属	珐劳斯基	荷兰安祖公司	2021.12.30
CNA019756G	CNA20191003016	蝴蝶兰属	初吻	广东省农业科学院环境园艺研究所	2021.12.30
CNA019757G	CNA20191003056	蝴蝶兰属	吉红	广东省农业科学院环境园艺研究所	2021.12.30

公告号	品种权号	植物种类	品种名称	品种权人	授权日
CNA019758G	CNA20191003057	蝴蝶兰属	流光溢彩	广东省农业科学院环境园艺研究所	2021.12.30
CNA019759G	CNA20191003058	蝴蝶兰属	玉彤	广东省农业科学院环境园艺研究所	2021.12.30
CNA019760G	CNA20191003059	蝴蝶兰属	小红帽	广东省农业科学院环境园艺研究所	2021.12.30
CNA019761G	CNA20191003060	蝴蝶兰属	迷你象	广东省农业科学院环境园艺研究所	2021.12.30
CNA019762G	CNA20191003097	蝴蝶兰属	云霞	广东省农业科学院环境园艺研究所	2021.12.30
CNA019763G	CNA20191003098	蝴蝶兰属	玉红	广东省农业科学院环境园艺研究所	2021.12.30
CNA019764G	CNA20191003099	蝴蝶兰属	朝霞	广东省农业科学院环境园艺研究所	2021.12.30
CNA019765G	CNA20191003100	蝴蝶兰属	紫玉	广东省农业科学院环境园艺研究所	2021.12.30
CNA019766G	CNA20191003101	蝴蝶兰属	玉粉	广东省农业科学院环境园艺研究所	2021.12.30
CNA019767G	CNA20191003102	蝴蝶兰属	小花蝶	广东省农业科学院环境园艺研究所	2021.12.30
CNA019768G	CNA20191003103	蝴蝶兰属	金色年华	广东省农业科学院环境园艺研究所	2021.12.30
CNA019769G	CNA20191003150	蝴蝶兰属	小粉姬	广东省农业科学院环境园艺研究所	2021.12.30
CNA019770G	CNA20191003151	蝴蝶兰属	顺意	广东省农业科学院环境园艺研究所	2021.12.30
CNA019771G	CNA20191003152	蝴蝶兰属	红孩儿	广东省农业科学院环境园艺研究所	2021.12.30
CNA019772G	CNA20191003236	蝴蝶兰属	小蜜蜂	广东省农业科学院环境园艺研究所	2021.12.30
CNA019773G	CNA20191003414	蝴蝶兰属	桔利	广东省农业科学院环境园艺研究所	2021.12.30
CNA019774G	CNA20191003417	蝴蝶兰属	吉娃娃	广东省农业科学院环境园艺研究所	2021.12.30
CNA019775G	CNA20191003603	蝴蝶兰属	红润	广东省农业科学院环境园艺研究所	2021.12.30
CNA019776G	CNA20191003638	蝴蝶兰属	绮红	广东省农业科学院环境园艺研究所	2021.12.30
CNA019777G	CNA20191004605	蝴蝶兰属	鲁卉红玉	山东省农业科学院蔬菜花卉研究所 济南麒麟花卉有限公司 福建农林大学	2021.12.30
CNA019778G	CNA20191004706	蝴蝶兰属	天后2号	福建扬基生物科技股份有限公司	2021.12.30
CNA019779G	CNA20191004883	蝴蝶兰属	万花焰火	龙岩市万花园林有限公司 谢凡生 汪长水	2021.12.30
CNA019780G	CNA20191005175	蝴蝶兰属	JB5272	漳州钜宝生物科技有限公司	2021.12.30
CNA019781G	CNA20191005303	蝴蝶兰属	瀚灏金马	南京江宁台创园瀚灏生物科技发展有限公司 上海瀚灏园艺有限公司	2021.12.30
CNA019782G	CNA20191005304	蝴蝶兰属	瀚灏绿公主	上海瀚灏园艺有限公司	2021.12.30
CNA019783G	CNA20191005349	蝴蝶兰属	格调	漳浦县扬基园艺发展有限公司	2021.12.30
CNA019784G	CNA20191005458	蝴蝶兰属	偏爱	漳浦县扬基园艺发展有限公司	2021.12.30
CNA019785G	CNA20191005911	蝴蝶兰属	金牛座3号	福建扬基生物科技股份有限公司	2021.12.30
CNA019786G	CNA20191005970	蝴蝶兰属	JB3177	漳州钜宝生物科技有限公司	2021.12.30

公告号	品种权号	植物种类	品种名称	品种权人	授权日
CNA019787G	CNA20182322.3	菊属	大丽罗卡1	荷兰德丽品种权公司	2021.12.30
CNA019788G	CNA20182324.1	菊属	大丽皮普漂亮12	荷兰德丽品种权公司	2021.12.30
CNA019789G	CNA20182325.0	菊属	大丽斯特雷紫7	荷兰德丽品种权公司	2021.12.30
CNA019790G	CNA20182331.2	菊属	大丽伊特斯科白	荷兰德丽品种权公司	2021.12.30
CNA019791G	CNA20191000278	菊属	大丽千纱13	荷兰德丽品种权公司	2021.12.30
CNA019792G	CNA20191000292	菊属	大丽阿贝12	荷兰德丽品种权公司	2021.12.30
CNA019793G	CNA20191000293	菊属	大丽血玛丽酒4	荷兰德丽品种权公司	2021.12.30
CNA019794G	CNA20191000294	菊属	大丽艾斯瑞德2	荷兰德丽品种权公司	2021.12.30
CNA019795G	CNA20191000295	菊属	大丽巴尔塔萨10	荷兰德丽品种权公司	2021.12.30
CNA019796G	CNA20191000296	菊属	大丽巴尔塔萨12	荷兰德丽品种权公司	2021.12.30
CNA019797G	CNA20191000364	菊属	大丽贝蕾丝香槟6	荷兰德丽品种权公司	2021.12.30
CNA019798G	CNA20191000371	菊属	大丽普斯娜11	荷兰德丽品种权公司	2021.12.30
CNA019799G	CNA20191000372	菊属	大丽洛卡粉3	荷兰德丽品种权公司	2021.12.30
CNA019800G	CNA20191000373	菊属	大丽萨蒂娜5	荷兰德丽品种权公司	2021.12.30
CNA019801G	CNA20191000374	菊属	大丽夏本3	荷兰德丽品种权公司	2021.12.30
CNA019802G	CNA20191000376	菊属	大丽斯古普1	荷兰德丽品种权公司	2021.12.30
CNA019803G	CNA20191000378	菊属	大丽宁静深10	荷兰德丽品种权公司	2021.12.30
CNA019804G	CNA20191000382	菊属	大丽阴阳粉3	荷兰德丽品种权公司	2021.12.30
CNA019805G	CNA20191000390	菊属	大丽奈莱洛	荷兰德丽品种权公司	2021.12.30
CNA019806G	CNA20191000395	菊属	大丽阴阳特1	荷兰德丽品种权公司	2021.12.30
CNA019807G	CNA20191000398	菊属	大丽粉冰沙3	荷兰德丽品种权公司	2021.12.30
CNA019808G	CNA20191000399	菊属	大丽西伯利1	荷兰德丽品种权公司	2021.12.30
CNA019809G	CNA20191000402	菊属	大丽杰米3	荷兰德丽品种权公司	2021.12.30

公告号	品种权号	植物种类	品种名称	品种权人	授权日
CNA019810G	CNA20191000403	菊属	大丽子夜紫色7	荷兰德丽品种权公司	2021.12.30
CNA019811G	CNA20191000423	菊属	大丽普斯娜杏黄6	荷兰德丽品种权公司	2021.12.30
CNA019812G	CNA20191000426	菊属	大丽胸花黄2	荷兰德丽品种权公司	2021.12.30
CNA019813G	CNA20191000428	菊属	大丽马蒂斯粉3	荷兰德丽品种权公司	2021.12.30
CNA019814G	CNA20191000464	菊属	大丽西伯利黄2	荷兰德丽品种权公司	2021.12.30
CNA019815G	CNA20191000474	菊属	大丽香冰沙2	荷兰德丽品种权公司	2021.12.30
CNA019816G	CNA20191000576	菊属	京林流嫣	北京林业大学	2021.12.30
CNA019817G	CNA20191000656	菊属	大丽亚里士多德1	荷兰德丽品种权公司	2021.12.30
CNA019818G	CNA20191000658	菊属	大丽阿根托1	荷兰德丽品种权公司	2021.12.30
CNA019819G	CNA20191000827	菊属	大丽阴阳黄2	荷兰德丽品种权公司	2021.12.30
CNA019820G	CNA20191000888	菊属	大丽马蒂斯白1	荷兰德丽品种权公司	2021.12.30
CNA019821G	CNA20191001118	菊属	苏菊9号	南京农业大学	2021.12.30
CNA019822G	CNA20191001119	菊属	南农小嵩紫	南京农业大学	2021.12.30
CNA019823G	CNA20191001120	菊属	南农嵩紫	南京农业大学	2021.12.30
CNA019824G	CNA20191001122	菊属	南农嵩耀	南京农业大学	2021.12.30
CNA019825G	CNA20191001123	菊属	南农嵩绒	南京农业大学	2021.12.30
CNA019826G	CNA20191001124	菊属	南农秋岳	南京农业大学	2021.12.30
CNA019827G	CNA20191001125	菊属	南农锦泰	南京农业大学	2021.12.30
CNA019828G	CNA20191001127	菊属	南农玉璇	南京农业大学	2021.12.30
CNA019829G	CNA20191001128	菊属	南农庐月	南京农业大学	2021.12.30
CNA019830G	CNA20191001129	菊属	南农庐春	南京农业大学	2021.12.30
CNA019831G	CNA20191001130	菊属	南农衡俊	南京农业大学	2021.12.30
CNA019832G	CNA20191001246	菊属	卧看晨雪	北京林业大学	2021.12.30
CNA019833G	CNA20191001529	菊属	钟山红云	南京农业大学	2021.12.30
CNA019834G	CNA20191001530	菊属	钟山光辉	南京农业大学	2021.12.30
CNA019835G	CNA20191001531	菊属	钟山香橙	南京农业大学	2021.12.30
CNA019836G	CNA20191001533	菊属	钟山雨黄	南京农业大学	2021.12.30

公告号	品种权号	植物种类	品种名称	品种权人	授权日
CNA019837G	CNA20191001534	菊属	钟山梦妆	南京农业大学	2021.12.30
CNA019838G	CNA20191001535	菊属	钟山云歌	南京农业大学	2021.12.30
CNA019839G	CNA20191001536	菊属	钟山银桂	南京农业大学	2021.12.30
CNA019840G	CNA20191001539	菊属	钟山紫涛	南京农业大学	2021.12.30
CNA019841G	CNA20191001543	菊属	钟山紫松果	南京农业大学	2021.12.30
CNA019842G	CNA20191001544	菊属	钟山云轻	南京农业大学	2021.12.30
CNA019843G	CNA20191001546	菊属	钟山似松果	南京农业大学	2021.12.30
CNA019844G	CNA20191001631	菊属	钟山紫鹃	南京农业大学	2021.12.30
CNA019845G	CNA20191001698	菊属	京林锦嫣	北京林业大学	2021.12.30
CNA019846G	CNA20191001699	菊属	京林悠粉	北京林业大学	2021.12.30
CNA019847G	CNA20191001701	菊属	京林细绮	北京林业大学	2021.12.30
CNA019848G	CNA20191002202	菊属	艾丽金芝	浙江省农业科学院	2021.12.30
CNA019849G	CNA20191002203	菊属	艾丽惊喜	浙江省农业科学院	2021.12.30
CNA019850G	CNA20173401.6	非洲菊	蜜境	福建宏翔农科农业发展有限公司	2021.12.30
CNA019851G	CNA20121117.0	花烛属	安祖伊佐尔	荷兰安祖公司	2021.12.30
CNA019852G	CNA20182545.4	花烛属	安祖付贝	荷兰安祖公司	2021.12.30
CNA019853G	CNA20182795.1	花烛属	安祖尹一普	荷兰安祖公司	2021.12.30
CNA019854G	CNA20182796.0	花烛属	安祖飞娃尔	荷兰安祖公司	2021.12.30
CNA019855G	CNA20182828.2	花烛属	祥梦	广州花卉研究中心 华南农业大学	2021.12.30
CNA019856G	CNA20182829.1	花烛属	盈香	广州花卉研究中心 华南农业大学	2021.12.30
CNA019857G	CNA20182831.7	花烛属	福音	广州花卉研究中心 华南农业大学	2021.12.30
CNA019858G	CNA20182832.6	花烛属	福星	广州花卉研究中心 华南农业大学	2021.12.30
CNA019859G	CNA20182885.2	花烛属	安祖易发普	荷兰安祖公司	2021.12.30
CNA019860G	CNA20182888.9	花烛属	明农红日	三明市农业科学研究院	2021.12.30
CNA019861G	CNA20184034.8	花烛属	明农粉黛	三明市农业科学研究院	2021.12.30
CNA019862G	CNA20191000100	花烛属	粤山梵高	佛山市粤山生物科技有限公司	2021.12.30
CNA019863G	CNA20191001266	花烛属	明农玄红	三明市农业科学研究院 三明市卉之源生物科技有限责任公司	2021.12.30
CNA019864G	CNA20191001267	花烛属	明农清雪	三明市农业科学研究院	2021.12.30
CNA019865G	CNA20191001269	花烛属	明农红歌	三明市农业科学研究院 三明市卉之源生物科技有限责任公司	2021.12.30

公告号	品种权号	植物种类	品种名称	品种权人	授权日
CNA019866G	CNA20191001351	花烛属	明农红眉	三明市农业科学研究院	2021.12.30
CNA019867G	CNA20191001873	花烛属	安祖优异科	荷兰安祖公司	2021.12.30
CNA019868G	CNA20191001876	花烛属	安祖坲瓦瓯	荷兰安祖公司	2021.12.30
CNA019869G	CNA20191001878	花烛属	安祖恩纳森	荷兰安祖公司	2021.12.30
CNA019870G	CNA20191001879	花烛属	明农红唇	三明市农业科学研究院 上海春芳花木园艺场	2021.12.30
CNA019871G	CNA20191001881	花烛属	明农香芸	三明市农业科学研究院 上海春芳花木园艺场	2021.12.30
CNA019872G	CNA20191001883	花烛属	安祖爱咪欧	荷兰安祖公司	2021.12.30
CNA019873G	CNA20191001885	花烛属	安祖格林特	荷兰安祖公司	2021.12.30
CNA019874G	CNA20191001894	花烛属	安祖科达尔	荷兰安祖公司	2021.12.30
CNA019875G	CNA20191003814	花烛属	安祖爱泰普	荷兰安祖公司	2021.12.30
CNA019876G	CNA20191004317	花烛属	安祖菲姆逊	荷兰安祖公司	2021.12.30
CNA019877G	CNA20191004320	花烛属	安祖易达普	荷兰安祖公司	2021.12.30
CNA019878G	CNA20191004321	花烛属	安祖欧兹莫	荷兰安祖公司	2021.12.30
CNA019879G	CNA20191005320	花烛属	红颜	三明市农业科学研究院 三明市卉之源生物科技有限责任公司	2021.12.30
CNA019880G	CNA20182961.9	花毛茛	阿布兰基	意大利比安切瑞阿尔贝托公司	2021.12.30
CNA019881G	CNA20182962.8	花毛茛	阿布马卡洛	意大利比安切瑞阿尔贝托公司	2021.12.30
CNA019882G	CNA20182963.7	花毛茛	阿派康斯	意大利比安切瑞阿尔贝托公司	2021.12.30
CNA019883G	CNA20182964.6	花毛茛	阿布洛伟	意大利比安切瑞阿尔贝托公司	2021.12.30
CNA019884G	CNA20182965.5	花毛茛	阿巴维斯卡	意大利比安切瑞阿尔贝托公司	2021.12.30
CNA019885G	CNA20182966.4	花毛茛	阿巴塔尔斯	意大利比安切瑞阿尔贝托公司	2021.12.30
CNA019886G	CNA20183172.2	花毛茛	阿布不来恩	意大利比安切瑞阿尔贝托公司	2021.12.30
CNA019887G	CNA20183173.1	花毛茛	阿比敖谢卡	意大利比安切瑞阿尔贝托公司	2021.12.30
CNA019888G	CNA20183174.0	花毛茛	阿比扎拉吉	意大利比安切瑞阿尔贝托公司	2021.12.30
CNA019889G	CNA20183175.9	花毛茛	阿布来特品	意大利比安切瑞阿尔贝托公司	2021.12.30
CNA019890G	CNA20183176.8	花毛茛	阿布罗奇	意大利比安切瑞阿尔贝托公司	2021.12.30
CNA019891G	CNA20183177.7	花毛茛	阿巴切拉	意大利比安切瑞阿尔贝托公司	2021.12.30
CNA019892G	CNA20111035.0	苹果属	杂瑞	比利时三好果业有限公司	2021.12.30
CNA019893G	CNA20111036.9	苹果属	宗嘎	比利时三好果业有限公司	2021.12.30
CNA019894G	CNA20120292.9	苹果属	赛雷特	新西兰植物和食品研究院有限公司	2021.12.30
CNA019895G	CNA20182473.0	苹果属	神富3号	烟台现代果业发展有限公司	2021.12.30

公告号	品种权号	植物种类	品种名称	品种权人	授权日
CNA019896G	CNA20184106.1	苹果属	哈利	王行鹏	2021.12.30
CNA019897G	CNA20184326.5	苹果属	苏帅	南京农业大学	2021.12.30
CNA019898G	CNA20184362.0	苹果属	鲁蜜	刘法波	2021.12.30
CNA019899G	CNA20191005508	苹果属	八仙早富	山东烟富农业科技有限公司	2021.12.30
CNA019900G	CNA20201000933	苹果属	华妃	中国农业科学院果树研究所	2021.12.30
CNA019901G	CNA20170298.8	梨属	NCPX1	美国北卡罗来纳州立大学	2021.12.30
CNA019902G	CNA20191003746	梨属	中矮5号	中国农业科学院果树研究所	2021.12.30
CNA019903G	CNA20191003747	梨属	中矮4号	中国农业科学院果树研究所	2021.12.30
CNA019904G	CNA20191003748	梨属	中矮3号	中国农业科学院果树研究所	2021.12.30
CNA019905G	CNA20191001804	桃	锦春	上海市农业科学院	2021.12.30
CNA019906G	CNA20191001805	桃	沪油桃005	上海市农业科学院	2021.12.30
CNA019907G	CNA20191003239	桃	夏之脆	河北省农林科学院昌黎果树研究所	2021.12.30
CNA019908G	CNA20191003240	桃	秋忆	河北省农林科学院昌黎果树研究所	2021.12.30
CNA019909G	CNA20201000991	桃	中蟠21号	中国农业科学院郑州果树研究所	2021.12.30
CNA019910G	CNA20150189.2	草莓	格伦娜达	加利福尼亚大学董事会	2021.12.30
CNA019911G	CNA20170440.5	草莓	莓尔佳	新水果公司	2021.12.30
CNA019912G	CNA20171376.1	草莓	冬宝	云南省农业科学院花卉研究所 玉溪云星生物科技有限公司	2021.12.30
CNA019913G	CNA20171377.0	草莓	冬纹	云南省农业科学院花卉研究所 玉溪云星生物科技有限公司	2021.12.30
CNA019914G	CNA20171378.9	草莓	冬红	云南省农业科学院花卉研究所 玉溪云星生物科技有限公司	2021.12.30
CNA019915G	CNA20171379.8	草莓	秋霞	云南省农业科学院花卉研究所 玉溪云星生物科技有限公司	2021.12.30
CNA019916G	CNA20171380.5	草莓	冬玉	云南省农业科学院花卉研究所 玉溪云星生物科技有限公司	2021.12.30
CNA019917G	CNA20171381.4	草莓	冬香	云南省农业科学院花卉研究所 玉溪云星生物科技有限公司	2021.12.30
CNA019918G	CNA20171994.3	草莓	恋实	国立研究开发法人农业·食品产业技术综合研究机构	2021.12.30
CNA019919G	CNA20171996.1	草莓	梦续	国立研究开发法人农业·食品产业技术综合研究机构 青旗株式会社	2021.12.30
CNA019920G	CNA20172133.3	草莓	若思雅FNM	草莓新材料公司	2021.12.30
CNA019921G	CNA20172135.1	草莓	若必达FNM	草莓新材料公司	2021.12.30

公告号	品种权号	植物种类	品种名称	品种权人	授权日
CNA019922G	CNA20173168.9	草莓	红玉	杭州市农业科学研究院	2021.12.30
CNA019923G	CNA20181772.0	草莓	华丰1号	中国农业科学院郑州果树研究所	2021.12.30
CNA019924G	CNA20181773.9	草莓	华硕1号	中国农业科学院郑州果树研究所	2021.12.30
CNA019925G	CNA20181866.7	草莓	海丽甘	上海市农业科学院	2021.12.30
CNA019926G	CNA20181867.6	草莓	申琪	上海市农业科学院	2021.12.30
CNA019927G	CNA20182261.6	草莓	石莓8号	河北省农林科学院石家庄果树研究所	2021.12.30
CNA019928G	CNA20182262.5	草莓	皖香	安徽省农业科学院园艺研究所	2021.12.30
CNA019929G	CNA20182930.7	草莓	石莓11号	河北省农林科学院石家庄果树研究所	2021.12.30
CNA019930G	CNA20183528.3	草莓	喆畉白美莓2号	上海喆畉农业科技有限公司 陈丽晔	2021.12.30
CNA019931G	CNA20191001738	柑橘属	春红糖桔	广东省农业科学院果树研究所	2021.12.30
CNA019932G	CNA20191002337	柑橘属	金农糖橘	金华市农业科学研究院	2021.12.30
CNA019933G	CNA20191003816	柑橘属	夏雅柑	中国农业科学院柑橘研究所 丹棱县农业农村局 丹棱县大雅农夫农业发展有限公司	2021.12.30
CNA019934G	CNA20191003907	柑橘属	华柚3号	华中农业大学	2021.12.30
CNA019935G	CNA20191003963	柑橘属	正甜1043	广东省农业科学院果树研究所	2021.12.30
CNA019936G	CNA20191005407	柑橘属	华柑3号	华中农业大学	2021.12.30
CNA019937G	CNA20191005786	柑橘属	砂糖灯笼橘	广西壮族自治区农业科学院园艺研究所	2021.12.30
CNA019938G	CNA20191006833	柑橘属	阳光1号橘柚	西南大学	2021.12.30
CNA019939G	CNA20130234.9	葡萄属	希恩基因4	希恩遗传有限公司	2021.12.30
CNA019940G	CNA20151217.6	葡萄属	苏格拉35	美国太阳世界国际有限公司	2021.12.30
CNA019941G	CNA20184136.5	葡萄属	紫金秋浓	江苏省农业科学院	2021.12.30
CNA019942G	CNA20191004821	李	福红	福建省农业科学院果树研究所	2021.12.30
CNA019943G	CNA20172944.2	猕猴桃属	金乃香	黄维录	2021.12.30
CNA019944G	CNA20191003488	猕猴桃属	平原红	安徽农业大学	2021.12.30
CNA019945G	CNA20191003957	猕猴桃属	皖黄	安徽农业大学	2021.12.30
CNA019946G	CNA20191002781	龙眼	桂丰早	广西大学	2021.12.30
CNA019947G	CNA20201001683	枇杷	早茂15号	华南农业大学	2021.12.30
CNA019948G	CNA20201001685	枇杷	早优7号	华南农业大学	2021.12.30
CNA019949G	CNA20201000010	茶组	鸠16	淳安县农业技术推广中心	2021.12.30
CNA019950G	CNA20182367.9	桑属	昌盛	山东省蚕业研究所	2021.12.30
CNA019951G	CNA20191001940	桑属	龙椹1号	叶青雷	2021.12.30

2021年 农业植物新品种保护发展报告 NONGYE ZHIWU XINPINZHONG BAOHU FAZHAN BAOGAO

公告号	品种权号	植物种类	品种名称	品种权人	授权日
CNA019952G	CNA20191004048	桑属	强桑5号	浙江省农业科学院	2021.12.30
CNA019953G	CNA20191004049	桑属	强桑3号	浙江省农业科学院	2021.12.30
CNA019954G	CNA20183884.1	橡胶树	热垦628	中国热带农业科学院橡胶研究所	2021.12.30
CNA019955G	CNA20183885.0	橡胶树	热垦192	中国热带农业科学院橡胶研究所	2021.12.30
CNA019956G	CNA20183886.9	橡胶树	热垦523	中国热带农业科学院橡胶研究所	2021.12.30
CNA019957G	CNA20183887.8	橡胶树	热垦525	中国热带农业科学院橡胶研究所	2021.12.30
CNA019958G	CNA20160685.0	向日葵	GY9191	巴彦淖尔市关尔农业发展有限责任公司	2021.12.30
CNA019959G	CNA20160697.6	向日葵	KEND剑道	北京金色谷雨种业科技有限公司	2021.12.30
CNA019960G	CNA20160698.5	向日葵	X2108	北京金色谷雨种业科技有限公司	2021.12.30
CNA019961G	CNA20160732.3	向日葵	金谷FFH702	北京金色谷雨种业科技有限公司	2021.12.30
CNA019962G	CNA20160948.3	向日葵	JK601	安徽华夏农业科技股份有限公司	2021.12.30
CNA019963G	CNA20170852.6	向日葵	T339	赤峰市农牧科学研究院	2021.12.30
CNA019964G	CNA20170853.5	向日葵	TR309	赤峰市农牧科学研究院	2021.12.30
CNA019965G	CNA20172957.6	向日葵	RH126	伊布瑞索种子有限公司	2021.12.30
CNA019966G	CNA20180080.9	向日葵	K28	河北双星种业股份有限公司	2021.12.30
CNA019967G	CNA20180081.8	向日葵	C107	河北双星种业股份有限公司	2021.12.30
CNA019968G	CNA20180082.7	向日葵	306A431557	河北双星种业股份有限公司	2021.12.30
CNA019969G	CNA20180101.4	向日葵	C116	河北双星种业股份有限公司	2021.12.30
CNA019970G	CNA20181526.9	向日葵	GF331	内蒙古谷丰农业科技有限公司	2021.12.30
CNA019971G	CNA20182658.7	向日葵	天葵16	北京天葵立德种子科技有限公司	2021.12.30
CNA019972G	CNA20182672.9	向日葵	C6A	酒泉市同庆种业有限责任公司	2021.12.30
CNA019973G	CNA20182762.0	向日葵	天葵141R	北京天葵立德种子科技有限公司	2021.12.30
CNA019974G	CNA20183433.7	向日葵	三瑞3号	三瑞农业科技股份有限公司	2021.12.30
CNA019975G	CNA20183654.9	向日葵	AD650	甘肃安达种业有限责任公司	2021.12.30
CNA019976G	CNA20191003289	向日葵	蒙葵33	内蒙古天承籽业有限责任公司	2021.12.30
CNA019977G	CNA20201001877	向日葵	GL838	临河区炎圣种业	2021.12.30
CNA019978G	CNA20191000213	菠菜	蔬菠16号	中国农业科学院蔬菜花卉研究所	2021.12.30
CNA019979G	CNA20191000214	菠菜	蔬菠15号	中国农业科学院蔬菜花卉研究所	2021.12.30
CNA019980G	CNA20191000215	菠菜	蔬菠14号	中国农业科学院蔬菜花卉研究所	2021.12.30
CNA019981G	CNA20191000216	菠菜	蔬菠13号	中国农业科学院蔬菜花卉研究所	2021.12.30
CNA019982G	CNA20191000217	菠菜	蔬菠12号	中国农业科学院蔬菜花卉研究所	2021.12.30

公告号	品种权号	植物种类	品种名称	品种权人	授权日
CNA019983G	CNA20191000218	菠菜	蔬菠11号	中国农业科学院蔬菜花卉研究所	2021.12.30
CNA019984G	CNA20170371.8	南瓜	劲力三号	山东省华盛农业股份有限公司	2021.12.30
CNA019985G	CNA20172676.6	南瓜	黄诚根3号	青岛市农业科学研究院	2021.12.30
CNA019986G	CNA20172934.4	南瓜	金力	山东鲁寿种业有限公司	2021.12.30
CNA019987G	CNA20172935.3	南瓜	卫士	山东鲁寿种业有限公司	2021.12.30
CNA019988G	CNA20180918.7	南瓜	砧茎石1931	青岛金妈妈农业科技有限公司	2021.12.30
CNA019989G	CNA20180919.6	南瓜	砧大力1966	青岛金妈妈农业科技有限公司	2021.12.30
CNA019990G	CNA20180920.3	南瓜	砧大力1978	青岛金妈妈农业科技有限公司	2021.12.30
CNA019991G	CNA20180921.2	南瓜	砧见抗1988	青岛金妈妈农业科技有限公司	2021.12.30
CNA019992G	CNA20183180.2	南瓜	茎冠4号	安徽茎银高科瓜菜种子有限公司	2021.12.30
CNA019993G	CNA20183181.1	南瓜	茎冠5号	安徽茎银高科瓜菜种子有限公司	2021.12.30
CNA019994G	CNA20171488.6	青花菜	沪绿六号	上海市农业科学院 上海科立特农科（集团）有限公司	2021.12.30
CNA019995G	CNA20172164.5	青花菜	浙青311	浙江省农业科学院	2021.12.30
CNA019996G	CNA20180309.4	青花菜	翡翠5号	先正达参股股份有限公司	2021.12.30
CNA019997G	CNA20180310.1	青花菜	翡翠6号	先正达参股股份有限公司	2021.12.30
CNA019998G	CNA20180312.9	青花菜	翡翠9号	先正达参股股份有限公司	2021.12.30
CNA019999G	CNA20181780.0	青花菜	浙青78	浙江省农业科学院	2021.12.30
CNA020000G	CNA20182889.8	洋葱	火狐	荷兰纽内姆种子公司	2021.12.30
CNA020001G	CNA20191005470	凤梨属	金球	华南农业大学	2021.12.30
CNA020002G	CNA20162202.0	无花果	锦青	威海市农业科学院	2021.12.30
CNA020003G	CNA20182365.1	矮牵牛 （碧冬茄）	芳菲彩绸	赤峰市金太阳园艺育种科研所	2021.12.30
CNA020004G	CNA20191005140	矮牵牛 （碧冬茄）	PEHY0045	先正达参股股份有限公司	2021.12.30
CNA020005G	CNA20191005142	矮牵牛 （碧冬茄）	PEHY0047	先正达参股股份有限公司	2021.12.30
CNA020006G	CNA20161671.4	石斛属	明斛1号	三明市农业科学研究院	2021.12.30
CNA020007G	CNA20162452.7	石斛属	童谣	日本国山本石斛兰株式会社	2021.12.30
CNA020008G	CNA20171360.9	石斛属	仙斛3号	浙江寿仙谷医药股份有限公司 金华寿仙谷药业有限公司 武义寿仙谷中药饮片有限公司	2021.12.30
CNA020009G	CNA20171361.8	石斛属	仙斛2号	浙江寿仙谷医药股份有限公司 金华寿仙谷药业有限公司 武义寿仙谷中药饮片有限公司	2021.12.30

公告号	品种权号	植物种类	品种名称	品种权人	授权日
CNA020010G	CNA20171362.7	石斛属	仙斛1号	浙江寿仙谷医药股份有限公司 金华寿仙谷药业有限公司 武义寿仙谷中药饮片有限公司	2021.12.30
CNA020011G	CNA20171846.3	石斛属	兴斛1号	黔西南州成章农业发展有限公司	2021.12.30
CNA020012G	CNA20173206.3	萱草属	粉荷	博大绿泽生态建设集团有限公司 上海城投绿化科技发展有限公司 浙江绿泽生态园艺有限公司	2021.12.30
CNA020013G	CNA20173207.2	萱草属	红毯	博大绿泽生态建设集团有限公司 上海城投绿化科技发展有限公司 浙江绿泽生态园艺有限公司	2021.12.30
CNA020014G	CNA20173208.1	萱草属	玫红结	博大绿泽生态建设集团有限公司 上海城投绿化科技发展有限公司 浙江绿泽生态园艺有限公司	2021.12.30
CNA020015G	CNA20173291.9	萱草属	楚楚	河北省林业科学研究院	2021.12.30
CNA020016G	CNA20181104.9	萱草属	夏日酒红	北京市花木有限公司	2021.12.30
CNA020017G	CNA20181741.8	萱草属	金澄	中国科学院植物研究所	2021.12.30
CNA020018G	CNA20181742.7	萱草属	金盛	中国科学院植物研究所	2021.12.30
CNA020019G	CNA20183029.7	萱草属	星宝	河北省林业和草原科学研究院	2021.12.30
CNA020020G	CNA20182442.8	香菇	申香1501	上海市农业科学院	2021.12.30
CNA020021G	CNA20182443.7	香菇	申香1504	上海市农业科学院	2021.12.30
CNA020022G	CNA20182444.6	香菇	申香1513	上海市农业科学院	2021.12.30
CNA020023G	CNA20182445.5	香菇	香茸一号	上海市农业科学院	2021.12.30
CNA020024G	CNA20183010.8	黑木耳	桂云3号	广西壮族自治区农业科学院微生物研究所	2021.12.30
CNA020025G	CNA20170126.6	双孢蘑菇	福蘑38	福建省农业科学院食用菌研究所	2021.12.30
CNA020026G	CNA20181146.9	双孢蘑菇	福蘑41	福建省农业科学院食用菌研究所	2021.12.30
CNA020027G	CNA20181147.8	双孢蘑菇	福蘑42	福建省农业科学院食用菌研究所	2021.12.30
CNA020028G	CNA20181148.7	双孢蘑菇	福蘑43	福建省农业科学院食用菌研究所	2021.12.30
CNA020029G	CNA20181149.6	双孢蘑菇	福蘑44	福建省农业科学院食用菌研究所	2021.12.30
CNA020030G	CNA20183720.9	双孢蘑菇	福蘑45	福建省农业科学院食用菌研究所	2021.12.30
CNA020031G	CNA20183721.8	双孢蘑菇	福蘑46	福建省农业科学院食用菌研究所	2021.12.30
CNA020032G	CNA20183722.7	双孢蘑菇	福蘑49	福建省农业科学院食用菌研究所	2021.12.30
CNA020033G	CNA20183723.6	双孢蘑菇	福蘑52	福建省农业科学院食用菌研究所	2021.12.30
CNA020034G	CNA20183724.5	双孢蘑菇	福蘑55	福建省农业科学院食用菌研究所	2021.12.30
CNA020035G	CNA20183725.4	双孢蘑菇	福蘑58	福建省农业科学院食用菌研究所	2021.12.30
CNA020036G	CNA20182225.1	枸杞属	运杞长9	闫新生	2021.12.30

公告号	品种权号	植物种类	品种名称	品种权人	授权日
CNA020037G	CNA20191005661	西番莲属	紫妍	福建省农业科学院果树研究所	2021.12.30
CNA020038G	CNA20191006864	西番莲属	蜜语	福建省农业科学院果树研究所	2021.12.30
CNA020039G	CNA20191003507	蝉花	BAIC0101	浙江泛亚生物医药股份有限公司	2021.12.30
CNA020040G	CNA20191001526	平菇（糙皮侧耳、佛罗里达侧耳）	驻研2号	驻马店市农业科学院	2021.12.30
CNA020041G	CNA20191002076	平菇（糙皮侧耳、佛罗里达侧耳）	豫黑平17	河南省农业科学院植物营养与资源环境研究所	2021.12.30
CNA020042G	CNA20191002079	平菇（糙皮侧耳、佛罗里达侧耳）	豫黑平16	河南省农业科学院植物营养与资源环境研究所	2021.12.30
CNA020043G	CNA20191004131	美丽鸡血藤（牛大力）	热选19号	中国热带农业科学院热带作物品种资源研究所	2021.12.30
CNA020044G	CNA20191004132	美丽鸡血藤（牛大力）	热选18号	中国热带农业科学院热带作物品种资源研究所	2021.12.30
CNA020045G	CNA20191004134	美丽鸡血藤（牛大力）	热选16号	中国热带农业科学院热带作物品种资源研究所	2021.12.30
CNA020046G	CNA20191004136	美丽鸡血藤（牛大力）	热选14号	中国热带农业科学院热带作物品种资源研究所	2021.12.30
CNA020047G	CNA20191004138	美丽鸡血藤（牛大力）	热选12号	中国热带农业科学院热带作物品种资源研究所	2021.12.30
CNA020048G	CNA20191004139	美丽鸡血藤（牛大力）	热选11号	中国热带农业科学院热带作物品种资源研究所	2021.12.30
CNA020049G	CNA20191004149	美丽鸡血藤（牛大力）	热选2号	中国热带农业科学院热带作物品种资源研究所	2021.12.30
CNA020050G	CNA20191004492	美丽鸡血藤（牛大力）	热选34号	中国热带农业科学院热带作物品种资源研究所	2021.12.30